Die innere Burg

TERESA
VON AVILA

Die innere Burg

HERAUSGEGEBEN UND ÜBERSETZT
VON FRITZ VOGELGSANG

KLASSIKER DES
CHRISTENTUMS

RHEINISCHER MERKUR
Weltbild

In Zusammenarbeit mit dem Rheinischen Merkur, Bonn
www.merkur.de

Genehmigte Lizenzausgabe für Verlagsgruppe
Weltbild GmbH, Steinerne Furt, 86167 Augsburg

Umschlaggestaltung: Atelier Lehmacher, Friedberg
Umschlagmotive: AKG-images/Joseph Martin
(Teresa von Avila); Georg Lehmacher (Himmel)
Gesamtherstellung: Clausen & Bosse GmbH, Leck
Printed in the EU
ISBN 978-3-8289-4938-6

2009 2008
Die letzte Jahreszahl gibt die aktuelle Lizenzausgabe an.

Einkaufen im Internet: *www.weltbild.de*

Inhalt

Einführung

Teresas Werk ist das Wasser, das aus dem Fels geschlagen wurde. Die Erfahrung des Unsagbaren ist darin literarische Kunst geworden. Unterm Zwang des Gehorsams beschrieb sie den Weg letzter Freiheit. Die Ruhe, die sie erstrebte, wurde zur Mitte historischer Bewegung. Die Mängel ihrer Person – so glaubte sie – waren ein Hindernis für die Glaubwürdigkeit ihrer Worte. Heute ist es der Ruf ihrer Heiligkeit, der vielen die Bedeutung ihrer Gestalt verdeckt. Doch die Verbannte, die ihr wahres Vaterland auf keiner Erdkarte verzeichnet fand, hat man zur Patronin Spaniens erhoben. Und die Stadt ihrer Geburt erscheint auch dem Fremden als Symbol ihres Wesens.

In Ávila wurde sie am 28. März 1515 geboren. In dieser kastilischen Stadt, die mit den Türmen ihrer alten granitenen Mauern sich gegen die stumme Übermacht der sie umdrohenden Öde stemmt, wuchs sie heran, in einer Familie von Hidalgos. Hier erlebte sie die Jahrzehnte, die sie als qualvolle Folge immer neuen Fallens, neuen Aufstehens geschildert hat. Hier härtete sich unter den Schlägen furchtbarer Krankheit, der Enttäuschung, vielfachen Leids ihre Entschlossenheit zum radikalen Verzicht, mit dem sie die Erde, das Leben »unter die Füße« bringen wollte. Aus der schwankenden Nonne wurde hier das »ruhlose, streunende Weib« – wie der päpstliche Nuntius sie nannte –, das im Eselskarren auf staubigen, steinigen Wegen kreuz und quer durch die Halbinsel reiste, um der Askese, zu der sie ihren Orden zurückführen wollte, da und dort ein Obdach zu schaffen. Im Convento de la Encarnación, draußen vor den Mauern, wo ein sandiger Weg sich in die Steinwüste senkt, hatte sie den Schleier genommen. Dort und in dem dürftigen, von ihr gegründeten Klösterchen San José, das eingekeilt zwischen kargen Adelshäusern steht, widerfuhr ihr, was die Verwandlung bewirkte und sie zur größten Mystikerin des Christentums werden ließ. Wer in den Nächten der Karwoche die Trommeln hört, die das hölzerne Bild des Gekreuzigten durch die steilen, roh gepflasterten Gassen begleiten, zwischen schweigend starrenden Menschen, glaubt einen dumpfen Nachhall ihres Lebens zu vernehmen.

Die Reformatorin des Karmels wäre uns jedoch nur eine ferne historische Gestalt, wenn nicht Tausende von Blättern, die sie nachts und in den knappen Pausen eiliger Arbeit beschrieb, erhalten geblieben wären – Seiten, die den Lesenden, noch nach Jahrhunderten, mit der Gewalt unmittelbarer Gegenwart in das innerste Drama eines Lebens ziehen, das durch die Macht seines Wollens wie durch die Wucht des anstürmenden Erlebens die Bezeichnung des Exemplarischen verdient. Die dichtgefügten, von schneller, sicherer Hand gezogenen Schriftzeichen auf dem vergilbten Papier offenbaren mit beispielloser Direktheit, die der Ratio nicht selten peinlich ist, die wechselvolle Erfahrung eines Menschen, der mit bedingungsloser Rigorosität sich alles dessen zu entledigen suchte, was ihn hindern konnte, die Einigung mit der letzten Realität zu erlangen, und dem daher alles Handeln als nichtig galt, das nicht Gebet war.

Fünf ihrer Brüder kämpften auf dem Boden des weithin noch uneroberten Amerika, als Teresa de Ahumada in ihrer Zelle begierig, staunend, scharf beobachtend, schaudernd und mit der Hartnäckigkeit einer Verzweiflung, die kein Zurück erlaubte, in die unbekannte Welt ihres eigenen Inneren einzudringen begann. Widerstrebend aus Scham und dem Gefühl ihres Unvermögens, schrieb sie, auf Befehl ihrer Beichtväter, endlich die Geschichte dieses Irrens und Findens, der Verlorenheit und des Überwältigtseins, des Schrekkens und der Beseligung nieder – nicht in literarischer Absicht, sondern zur Selbstkontrolle, zur Prüfung durch Gelehrte und als schlichte, um Klarheit besorgte Mitteilung an die Klosterschwestern. Mehrere Bände kamen so im Lauf der Jahre zustande: neben kleineren Schriften das »Buch meines Lebens«, »Der Weg zur Vollkommenheit«, die Chronik ihrer »Klostergründungen« und schließlich – als Summe ihres mystischen Erlebens – die »Innere Burg«.

Drei Jahre bevor der französische Edelmann Michel de Montaigne seine »Essais« zum erstenmal veröffentlichte, verfaßte Teresa – gleichsam als Ersatz für ihre Lebensbeschreibung, deren Handschrift seit langem von der Inquisition beschlagnahmt war und als verloren galt – dieses Kompendium ihrer seelischen Erfahrung, wiederum dem Drängen eines Beichtvaters gehorchend. In Toledo, wo El Greco ein Jahr zuvor sich niedergelassen hatte, begann sie am 2. Juni 1577 mit der Niederschrift. Am 5. November desselben Jahres schrieb sie in Ávila das Schlußwort, knapp einen Monat bevor Juan de la Cruz, der den Geist ihrer Reform in die Männerklöster des Karmeliterordens getragen hatte, von Anhängern der »milden Observanz« gewaltsam nach Toledo entführt und in den Kerker geworfen wurde, wo die ersten Verse dieses einzigartigen »poeta a lo divino« entstanden.

Was Teresa mit dem ihr unbekannten epikureischen Einsiedler Montaigne verbindet, der im Turm seines abgelegenen Schlosses sich selber zum Stoff eines Buches zwangloser Meditation machte, ist der forschende Blick ins eigene Innere, die entsagende und zugleich entdeckungsfreudige Einkehr in die eigene Brust. Der stoische Franzose erklärte: »Ich studiere mich mehr als irgendeinen Gegenstand. Das ist meine Metaphysik, das ist meine Physik ... Laßt uns nur hinhören, wir sagen uns alles, wessen wir bedürfen.« Die antigotische, entschlossene Genügsamkeit, die in diesen Sätzen zu spüren ist, wird offenkundig, wenn er anderswo sagt: »Nicht bergauf und voran zu streben ist die Größe der Seele, sondern sich fügen und bescheiden zu können.« Der Genuß der eigenen Vergänglichkeit in weltkluger Selbstbescheidung, der als Ziel solchen Philosophierens sichtbar wird, ist jedoch unvereinbar mit dem stärksten Impuls, der das Leben der Nonne von Ávila bestimmt. Der Blick, den sie auf sich selber richtet, durchdringt das eigene Wesen, nicht um sich an der Kontur der Person zu genügen, sondern um auf dem Grund ihrer Seele jenes Bild zu entdekken, als dessen trübe Spiegelung sie sich fühlt; um durchzustoßen vom Schein zur Essenz, vom Wahn zur Wahrheit; um im Blitz tiefsten Erkennens eins zu werden mit dem Unermeßlichen; um Augenblick und Ewigkeit zu verschmelzen zum Nunc aeternum. Daß dies nicht Verlangen blieb, sondern Erfahrung wurde, ließ sie zur Autorin werden – wider ihren Willen, da sie sich stumm fühlte vor dem von ihr Erlebten, das aber zugleich für sie das Gebot der Mitteilung bedeutete. Es ist interessant, zu vergleichen, wie die mystische Erfahrung, die ja kein Privileg des Christentums ist, zu allen Zeiten, da und dort, der Unzulänglichkeit aller Worte zum Trotz, sich Ausdruck zu verschaffen wußte. Aus der Lücke des Ungesagten, dem aufklaffenden Sprung des Paradoxons, das zwei Sätze zerreißt, steigt in der Wechselrede des »Kôan«, wie sie im Zen-Buddhismus zwischen Meister und Schüler geübt wird, jählings das gemeinte Geheimnis auf. Der Chassidismus bedient sich der legendarischen Anekdote, ebenso die islamischen Sufis. Durch gewaltsame Verrenkung, Umstülpung des konventionellen Vokabulars und mit genialen Neubildungen formte die Mystik des deutschen Mittelalters sich ein sprachliches Organ. Als Lyrik, die bedenkenlos die Elemente überkommener Liebesdichtung verzehrt, lodert das innerste Erleben bei Juan de la Cruz in Versen auf, in Strophen von unvergleichlicher Helligkeit, Reinheit und geistiger Glut. Der Dichter selber hat als gelehrter, philosophisch geschulter Theologe die Substanz seiner poetischen Melodik Zeile für Zeile genauestens kommentiert. Die theoretische Erklärung ist kein Ersatz für das im Vers Geborgene. Im Niemandsland zwischen beiden Arten des Sprechens, in der Blendung durch das zwiefache Licht ist das Gemeinte ahnend zu erfassen.

»Ich muß mich hier eines Gleichnisses bedienen« – schreibt Teresa in ihrer »Vida« –, »was ich freilich gern unterlassen würde, da ich ein Weib bin und einfach nur das zu schreiben habe, was man mir aufgetragen hat; aber für Leute, die wie ich keine Wissenschaft besitzen, ist es so schwer, diese Sprache des Geistes zu erklären, daß ich einen Ausweg suchen muß, der mir dies erleichtert.« Wie nahe ihr das Hilfsmittel lag, für das sie sich entschuldigt, und wie wenig Willkür bei seinem Erfassen beteiligt war, scheinen einige Sätze zu beweisen, die auf einer der letzten Seiten desselben Buches von einer Offenbarung berichten, deren Vorgang ihr selber zweifelhaft blieb: »Es schien mir zwar, als hätte ich nichts gesehen; ob dies aber auch wirklich so gewesen, kann ich nicht geradezu behaupten. Denn etwas muß ich doch wohl gesehen haben, weil ich sonst das, was mir gezeigt wurde, nicht mit einem Gleichnis, das ich gebrauchen will, erklären könnte; nur wird dieses Sehen auf eine so feine und zarte Weise geschehen sein, daß der Verstand es nicht erfaßte.«

Nicht irgendeine Vision war der Anlaß dieser Überlegung, sondern eine Einsicht von fundamentaler Bedeutung, die vielleicht zur wichtigsten Wegweisung ihres Lebens wurde. »Einmal, als ich mit den andern Schwestern die Horen betete, geschah es, daß meine Seele plötzlich in eine Sammlung versetzt wurde, in der sie mir wie ein klarer Spiegel erschien. An ihm war weder hinten noch an den Seiten, weder oben noch unten etwas, das nicht ganz klar gewesen wäre; in der Mitte aber zeigte sich mir Christus, unser Herr ... Es wurde mir auch zu verstehen gegeben, daß dieser Spiegel, wenn die Seele sich in einer Todsünde befindet, wie mit einem dichten Nebel überzogen und ganz schwarz ist, so daß der Herr darin sich weder darstellen noch gesehen werden kann, obwohl er uns, indem er uns das Sein gibt, immer gegenwärtig ist.« Und ermutigt von der Erinnerung an Augustin, der von ähnlicher Erfahrung berichtet, folgert sie kühn: »Wir brauchen also nicht in den Himmel hinaufzusteigen, noch aus uns selbst hinauszugehen; denn dies wäre Ermüdung des Geistes und Zerstreuung der Seele …«

Damit war bereits das Grundmotiv angeschlagen, aus dem sich zwölf Jahre später ihr literarisches Hauptwerk entwickeln sollte. In ihrer »Vida« hatte sie die Reihe der locker aneinandergefügten Episoden ihres inneren und äußeren Lebensweges nur an einer, freilich entscheidenden Stelle aufgebrochen, um vier verschiedene Stadien des Gebets, des mystischen Erlebens, zusammenfassend, auf über hundert Seiten, im farbig geschilderten Gleichnis der vierfachen Bewässerung eines Gartens darzustellen. Ihr letztes großes Buch aber entwickelte sie aus einem einzigen allegorischen Bild, das als eine erweiternde Variante der vorhin genannten Vision erscheint und gleich an den Anfang des Werkes gestellt ist: »Wie ich heute unseren Herrn anflehte, er möge durch mich reden – weil ich nichts zu sagen fand und nicht wußte, wie ich mit der Erfüllung dieser Aufgabe beginnen sollte –, da bot sich mir dar, was ich nunmehr sagen und als Fundament gebrauchen möchte: nämlich unsere Seele als eine Burg zu betrachten, die ganz aus einem Diamant oder einem sehr klaren Kristall besteht und in der es viele Gemächer gibt, gleichwie im Himmel viele Wohnungen sind. Denn wenn wir es recht betrachten, Schwestern, so ist die Seele des Gerechten nichts anderes als ein Paradies, in dem der Herr, wie er selbst sagt, seine Lust hat … Ich finde nichts, mit dem sich die große Schönheit einer Seele, ihre Weite und ihre hohe Befähigung vergleichen ließe. Und wahrlich, unsere Einsicht und unser Verstand – so scharfsinnig sie sein mögen – reichen schwerlich aus, sie zu begreifen, genausowenig wie sie Gott sich auszudenken vermögen.«

Sich selber zu erkennen, ist für Teresa, die sich alle weltliche Ehre versagt hat, eine Frage der menschlichen Würde:

»Erschiene es nicht als eine schreckliche Unwissenheit, wenn jemand keine Antwort wüßte auf die Frage, wer er ist, wer seine Eltern sind und aus welchem Lande er stammt? Wäre dies ein Zeichen viehischen Unverstands, so herrschte in uns ein noch unvergleichlich schlimmerer Stumpfsinn, wenn wir uns nicht darum kümmerten, zu erfahren, was wir sind, sondern uns mit diesen Leibern zufriedengäben und folglich nur so obenhin, vom Hörensagen, weil der Glaube es uns lehrt, davon wüßten, daß wir eine Seele haben. Aber welche Güter diese Seele in sich bergen mag, wer in ihr wohnt und welch großen Wert sie hat, das bedenken wir selten, und darum ist man so wenig darauf bedacht, ihre Schönheit mit aller Sorgfalt zu bewahren. All unsere Achtsamkeit gilt der rohen Einfassung, der Ringmauer dieser Burg, das heißt: den Körpern.«

Das Tor aber, durch das der Mensch in sich selber einzudringen vermag, und der Schlüssel, mit dem die Seele, die kämpfend durch das langsam sich lichtende Dunkel vorwärtsrückt, bis zu der strahlenden Mitte gelangen kann, »wo die tief geheimnisvollen Dinge zwischen Gott und der Seele vor sich gehen« – dieser Schlüssel ist für Teresa das Gebet, jene absolute Hinkehr zum Höchsten in der Tiefe des eigenen Wesens, mit dem sie einen »Freundschaftsverkehr« erstrebt, der einen an Vermessenheit grenzenden Mut und zugleich die äußerste Demut der Selbstvergessenheit verlangt. Die Verwirklichung dieser Beziehung ist das große, das einzige Thema des »Castillo interior« – der »Inneren Burg«.

Daß das allegorische Leitmotiv dieses Werkes nicht zum beengenden Schema erstarrt, sondern vielmehr zum Quellmund immer neuer, sprudelnder Bilder, zum dämmenden, oftmals überfluteten Ufer eines drängenden geistigen Geschehens wird, ist der eindringliche Beweis für die Wahrhaftigkeit des Mitteilungswillens, der sich hier – unbesorgt um stilistische Perfektion oder logische Linearität – Gehör verschafft, und für die Fülle, die seine Formkraft zu bändigen hat. Vor einer perspektivisch allzu fixierten Auffassung des von ihr vermittelten Bildes warnt Teresa selber gleich zu Beginn: »Ihr dürft euch nicht vorstellen, daß diese Wohnungen wie aufgereiht eine hinter der anderen liegen. Richtet vielmehr eure Augen auf die Mitte, die das Gemach und der Palast ist, wo der König weilt, und stellt die Burg euch vor wie eine Zwergpalme, bei der viele Hüllen das köstliche Herzblatt umschließen. So liegen dort rings um diesen Raum viele andere Gemächer, und ebenso darüber. Denn die Dinge der Seele muß man sich immer in Fülle und Weite und Größe denken ...«

Die Konsequenz aus solcher Erkenntnis ist ein Ratschlag, der eine kluge, schon psychologisch zu nennende Behutsamkeit verrät: »Sehr wichtig für jede Seele, die sich dem Gebet widmet, ist es, daß man sie nicht in einen Winkel pfercht oder einengt. Man lasse sie durch alle diese Wohnungen wandeln, aufwärts und abwärts und nach den Seiten hin; denn Gott hat ihr eine so große Würde verliehen. Auch dränge man sie nicht dazu, lange Zeit in einem einzigen Gemach zu bleiben, nicht einmal in dem der Selbsterkenntnis, so wichtig diese – wohlgemerkt – selbst für diejenigen ist, die der Herr in dieselbe Wohnung eingelassen hat, in welcher er selber weilt ... Die Demut wirkt nämlich wie die Biene, die im Stock den Honig bereitet. Ohne sie geht alles verloren. Bedenkt aber, daß die Biene es nicht versäumt, hinauszufliegen, um den Nektar der Blüten zu sammeln. Genauso muß es die Seele mit der Selbsterkenntnis halten. Glaubt es mir und fliegt zuweilen aus, um die Größe und Majestät eures Gottes zu betrachten ...«

Wie hier, so geschieht es im ganzen Text: Vergleich wächst aus Vergleich, Bild überwuchert Bild. Vier allegorische Hauptmotive bestimmen jedoch die nicht erklügelte, unsystematische, aber vehemente Kontrapunktik dieses Werkes: Die durchsichtige Burg, deren innerer Glanz nur durch die Schwärze der Sünde dem Auge verdeckt wird; der Kampf gegen die bösen Geister, an der Seite der treulosen

Burgverwalter: der Sinne und Seelenkräfte (Verstand, Gedächtnis, Phantasie); die Metamorphose des Schmetterlings als Gleichnis dafür, wie die Seele sich selber einspinnen und ertöten muß, um beflügelt zur Freiheit aufzuerstehen; und endlich das Symbol der Liebesvereinigung, wie sie im Hohen Lied erscheint, wo der Bräutigam die Braut in seinen Weinkeller führt.

Die künstlerischen Höhepunkte des Buches sind – wie kaum anders zu erwarten – dort zu finden, wo die Darstellung Höhe und Art des ins Übernatürliche gehobenen Erlebens markieren muß, wo die Diskrepanz zwischen den Materialien der Wiedergabe und ihrem Gegenstand das bildnerische Verlangen zum Sprung über den eigenen Scheitel zu zwingen scheint. Kennzeichnend ist dabei, daß die Autorin noch in dem Augenblick, wo der Geist der Ekstase ihr die Feder führt, wo sie, hingerissen in der Verzückung, sich als Raub, als Tochter des göttlichen Adlers fühlt, sich nicht in der Häufung aufgesetzten Prunks, hingewischten Glanzes erschöpft, sondern immer besorgt um die Genauigkeit der unterscheidenden Wahrnehmung bleibt. So zum Beispiel, wenn sie zwei Stufen der geistigen Vereinigung – die mystische Verlobung und Vermählung – miteinander vergleicht: »Die frühere Vereinigung gleicht zwei Wachskerzen, die man so dicht aneinanderhält, daß beider Flamme ein einziges Licht bildet; und sie ist jener Einheit ähnlich, zu der der Docht, das Licht und das Wachs verschmelzen. Danach aber kann man leicht eine Kerze von der anderen trennen, so daß es wieder zwei Kerzen sind, und ebenso läßt sich der Docht vom Wachs lösen. Hier jedoch ist es, wie wenn Wasser vom Himmel in einen Fluß oder in eine Quelle fällt, wo alles nichts als Wasser ist, so daß man weder teilen noch sondern kann, was nun das Wasser des Flusses ist und was das Wasser, das vom Himmel gefallen; oder es ist, wie wenn ein kleines Rinnsal ins Meer fließt, von dem es durch kein Mittel mehr zu scheiden ist; oder aber wie in einem Zimmer mit zwei Fenstern, durch die ein starkes

Licht einfällt: dringt es auch getrennt ein, so wird doch alles zu einem Licht.«

Tirso de Molina hat ein halbes Jahrhundert später mit seinem »Condenado por desconfiado« (den Menéndez Pidal als das bedeutendste religiöse Drama der spanischen Literatur bezeichnete) gleichsam ein Standgericht über die von Zurbarán gemalten Helden asketischer Weltverachtung gehalten, über die abgezehrten Eremiten, die, vor dem Totenkopf kniend, die Augen starr an den Himmel geheftet, mit hochgereckten Armen ihre Erlösung zu ertrotzen scheinen. Die faustische Gebärde, mit der Tirsos »Heiliger« dem Himmel ein Zeichen seiner Rettung entreißen will, wird zum Fluch, als der Teufel – verkleidet zum Engel des Lichts – ihm verkündet, daß er das ewige Schicksal eines Fremden zu teilen habe, in dem der Einsiedler einen gedankenlosen Gewaltmenschen und Verbrecher erkennt – eine sichere Beute des unterirdischen Feuers. Der kleinmütige Glaube des Asketen verwandelt sich in verzweifelten Trotz. Als Räuber rast er wider Gott und Welt und endet in der Hölle, während der vermeintliche Kettengefährte seines Schicksals im letzten Augenblick, naiv die Hand der göttlichen Gnade ergreifend, zur Seligkeit gelangt.

Der eigenmächtige Anspruch auf göttliche Belohnung war dem Denken Teresas immer fremd. »In diesem Werk des Geistes«, schrieb sie, »tut der am meisten, der am wenigsten zu tun denkt und tun will ... Bei Dingen, vor denen Seine Majestät anscheinend eine Grenze gezogen hat und die er sich selber vorbehalten will, kann ich mich nicht zu menschlichen Anstrengungen überreden.« Wo die Liebe sie dem Höchsten entgegentrieb, verachtete sie die »Hühnerschritte«, zu denen ihre Beichtväter sie oft nötigten; aber sie war sich darüber klar, daß auch auf dem Weg des Gebets alles Erzwungene nur »Mißbehagen« hinterläßt: »Es ist, wie wenn einer springen will, aber von hinten festgehalten wird.« Der Mut ihrer entschlossenen Hingabe an das Unbegreifliche, der sie nicht selten mit dem Kampfgeist eines ignatianischen Eifers erfüllte, war in ihr eins mit der Demut, die ihr gleichbedeutend war mit dem »Wandeln in der Wahrheit« und ihr die Überzeugung eingab, daß Gott oft die Schwächsten mit den höchsten mystischen Gaben beschenkt.

Mut und Demut, Kontemplation und Activitas, Liebe und kluge Nüchternheit – so glaubte sie – müßten beisammen sein wie Maria und Martha, damit der Herr sich wohl fühle. Die rechnende Skepsis des Lazarillo war ihr ebenso eigen wie der selbstlose Enthusiasmus eines Amadis. Als Inbild verzückter Hingabe hat Bernini sie in Stein gehauen; Rubens hat sie als Schreibende gemalt, mit einem Gesicht von strenger Bewußtheit, das den Strahl der Erleuchtung als ein Diktat der Klarheit empfängt.

Die Macht vereinigter Gegensätze, die Tanz und Geißelung umspannt, bezeugt der Duktus ihrer Schrift wie der Stil ihrer Sprache, in die sie die Essenz einer ungewöhnlichen, faszinierenden, unerschöpflichen Erfahrung gebannt hat. In ihrer Verbindung von Hoheit und Zärtlichkeit, Vorsicht, Bestimmtheit, Scheu und überschäumender Spontaneität sah Luis de León, der große Lyriker und Theologe (der 1588, sechs Jahre nach Teresas Tod, erstmals ihre Schriften veröffentlichte) »die Anmut selber« – lebendigste Anmut, die mit jedem Wort einen Brand entfacht. Sie beweist die Behauptung des Bernhard von Clairvaux: Verbo geniti verbum habent – Wer vom Wort gezeugt ist, der hat das Wort.

Fritz Vogelgsang

Die innere Burg

JHS

Wenige Dinge, die mir der Gehorsam geboten hat, sind mir so schwergefallen wie jetzt die Aufgabe, über das Gebet zu schreiben. Einmal, weil ich nicht den Eindruck habe, daß der Herr mir dazu Geist oder Lust verleiht; und zum anderen, weil ich schon seit drei Monaten ein solches Dröhnen und eine solche Schwäche im Kopfe fühle, daß ich selbst die unumgänglichen Schreibarbeiten nur mühsam erledigen kann. Doch da ich weiß, daß die Kraft des Gehorsams Dinge zu bewältigen pflegt, die unüberwindlich erscheinen, so entschließt sich der Wille, es gern und mit herzlichem Eifer zu tun, auch wenn es der Natur hart anzukommen scheint. Denn der Herr hat mir nicht soviel Tugend verliehen, daß der Kampf mit der ständigen Krankheit und Beanspruchungen vieler Art ausgefochten werden könnte ohne heftigen Widerspruch der eigenen Natur. Möge Er es tun, der andere, schwierigere Dinge vollbracht hat, um mir seine Gnade zu erweisen, und auf dessen Erbarmen ich vertraue.

Ich glaube zwar, daß ich nicht viel mehr zu sagen weiß, als ich bei anderen Gelegenheiten, da man mir zu schreiben befahl, schon gesagt habe. Ich fürchte vielmehr, daß es fast das gleiche sein wird; denn es geht mir genau wie den Vögeln, die man das Sprechen lehrt: sie können nichts anderes sagen, als was man ihnen beigebracht hat oder was sie gehört haben, und wiederholen es ein ums andere Mal. Will der Herr, daß ich etwas Neues sage, so wird Seine Majestät es mir geben, oder wird er sich damit begnügen, mir das ins

Gedächtnis zu rufen, was ich früher gesagt habe. Ich wäre auch damit zufrieden; denn ich habe ein so schlechtes Gedächtnis, daß es mich freuen würde, einiges wiederzufinden, von dem man behauptet hat, es sei gut ausgedrückt gewesen – für den Fall, daß es verlorengegangen sein sollte. Wenn der Herr mir auch dies nicht gewähren sollte, so wird es mir dennoch ein Gewinn sein, um des Gehorsams willen mich abzumühen und meine Kopfschmerzen zu mehren, selbst wenn meine Worte zu gar nichts nütze wären. Und so beginne ich denn heute, am Tag der Allerheiligsten Dreifaltigkeit des Jahres 1577, hier im Kloster des heiligen Joseph vom Karmel in Toledo, wo ich derzeit weile, diese Pflicht zu erfüllen, mich in allem, was ich sage, dem Urteil derer unterwerfend, die mir zu schreiben befohlen haben, welches Personen von hohem Wissen sind. Sollte ich etwas sagen, was nicht dem Glauben der heiligen römisch-katholischen Kirche entspricht, so geschieht es aus Unwissenheit und nicht aus böser Absicht. Dessen kann man so gewiß sein, wie es sicher ist, daß ich durch Gottes Güte ihr immer ergeben bin und es sein werde und es stets gewesen bin. Ihm sei Ruhm und Ehre in Ewigkeit, Amen.

Der mir zu schreiben befohlen hat, sagte mir, daß die Nonnen in diesen Klöstern Unserer Lieben Frau vom Karmel jemanden brauchten, der ihnen einige Zweifel wegen des Gebets zerstreue. Da er den Eindruck habe, daß Frauen die Sprache von ihresgleichen am besten verstehen, wären meine Worte – bei der Liebe, die sie für mich hegten – ihnen wohl am dienlichsten. Er sei daher der Meinung, daß es nicht belanglos wäre, wenn es mir gelänge, dazu etwas zu sagen. Mit dem, was ich im folgenden schreiben werde, wende ich mich also an sie. Und da der Gedanke, es könne für andere Personen von irgendwelcher Bedeutung sein, töricht erscheint, so wird mir unser Herr Gnade genug erweisen, wenn meine Worte einer dieser Nonnen dazu dienen, Ihn ein wenig mehr zu loben. Seine Majestät weiß wohl, daß ich nach nichts anderem strebe, und meine Schwestern werden ohne Zweifel erkennen, daß es nicht mein Werk ist, wenn etwas davon treffend ausgedrückt sein sollte, es sei denn, sie hätten so wenig Einsicht, wie ich Talent für dergleichen Dinge besitze, falls der Herr es mir nicht schenkt in seiner Barmherzigkeit.

Die erste Wohnung

ERSTES KAPITEL

Wie ich heute unseren Herrn anflehte, er möge durch mich reden – weil ich nichts zu sagen fand und nicht wußte, wie ich mit der Erfüllung dieser Aufgabe beginnen sollte –, da bot sich mir dar, was ich nunmehr sagen und als Fundament gebrauchen möchte: nämlich unsere Seele als eine Burg zu betrachten, die ganz aus einem Diamant oder einem sehr klaren Kristall besteht und in der es viele Gemächer gibt, gleichwie im Himmel viele Wohnungen sind. Denn wenn wir es recht betrachten, Schwestern, so ist die Seele des Gerechten nichts anderes als ein Paradies, in dem der Herr, wie er selbst sagt, seine Lust hat. Nun, was meint ihr, wie wohl die Wohnstatt sein mag, in der ein solch mächtiger, weiser und reiner König, der so reich an Gütern jeglicher Art ist, sich ergötzt? Ich finde nichts, mit dem sich die große Schönheit einer Seele, ihre Weite und ihre hohe Befähigung vergleichen ließe. Und wahrlich, unsere Einsicht und unser Verstand – so scharfsinnig sie sein mögen – reichen schwerlich aus, sie zu begreifen, genausowenig wie sie Gott sich auszudenken vermögen; denn er selbst sagt, daß er uns schuf nach seinem Bilde. Ist dies wirklich so – und es ist so –, dann brauchen wir uns nicht abzumühen in dem Verlangen, die Schönheit dieser Burg zu erfassen. Obgleich zwischen ihr und Gott der Unterschied besteht, der den Schöpfer trennt vom Geschöpf – da sie ja etwas Erschaffenes ist –, so genügt doch das Wort Seiner Majestät, daß sie nach seinem Bilde geschaffen ist, um die große Würde und Schönheit der Seele uns als kaum faßbar erscheinen zu lassen.

Nicht wenig Elend und Verwirrung kommen daher, daß wir durch eigene Schuld uns selber nicht verstehen und nicht wissen, wer wir sind. Erschiene es nicht als eine schreckliche Unwissenheit, meine Töchter, wenn jemand keine Antwort wüßte auf die Frage, wer er ist, wer seine Eltern sind und aus welchem Lande er stammt? Wäre dies ein Zeichen viehischen Unverstands, so herrschte in uns ein noch unvergleichlich schlimmerer Stumpfsinn, wenn wir uns nicht darum kümmerten, zu erfahren, was wir sind, sondern uns mit diesen Leibern zufriedengäben und folglich nur so obenhin, vom Hörensagen, weil der Glaube es uns lehrt, davon wüßten, daß wir eine Seele haben. Aber welche Güter diese Seele in sich bergen mag, wer in ihr wohnt und welch großen Wert sie hat, das bedenken wir selten, und darum ist man so wenig darauf bedacht, ihre Schönheit mit aller Sorgfalt zu bewahren. All unsere Achtsamkeit gilt der rohen Einfassung, der Ringmauer dieser Burg, das heißt: den Körpern.

Denken wir uns also, daß diese Burg – wie ich schon gesagt habe – viele Wohnungen hat, von denen einige oben gelegen sind, andere unten und wieder andere seitwärts, und daß sie ganz innen, in der Mitte all dieser Wohnungen, die allerwichtigste birgt: jene, wo die tief geheimnisvollen Dinge zwischen Gott und der Seele vor sich gehen. Es ist nötig, daß ihr auf dieses Gleichnis achtet. So Gott will, kann ich euch damit etwas von den Gnaden verständlich machen, die Gott nach seinem Belieben den Seelen verleiht, und von den Unterschieden, die zwischen ihnen bestehen (soweit dies nach meinem Verständnis möglich ist; denn alle zu verstehen, vermag niemand, so mannigfaltig sind sie; und schon gar nicht jemand, der so armselig ist wie ich). Denn wenn der Herr euch solche Gnaden erweisen sollte, wird es für euch ein großer Trost sein, zu wissen, daß dies möglich ist; und für die, denen dies nicht widerfährt, wird es ein Grund sein, seine große Güte zu loben. Es schadet uns ja nicht, darüber nachzusinnen, was im Himmel ist und was die Seligen genießen, vielmehr freut es uns und spornt uns an, dasselbe zu erlangen, was sie genießen – und genausowenig wird es uns schaden, wenn wir sehen, daß schon hier in der Verbannung dieser Welt ein solch großer Gott sich mit Würmern abgeben kann, die voll üblen Geruches sind, und daß eine so vollkommene Güte, ein solch unermeßliches Erbarmen uns liebt.

Wem die Erkenntnis der Möglichkeit, daß Gott diese Gnade hier in der Verbannung uns erweist, schaden sollte, dem müßte es – davon bin ich fest überzeugt – sehr an Demut und Nächstenliebe fehlen. Denn wie sollten wir uns sonst nicht darüber freuen, daß Gott diese Gnaden einem unserer Brüder erweist (was ihn ja nicht hindert, sie auch uns zu erzeigen) und daß Seine Majestät ihre Größe offenbart, an wem sie nun will? Manchmal wird der Herr es ja allein zu dem einen Zwecke tun, seine Größe sichtbar zu machen (wie er es sagte, als er dem Blinden das Augenlicht schenkte und die Apostel Ihn fragten, ob dieser wegen seiner eigenen Sünden oder wegen der Sünden seiner Eltern erblindet sei). Er tut es also nicht, weil diejenigen, denen er solche Gnaden erweist, heiliger wären als die anderen, denen er sie nicht erweist, sondern darum, daß man seine Größe erkenne (wie wir es am heiligen Paulus und an der Magdalena sehen) und daß wir ihn preisen in seinen Geschöpfen.

Man könnte nun sagen, diese Dinge erschienen unmöglich, und es sei gut, den Schwachen kein Ärgernis zu geben. Doch es ist weniger verloren, wenn diese Zaghaften nicht glauben, als wenn diejenigen um den Gewinn gebracht werden, denen Gott solche Gnaden erweist und die sich darüber freuen und dadurch ermuntert werden, ihn mehr zu lieben, der soviel Barmherzigkeit erzeigt, obgleich seine Macht und Herrlichkeit so groß sind. Das sage ich mit um so größerer Gewißheit, als ich weiß, daß bei denen, mit welchen ich rede, diese Gefahr nicht besteht; denn sie wissen und glauben, daß Gott noch größere Zeichen der Liebe vollbringt.

Auch weiß ich, daß niemand, der hieran nicht glaubt, es aus eigenem Erleben erfährt; denn Gott liebt es sehr, daß man seinen Werken keine Schranke setzt. Und darum, Schwestern, möget ihr, die der Herr nicht auf diesem Wege führt, nie in solchen Unglauben verfallen.

Doch kehren wir zu unserer schönen, beglückenden Burg zurück, und schauen wir, wie wir hineingelangen können. Es scheint, als sagte ich einen Unsinn; denn wenn diese Burg die Seele ist, so ist doch klar, daß man nicht hineingehen muß, da man ja selbst die Burg ist. Genauso närrisch erschiene es, wenn man jemandem sagte, er möge in ein Zimmer gehen, in dem er sich bereits befindet. Doch ihr müßt verstehen, daß zwischen Darinnensein und Darinnensein ein großer Unterschied besteht. Es gibt viele Seelen, die sich im Wehrgang der Burg aufhalten – also dort, wo die Wachen stehen – und denen nichts daran gelegen ist, ihre inneren Anlagen zu betreten. Sie wissen nicht, was an diesem wundervollen Ort zu finden ist, noch wer darin weilt, ja nicht einmal, was für Gemächer die Burg umschließt. In manchen Andachtsbüchern habt ihr gewiß schon den Rat vernommen, die Seele möge in sich gehen. Damit ist genau dasselbe gemeint.

Ein großer Gelehrter sagte mir unlängst, die Seelen ohne Gebet glichen einem gelähmten, bewegungsunfähigen Körper, der zwar Hände und Füße besitze, ihnen aber nicht gebieten könne. Und wahrlich, so ist es. Es gibt Seelen, die so krank sind, die sich so daran gewöhnt haben, in äußeren Dingen befangen zu sein, daß es völlig undenkbar erscheint, sie könnten jemals in sich gehen. Denn es ist ihnen schon so zur Gewohnheit geworden, ständig mit dem Gewürm und Viehzeug umzugehen, das rings um die Burg sich regt, daß sie schon fast ebenso tierisch geworden sind, obwohl sie von Natur aus so reich begabt und fähig sind, mit keinem Geringeren als Gott selber zu reden. Bemühen sich diese Seelen nicht, ihr Elend zu begreifen und ihm abzuhelfen, so müssen sie zur Salzsäule erstarren, weil sie den Blick nicht zurück auf sich selber richten (wie es – umgekehrt – dem Weibe des Lot geschah, weil es zurückschaute).

Nach meiner Erfahrung sind das Gebet und die Andacht das Tor, durch das man die Burg betreten kann. Damit meine ich das mündliche Gebet nicht minder als das Gebet im Geiste; denn um Gebet zu sein, bedarf beides der Ehrfurcht und Andacht. Ein Gebet, bei dem man nicht darauf achtet, mit wem man redet und was man erbittet, wer der Bittsteller ist und wer der Angeflehte, das nenne ich kein Gebet, mag man dabei auch noch so viel die Lippen bewegen. Wird manchmal, auch wenn man nicht mit dieser Aufmerksamkeit dabei ist, dennoch ein Gebet daraus, so nur deshalb, weil man bei anderen Gelegenheiten die nötige Andacht aufgebracht hat. Doch wenn jemand gewohnt ist, mit der Majestät Gottes so zu reden, als spreche er mit seinem Sklaven, ohne darauf zu schauen, ob er unrecht rede, sondern einfach so daherschwatzt, was ihm in den Mund kommt und was er von früher auswendig weiß, so halte ich das für kein Gebet, und Gott verhüte, daß irgendein Christ es dafür halte. Ich hoffe auf Seine Majestät, Schwestern, daß dies unter euch nicht geschehe; denn ihr seid es ja gewohnt, euch mit innerlichen Dingen zu befassen. Das ist ein recht gutes Mittel, um nicht in solchen Schwachsinn zu verfallen.

Doch wir wollen nicht mit diesen lahmen Seelen reden, die sich in argem Elend und großer Gefahr befinden, wenn nicht der Herr selber kommt und ihnen (wie jenem Manne, der dreißig Jahre neben dem Teich gelegen war) gebietet, sich zu erheben, sondern wollen zu den anderen Seelen sprechen, die schließlich in die Burg eingehen. Obwohl sie tief in der Welt stecken, haben sie doch ein gutes Verlangen, und zuweilen – wenn auch selten – empfehlen sie sich dem Schutze unseres Herrn und denken darüber nach, wer sie sind, sei es auch nicht sehr gründlich. Auch beten sie jeden Monat irgendwann einmal, von tausend Geschäften erfüllt, mit denen ihre Gedanken fast immer umgehen. Sie sind so daran gefesselt – denn »wo ihr Schatz ist, dahin geht ihr

Herz« –, daß sie sich zuweilen vornehmen, sich davon frei zu machen. Von großer Bedeutung ist es da, wenn sie sich selbst erkennen und sehen, daß sie nicht auf dem rechten Wege sind, der zur Burgpforte hineinführt. Endlich treten sie in die ersten der unteren Gemächer ein; doch mit ihnen dringt so viel Gewürm ein, daß sie weder die Schönheit der Burg zu sehen vermögen noch zur Ruhe kommen können. Schwer genug ist es ihnen gefallen, überhaupt hereinzukommen.

Diese Schilderung wird euch unangebracht erscheinen, meine Töchter, da ihr durch Gottes Güte nicht zu diesen Menschen gehört. Ihr müßt Geduld haben, denn ich weiß nicht, in welcher Weise ich euch sonst verständlich machen könnte, wie ich gewisse innere Dinge des Gebets verstehe. Der Herr gebe, daß es mir gelingt, etwas zu sagen. Was ich euch gern erklären würde, ist nämlich recht schwierig zu verstehen, wenn man es nicht selbst erfahren hat. Habt ihr es erlebt, so werdet ihr erkennen, daß es unumgänglich ist, an das zu rühren, wovon wir – so der Herr will – verschont bleiben mögen, um seiner Barmherzigkeit willen.

ZWEITES KAPITEL

Bevor ich fortfahre, möchte ich euch bitten, euch auszudenken, welchen Anblick diese schöne und strahlende Burg bieten mag, diese orientalische Perle, dieser Baum des Lebens, der inmitten der lebendigen Wasser des Lebens, also in Gott, gepflanzt ist –, wenn die Seele in eine Todsünde fällt. Es gibt keine unheimlichere Finsternis, und es gibt nichts, was so dunkel, so schwarz wäre, daß sie daneben nicht noch viel finsterer erschiene. Begehrt nicht mehr zu wissen, als daß es so ist, als wäre die Sonne, die ihr so viel Glanz und Schönheit verlieh, die Sonne, die doch noch immer in der Mitte der Seele ist, nicht mehr vorhanden; als könne die Seele nicht mehr teilhaben an ihm, sie, die doch genauso dazu befähigt ist, sich Seiner Majestät zu erfreuen, wie der Kristall die Sonne in sich aufleuchten zu lassen vermag. Da hilft ihr nichts, und deshalb bleiben alle guten Werke, die sie vollbringt, solange sie in Todsünde lebt, unfruchtbar und dienen nicht dazu, daß sie die Seligkeit erlangt. Weil diese Taten nicht aus dem Urgrund stammen, welcher Gott ist, der unsere Tugend zur Tugend macht, sondern in der Trennung von ihm entstanden sind, können sie seinen Augen nicht gefällig sein. Wer eine Todsünde begeht, hat ja auch nicht die Absicht, ihn zu erfreuen, sondern dem Satan ein Vergnügen zu machen. Da dieser die Finsternis selber ist, so ist auch die arme Seele zur gleichen Finsternis geworden.

Ich weiß von einer Person, der unser Herr zeigen wollte, was aus einer Seele wird, die sich tödlich versündigt. Diese Person behauptet, ihrer Meinung nach könne einer, der dies wirklich begriffen hat, überhaupt nicht mehr sündigen. Lieber würde er alle erdenklichen Leiden auf sich nehmen, um so den Gelegenheiten zur Sünde zu entrinnen. Der Herr flößte dieser Seele zugleich den brennenden Wunsch ein, alle Menschen möchten dies begreifen. Und so möge er auch euch, Töchter, das Verlangen eingeben, viel zu Gott zu beten für jene, die in diesem Zustand leben und gleich ihren Werken zu völliger Finsternis geworden sind.

Wie die Bächlein, die einer sehr klaren Quelle entspringen, rein und lauter sind, so ist es auch die Seele, die in der Gnade lebt. Daß ihre Werke den Augen Gottes und der Menschen wohlgefällig sind, hat seine Ursache nur darin, daß sie jener Quelle des Lebens entspringen, in welcher die Seele wurzelt, eingepflanzt wie ein Baum, der nicht die Frische und Fruchtbarkeit besäße, wenn sie ihm nicht von dorther zuflössen. Dies erhält ihn und macht, daß er nicht verdorrt und gute Frucht bringt. Entfernt sich eine Seele aus eigener Schuld von dieser Quelle und senkt sich in eine andere mit pechschwarzem Wasser von widerlichem Geruche ein, so ist auch alles, was aus ihr hervorgeht, nichts als Schmutz und Unheil.

Hier ist zu bedenken, daß die Quelle, daß jene strahlende Sonne, die sich in der Mitte der Seele befindet, ihren Glanz und ihre Schönheit nicht verliert. Sie bleibt beständig darin, und nichts kann sie ihrer Schönheit berauben. Breitet man aber über einen Kristall, der in der Sonne liegt, ein tiefschwarzes Tuch, so wird freilich, auch wenn die Sonne auf ihn scheint, ihr Leuchten in dem Kristall keine Wirkung hervorbringen.

O Seelen, die ihr losgekauft seid mit dem Blute Jesu Christi! Erkennet euch und habt Erbarmen mit euch selbst! Wie ist es möglich, daß ihr dies versteht und euch nicht bemüht, dieses Pech von dem Kristall zu entfernen? Nie wieder werdet ihr euch an diesem Licht erfreuen, wenn so euer Leben endet. O Jesus, welchen Anblick bietet eine Seele, die von ihm geschieden ist! In welch erbärmlichen Zustand geraten die Gemächer der Burg! Wie verwirrt irren die Sinne umher, die darin wohnen! Und die Seelenkräfte, die zu Burgvögten, Verwaltern und Mundschenken bestellt sind – mit welcher Blindheit treiben sie ihr schlimmes Regiment! Welche Frucht kann auch ein Baum bringen, der in einen Grund gepflanzt wurde, welcher des Teufels ist?

Ich hörte einmal einen geistlichen Mann sagen, daß es ihn nicht vor dem schaudere, was einer, der in Todsünde lebt, tue, sondern vor dem, was er nicht tue. Gott bewahre uns durch sein Erbarmen vor einem solch schrecklichen Übel. Nichts in diesem Leben verdient es, ein Übel geheißen zu werden, außer diesem Unheil; denn es zieht ewige Übel nach sich, die kein Ende haben. Das ist es, Töchter, was wir auf unserem Wege zu fürchten haben. Wir müssen Gott in unseren Gebeten anflehen, daß er uns davor behüte; denn wenn er nicht die Stadt bewacht, so ist unser Tun umsonst, da wir die Vergeblichkeit selber sind. Jener Mann sagte mir, er verdanke der Gnade, die Gott ihm erwiesen habe, zweierlei. Erstens: eine ungeheure Furcht, ihn zu beleidigen; und deshalb flehe er, weil er ein solch entsetzliches Unheil vor Augen habe, den Herrn ständig darum an, ihn nicht fallen zu lassen. Und zweitens: einen Spiegel für die Demut; denn er sehe jetzt, daß eine Wohltat, die wir vollbringen, ihren Ursprung nicht in uns selber hat, sondern in der Quelle, in welche der Baum unserer Seele gepflanzt ist; in der Sonne, die unseren Werken ihre Wärme spendet. Er sagt, dies sei ihm so klar geworden, daß er stets, wenn er irgend etwas Gutes tue oder bei einem anderen gewahre, nach der Herkunft des Guten suche und dann erkenne, wie wir ohne diese Hilfe nichts vermöchten. Dies bewog ihn, Gott zu loben, so daß er meist gar nicht daran dachte, was er selber vielleicht Gutes getan hatte.

Die Zeit, Schwestern, die ihr mit dem Lesen dieser Worte zubringt und die ich aufwende, um sie zu schreiben, wäre nicht verloren, wenn sie uns diese zwei Dinge einbrächte. Den Weisen und Gelehrten sind sie wohl vertraut; doch unser weibliches Ungeschick bedarf dringend aller erdenklichen Hilfe. Darum will der Herr vielleicht, daß uns derartige Vergleiche zur Kenntnis gelangen. Möge es seiner Güte gefallen, uns dazu seine Gnade zu schenken. Diese inneren Dinge sind so dunkel und schwierig zu verstehen, daß jemand, der so wenig weiß wie ich, zwangsläufig viele überflüssige und sogar unsinnige Dinge sagt, um das eine oder andere treffend auszudrücken. Wer es liest, bedarf derselben Geduld, die ich aufbringe, um etwas zu schreiben, was ich nicht weiß; denn manchmal greife ich nach dem Papier, als wäre ich ein Ding ohne Verstand, und weiß nicht, was sagen und wie anfangen. Dabei verstehe ich wohl, wie wichtig es für euch ist, daß ich euch, so gut ich kann, einige innere Erfahrungen erkläre. Wir hören immer, wie gut das Gebet sei; und unsere Regel schreibt uns vor, ihm bestimmte Stunden zu widmen. Doch man erklärt uns nichts, was wir uns nicht selbst erklären können. Und von dem, was der Herr in einer Seele bewirkt – dem Übernatürlichen, das in ihr geschieht –, wird uns wenig gesagt. Würde dies in vielfältiger Weise uns dargelegt und erläutert, so schenkte man uns damit den großen Trost, dieses himmlische Kunstwerk in unserem Inneren betrachten zu können, das von den Sterblichen so wenig verstanden wird, obgleich so viele darin umhergehen. In anderen Schriften, die ich verfaßt habe, hat der Herr zwar einiges verständlich gemacht, doch ich erkenne, daß ich damals verschiedenes – vor allem von den schwierigsten Dingen – nicht so gut verstanden habe wie später. Mühsam ist nun bloß, daß ich, ehe wir zu diesen gelangen, wohl viele sattsam bekannte Dinge sagen werde, da es meinem unbeholfenen Geist nicht anders möglich ist.

Kehren wir nun also wieder zu unserer Burg mit jenen vielen Wohnungen zurück. Ihr dürft euch nicht vorstellen, daß diese Wohnungen wie aufgereiht eine hinter der anderen liegen. Richtet vielmehr eure Augen auf die Mitte, die das Gemach und der Palast ist, wo der König weilt, und stellt die Burg euch vor wie eine Zwergpalme, bei der viele Hüllen das köstliche Herzblatt umschließen. So liegen dort rings um diesen Raum viele andere Gemächer, und ebenso darüber. Denn die Dinge der Seele muß man sich immer in Fülle und Weite und Größe denken. Damit erhöht man sie keineswegs, sie, die viel mehr vermag, als wir uns vorstellen können, und die überall durchdrungen ist von der Sonne, die in diesem Palaste strahlt.

Sehr wichtig für jede Seele, die sich – viel oder wenig – dem Gebet widmet, ist es, daß man sie nicht in einen Winkel pfercht oder einengt. Man lasse sie durch all diese Wohnungen wandeln, aufwärts und abwärts und nach den Seiten hin; denn Gott hat ihr eine so große Würde verliehen. Auch dränge man sie nicht dazu, lange Zeit in einem einzigen Gemach zu bleiben, nicht einmal in dem der Selbsterkenntnis, so wichtig diese – wohlgemerkt – selbst für diejenigen ist, die der Herr in die gleiche Wohnung eingelassen hat, in welcher er selber weilt; denn so hoch die Seele auch stehen mag – nie wird etwas anderes die Selbsterkenntnis ersetzen können, ob man dies will oder nicht. Die Demut wirkt nämlich wie die Biene, die im Stock den Honig bereitet. Ohne sie geht alles verloren. Bedenkt aber, daß die Biene es nicht versäumt, hinauszufliegen, um den Nektar der Blüten zu sammeln. Genauso muß es die Seele mit der Selbsterkenntnis halten. Glaubt es mir und fliegt zuweilen aus, um die Größe und Majestät eures Gottes zu betrachten. Da wird die Seele ihre Niedrigkeit eher entdecken als in sich selber, und sie wird weniger belästigt sein von dem Gewürm, das in die ersten Gemächer – eben die Selbsterkenntnis – mit eindringt. Obwohl es, wie gesagt, ein großes Erbarmen Gottes bedeutet, wenn man sich darin übt, so kommt es doch auf das rechte Maß an. »Nicht zuviel und nicht zuwenig« – wie man zu sagen pflegt. Und man glaube mir, daß wir mit der Kraft Gottes eine sehr viel höhere Tugend erwirken, als wenn wir zäh an unserer Erde kleben.

Ich weiß nicht, ob ich es recht verständlich gemacht habe; denn es ist eine so wichtige Sache, dieses Erkennen unseres eigenen Ichs, daß ich wünschte, ihr möchtet niemals darin ermatten, so hoch ihr auch in den Himmeln emporgestiegen sein möget. Solange wir uns auf dieser Erde befinden, gibt es nichts, was für uns wichtiger wäre als die Demut. Und darum sage ich nochmals, daß es sehr gut und ganz vortrefflich ist, wenn man danach strebt, zuerst in jenes Gemach zu gelangen, wo es um diese Tugend geht, ehe man zu den anderen fliegt. Denn dies ist der Weg. Und wozu sollten wir, solange wir auf sicherem und ebenem Gelände gehen können, uns Flügel zum Fliegen wünschen, anstatt zu sehen, wie wir auf diesem Wege weiterkommen? Doch nach meiner Ansicht werden wir mit unserer Selbsterkenntnis nie zu Ende kommen, wenn wir nicht danach trachten, Gott zu erkennen. Im Anblick seiner Größe entdecken wir unsere Niedrigkeit, und angesichts seiner Reinheit sehen wir unseren Schmutz. Die Betrachtung seiner Demut läßt uns erfahren, wie weit wir davon entfernt sind, demütig zu sein. Das bringt uns zweierlei Gewinn. Der erste:

Daß etwas Weißes neben dem Schwarzen offensichtlich sehr viel weißer erscheint, und ebenso umgekehrt das Schwarze neben dem Weißen. Der zweite: Daß unser Verstand und Wille sich veredeln und ertüchtigen zu allem Guten, wenn wir, statt mit uns selbst, mit Gott verkehren. Steigen wir nie aus dem Schlamm unserer eigenen Erbärmlichkeit heraus, so bedeutet das ein schweres Hindernis. Von den Menschen, die in Todsünde leben, sagten wir, wie schwarz und übelriechend die Gewässer um sie sind. Und auch bei denen, die immer im Elend unserer Erde steckenbleiben (welche freilich ganz und gar nicht so sind wie die vorigen – Gott bewahre uns davor, daß wir dies mit dem Vergleich sagen!), wird die Strömung nie aus dem Schlamm der Ängste herauskommen, aus der Verzagtheit und Feigheit, die furchtsam fragt, ob man auf mich schaut oder nicht auf mich schaut; ob mir, wenn ich diesem Weg folge, etwa ein Unheil zustößt; ob ich es wagen kann, jenes Werk zu beginnen; ob es Hochmut ist; ob es recht ist, daß eine solch elende Person sich mit einer solch hohen Sache wie dem Gebet befaßt; ob man mich für etwas Besseres hält, wenn ich nicht den allgemeinen Weg gehe. Denn Übertreibungen sind nicht gut, auch nicht in der Tugend. Da ich so sündhaft bin, werde ich sonst nur um so tiefer stürzen und den Guten dadurch schaden. So eine wie ich verdient ja nichts Besonderes.

Oh, Gott bewahre, meine Töchter! Wie viele Seelen hat der Satan durch solche Mattherzigkeit um reichen Gewinn gebracht! All diese Bedenken erscheinen ihnen als Demut, und vieles andere mehr, was ich noch nennen könnte. Die Ursache davon ist, daß wir uns selbst nicht ganz verstehen. Der Satan verdreht unsere Selbsterkenntnis, und wenn wir nie aus uns selbst herausgehen, so wundert es mich nicht, daß solche und ähnliche Ängste in uns auftauchen können. Darum, Töchter, sage ich: Laßt uns die Augen auf Christum richten, unser Heil, wo wir die wahre Demut erfassen, und laßt uns auf seine Heiligen schauen. Dann wird sich, wie ich gesagt habe, unser Verstand veredeln und unsere

Selbsterkenntnis davor bewahrt werden, zur Kriecherei und Feigheit zu entarten. Obwohl dies die erste Wohnung ist, birgt sie doch großen Reichtum und ist von hohem Wert. Gelingt es der Seele, hier dem Gewürm zu entrinnen, so wird sie gewiß noch weiter vorankommen. Aber schrecklich sind die Tücken und Ränke, die der Satan ersinnt, damit die Seelen sich nicht selbst erkennen und ihre Wege nicht verstehen.

Aus eigener Erfahrung könnte ich von dieser ersten Wohnung eine recht gute Beschreibung geben. Deshalb sage ich, man möge sich bei dieser Bezeichnung nicht einige wenige Zimmer vorstellen, sondern eine Unzahl von Gemächern. Auf vielerlei Weisen kommen Seelen hier herein, und alle in guter Absicht. Doch da der Satan immer seinen bösen Zweck verfolgt, gibt es dort wohl in jedem Raum viele Legionen von Dämonen, die dafür kämpfen, daß die Seelen nicht zu den nächsten Räumen vordringen können. Weil die arme Seele ahnungslos ist, stellt er uns mit tausenderlei Gaukeleien seine Fallen. Weniger wirksam sind seine Finten bei denen, die dem Orte näher sind, wo der König weilt. Doch hier, wo die Seelen noch von der Welt durchtränkt sind, wo sie noch in irdischen Vergnügungen befangen sind und verwirrt werden von weltlichen Ehren und Ansprüchen, hier haben die Vasallen der Seele – die Sinne und Geisteskräfte, die Gott ihr von Natur aus gegeben hat – noch nicht die nötige Kraft. Und darum werden diese Seelen leicht besiegt, auch wenn sie die Sehnsucht fühlen, Gott nicht zu beleidigen, und obwohl sie gute Werke vollbringen. Wer in dieser Lage ist, der muß, sooft er kann, Seine Majestät um Hilfe angehen, die gebenedeite Mutter als Vermittlerin nehmen und seine Heiligen bitten, daß diese für ihn streiten, weil den eigenen Dienern noch die Kraft mangelt, sich zu wehren. Wahrlich, immer und überall sind wir darauf angewiesen, daß wir diese Kraft von Gott erhalten. Seine Majestät möge sie uns schenken aus seiner Barmherzigkeit, Amen.

Wie erbärmlich ist das Leben, in dem wir uns regen. Da

ich schon bei anderer Gelegenheit viel davon gesprochen habe, wie sehr es uns schadet, meine Töchter, wenn wir die Bedeutung der Demut und der Selbsterkenntnis nicht recht erfassen, so will ich es hier damit bewenden lassen, obgleich diese Einsicht für uns das Dringlichste ist. Der Herr gebe, daß ich etwas gesagt habe, was euch von Nutzen ist.

Ihr werdet gewahren, daß in diese erste Wohnung noch beinahe nichts von jenem Lichte dringt, das von dem Palast ausgeht, wo der König weilt. Sie ist zwar nicht so finster und schwarz wie der Zustand einer Seele, die in Sünde lebt, doch ist es auch hier irgendwie düster, so daß derjenige, der darin ist, das Licht nicht sehen kann. Aber nicht das Gemach ist daran schuld – ich weiß nicht, wie ich es verständlich machen soll –, sondern daß so viele böse Wesen, Nattern und Ottern und anderes giftige Getier, mit der Seele hereingelangt sind und ihr nun das Licht verdecken. Es ist, wie wenn jemand irgendwo hineinkommt, wo viel Licht hereinfällt, doch seine Augen sind mit Lehm verschmiert, so daß er sie kaum öffnen kann. Der Raum ist hell, aber die Seele genießt es nicht, weil dieses wilde Getier sie daran hindert. Es zwingt sie, die Augen zu schließen, damit sie nichts sieht außer diesen scheußlichen Wesen. So muß es wohl meines Erachtens einer Seele gehen, die zwar nicht böse lebt, aber doch so tief in den Dingen der Welt steckt, sich so vollgesogen hat mit Besitz oder Ehre oder Geschäften, daß sie, obwohl sie wirklich den Wunsch hat, sich zu sehen und ihrer eigenen Schönheit sich zu erfreuen, der Umgarnung durch so viel Hinderliches anscheinend nicht entschlüpfen kann. Um in die zweite Wohnung gelangen zu können, ist es sehr wichtig, daß man sich – soweit es der Stand erlaubt, dem man angehört – bemüht, sich aller unnötigen Dinge und Geschäfte zu entledigen. Dies ist so dringend erforderlich, daß ich es für unmöglich halte, es könne einer je bis zur Hauptwohnung kommen, wenn er nicht damit den Anfang macht. Er wird sogar in der Wohnung, wo er sich befindet, in großer Gefahr schweben, obwohl er ja bereits in die Burg hereingekommen ist; denn unter soviel giftigem Gewürm ist es undenkbar, daß er nicht den einen oder anderen Biß erhält.

Wie wäre es aber erst, Töchter, wenn Menschen, die schon frei sind von solchen Hemmnissen, wie wir es sind – wenn wir, nachdem wir schon sehr viel tiefer zu anderen geheimen Wohnungen der Burg vorgedrungen sind, aus eigener Schuld umkehren würden und wieder hinausgingen in jenen Tumult und Wirrwarr? Es gibt sicher viele, denen Gott Gnaden erwiesen hat und die durch eigene Schuld sich erneut in dieses Elend stürzen. Wir hier sind äußerlich frei – gebe Gott, daß wir es auch innerlich sind. Möge er uns frei machen.

Hütet euch, meine Töchter, vor fremden Sorgen. Erkennt, daß es wenige Wohnungen in dieser Burg gibt, wo die Dämonen den Kampf aufgeben. Es ist wahr: in einigen sind die Wächter (das sind die Seelenkräfte, wie ich – glaube ich – bereits gesagt habe) stark genug zum Streit. Doch es ist dringend nötig, daß wir stets auf der Hut sind vor den Tücken des Satans und uns nicht überlisten lassen, wenn er als Engel des Lichts sich uns zeigt; denn es gibt vielerlei Dinge, mit denen er uns schaden kann. Schritt um Schritt schleicht er sich herein, und wir erkennen das Unheil erst, wenn es bereits geschehen ist.

Ich sagte schon ein andermal, daß er wie eine lautlose Feile ist. Wir müssen ihn deshalb gleich zu Beginn erkennen. Ich will ein Beispiel nennen, um euch dies verständlicher zu machen. Einer Schwester flößt er ein heftiges Verlangen nach Buße ein, so daß sie meint, sie finde keine Ruhe, wenn sie sich nicht foltere und martere. Dieser Anfang ist gut. Wenn aber die Priorin geboten hat, ohne ihre Erlaubnis keine Bußübungen zu machen, und der Satan in dieser Schwester nun die Meinung weckt, einer so guten Sache zuliebe dürfe man wohl schon etwas wagen, und wenn sie es heimlich so treibt, daß sie ihre Gesundheit ruiniert und gegen die Ordensregel verstößt, dann seht ihr ja, wo dieser gute

Anfang sein Ende nimmt. Einer anderen gibt der Satan ein großes, eifriges Begehren nach Vollkommenheit ein. Dieser Eifer ist sehr gut, doch es könnte so weit kommen, daß ihr jeder kleine Fehler an ihren Schwestern als furchtbares Unheil erscheint; daß sie darüber wacht, ob sie solche Fehlerchen begehen, und dann zur Priorin rennt. Es könnte sogar vorkommen, daß sie vor lauter Eifer um die wahre Frömmigkeit ihre eigenen Fehler übersieht. Und da die anderen ihr nicht ins Herz blicken können, sondern nur sehen, wie sie aufpaßt, so könnte es sein, daß sie darüber ungehalten werden.

Was der Satan hier anstrebt, ist nicht wenig: nämlich das Mitleid und die gegenseitige Nächstenliebe abzukühlen. Gelänge es ihm, so wäre das ein großer Schade. Laßt uns verstehen, meine Töchter, daß die wahre Vollkommenheit die Liebe zu Gott und dem Nächsten ist und daß wir desto vollkommener werden, je vollkommener wir diese zwei Gebote halten. Unsere ganze Ordensregel und ihre Satzungen dienen nur als ein Mittel, damit wir diesen beiden Forderungen immer mehr und immer besser entsprechen. Lassen wir darum alles fürwitzige Eifern, das uns großen Schaden antun kann. Ein jeder schaue auf sich selber. Weil ich an anderer Stelle euch hierüber genug gesagt habe, will ich nicht länger davon reden.

Diese gegenseitige Liebe ist so wichtig, daß ich wollte, ihr würdet sie niemals vergessen; denn wenn wir herumgehen und auf nichtige Kleinigkeiten blicken, die wir an anderen auszusetzen haben und die manchmal gar keine Mängel sind, sondern die wir vielleicht nur wegen unseres beschränkten Wissens als anstößig betrachten, so kann unsere Seele den Frieden verlieren und sogar die der anderen beunruhigen. Schaut, ob solche Vollkommenheit uns nicht zu teuer käme! Der Satan könnte mit derlei Versuchungen auch der Priorin zusetzen – was noch gefährlicher wäre. Da bedarf es vieler Klugheit. Geht es um Dinge, die gegen die Regel und die Satzung sind, so darf man nicht alles ungerügt lassen, sondern muß sie darauf hinweisen, und wenn sie sich nicht bessert, es dem Vorgesetzten melden. Dies gebietet das Mitleid. Das gleiche gilt im Verhältnis zu den Schwestern, wenn es sich um eine schwerwiegende Sache handelt. Alles geschehen zu lassen aus der Furcht, es könnte eine Versuchung für uns sein, das wäre ebenfalls eine Versuchung. Doch sollte man sehr darauf bedacht sein, nicht untereinander davon zu reden; denn daraus könnte der Satan großen Gewinn schlagen und die Gewohnheit der üblen Nachrede entstehen. Wie gesagt: Man sollte sich damit nur an denjenigen wenden, der Abhilfe schaffen kann. Hier sind wir, Gott sei Dank, dieser Gefahr nicht so sehr ausgesetzt, da wir beständiges Stillschweigen üben; doch es ist gut, wenn wir auf der Hut sind.

Die zweite Wohnung

Laßt uns nun davon reden, welche Seelen es sind, die in die zweite Wohnung eintreten, und was sie darin tun. Ich will mich dabei kurz fassen, denn anderswo habe ich dies recht ausführlich dargelegt. Ich werde nicht umhinkönnen, vieles davon zu wiederholen, weil ich mich nicht mehr genau erinnere, was ich damals gesagt habe. Sollte ich es in wenig veränderter Form wieder aufwärmen, so weiß ich jedenfalls, daß ihr euch nicht darüber ärgert. Wir werden ja auch nie der Bücher müde, die davon handeln, obgleich es so viele gibt.

Es geht hier um diejenigen, die schon begonnen haben, das Gebet zu üben, und die begriffen haben, wie wichtig es für sie ist, nicht in der ersten Wohnung zu verweilen. Sie haben jedoch noch nicht die Entschlußkraft, daß sie darauf verzichten könnten, sich öfters darin aufzuhalten. Sie geben die Gelegenheiten zum Bösen noch nicht auf. Das ist recht gefährlich. Doch es ist eine große Barmherzigkeit von Gott, daß sie zuweilen den Schlangen und anderen giftigen Wesen zu entfliehen suchen und einsehen, wie gut es ist, sich von ihnen zu entfernen.

Diese Seelen haben in mancher Hinsicht sehr viel mehr Leiden zu erdulden als die vorher genannten, obwohl sie nicht in solch großer Gefahr schweben; denn es hat den Anschein, als kennten sie die Gefährdungen schon, und es besteht große Hoffnung, daß sie tiefer vordringen können. Ich sage, sie haben mehr Leiden zu erdulden, weil die Erstgenannten jenen Stummen gleichen, die auch nicht hören können und darum leichter die Qual ertragen, nicht reden zu können. Das fällt denen viel schwerer, die wohl hören, aber nicht sprechen können. Trotzdem wünscht man sich in dieser Lage nicht das Schicksal der anderen, die auch nicht hören; denn schließlich ist es etwas Großes, das zu verstehen, was man uns sagt. So vernehmen die Seelen, von denen wir hier reden, die Rufe, welche der Herr an sie richtet. Da sie tiefer eingedrungen und dem Ort, wo Seine Majestät weilt, näher gekommen sind, haben sie in Ihm, in seiner Barmherzigkeit und Güte, einen sehr guten Nachbarn, auch wenn sie noch immer an unserem Getändel und unseren Geschäften hängen und sich nicht frei gemacht haben von den Vergnügungen und trügerischen Geschäften der Welt, auch wenn sie noch immer in Sünden fallen und sich wieder daraus erheben. Die Tiere, die wild durcheinanderwimmeln, sind so giftig, und so gefährlich ist ihre Nähe, daß es ein Wunder ist, wenn sie einen nicht straucheln lassen und zu Fall bringen. Doch dem Herrn liegt so viel daran, daß wir ihn lieben und uns bemühen, zu ihm zu kommen, daß er nicht aufhört, uns wieder und wieder zu rufen, damit wir zu ihm finden. Und diese Stimme ist so lieblich, daß die arme Seele vergeht, wenn sie dann nicht tut, was die Stimme ihr befiehlt. Und darum ist dies – wie gesagt – schmerzlicher, als wenn man sie nicht hört.

Ich sage nicht, daß diese Stimme und diese Rufe den anderen gleichen, von denen ich später reden werde. Die hier dringen zu uns aus Worten, die wir von guten Menschen hören, oder aus Gebeten, aus der Lektüre guter Bücher sowie aus vielen anderen Dingen, von denen ihr gehört habt, daß Gott durch sie die Menschen ruft: seien es Krankheiten, Mühsale oder irgendeine Wahrheit, die er uns in den Augenblicken lehrt, wo wir im Gebet sind. Möge dies noch so schwach sein – Gott schätzt es hoch. Achtet auch ihr, meine Schwestern, diese erste Gnade nicht gering, und verzagt nicht, wenn ihr dem Herrn nicht antworten könnt. Seine Majestät ist geduldig genug, um viele Tage und Jahre zu warten, besonders wenn er Beharrlichkeit und guten Willen sieht. Diese Ausdauer ist hier das Wichtigste, denn mit ihr werden wir nie leer ausgehen, sondern reichen Gewinn erlangen. Doch die Schlacht, welche die Dämonen uns hier mit tausenderlei Waffen liefern, ist entsetzlich und schmerzlicher für die Seele als alles zuvor; denn damals war sie stumm und taub – zumindest hörte sie sehr wenig – und leistete weniger Widerstand, wie einer, der die Hoffnung auf den Sieg zum Teil schon verloren hat. Hier dagegen ist die Vernunft lebendiger, die Geisteskräfte sind wendiger, und die Hiebe sausen so heftig hernieder, die Geschütze donnern so mächtig, daß die Seele es nicht mehr überhören kann. Hier lassen die Dämonen alle Schlangengestalten der weltlichen Dinge einem vor Augen führen; alle Befriedigungen, welche die Erde gewährt, lassen sie hier als etwas beinahe Ewiges erscheinen: das Ansehen, das man auf ihr genießt, die Freunde und Verwandten, die Gesundheit – vor allem dann, wenn man gerade Buße tut (denn immer fühlt die Seele, die hier eintritt, am Anfang das Verlangen, sich einer Buße zu unterwerfen). Solche und tausend andere Anfechtungen begegnen der Seele hier.

O Jesus, welchen Tumult erregen da die Dämonen, und welche Qual befällt die arme Seele, die nicht weiß, ob sie weitergehen oder in die erste Wohnung zurückweichen soll. Die Vernunft freilich deckt ihr die Täuschung auf und gibt ihr den Gedanken ein, daß all dies belanglos ist, verglichen mit dem, wonach sie strebt. Der Glaube lehrt sie, was ihre Pflicht ist. Das Gedächtnis macht ihr klar, wie all diese Dinge enden, indem es ihr den Tod solcher Menschen vor Augen führt, welche die geschauten Dinge im Überfluß genossen hatten; indem es ihr zeigt, wie manche jählings vor ihren Augen hingerafft worden waren und schleunigst von allen vergessen wurden; wie Leute, die sie in großem Reichtum gesehen hatte, unter den Boden kamen, wo jeder über sie hinwegging; wie auch sie selber schon oft über die Gräber derjenigen hinweggegangen war, in deren Leibern nun die

Würmer wimmeln. Solche und viele andere Bilder kann die Erinnerung ihr in den Sinn rufen. Der Wille neigt sich in Liebe dahin, wo er so unzählige Taten und Zeichen der Liebe gesehen hat, und möchte sie mit etwas vergelten. Ganz klar und deutlich zeigt sich ihr jedoch vor allem, wie dieser wahre Liebhaber sie nie verläßt, sie treu begleitet, ihr Leben und Wesen schenkt. Dann eilt der Verstand herbei, um ihr zu erklären, daß sie niemals einen besseren Freund gewinnen könne, möge sie noch so viele Jahre leben; daß die ganze Welt voller Falschheit sei und die Freuden, welche der Satan ihr darbiete, aus Mühsal, Sorgen und Widersprüchen bestünden. Und er sagt ihr, daß sie gewißlich außerhalb dieser Burg weder Sicherheit noch Friede finden würde; sie solle nicht länger in fremde Häuser laufen, denn das ihre sei voller Güter, die sie genießen könne, wenn sie nur wolle. Wen gibt es denn, der alles, was er braucht, gleichsam im eigenen Hause findet und der vor allem einen solchen Gastgeber hat, welcher ihn zum Herrn über alle Güter macht, unter der einen Bedingung, daß er nicht wie der verlorene Sohn umherstreunen und vom Fraß der Schweine essen will?

Das sind Vernunftgründe, mit denen man die Dämonen überwinden kann. Doch – o Herr und mein Gott! – die Gewöhnung an die eitlen Dinge und die Erfahrung, daß alle Welt sich mit ihnen abgibt, verderben alles. Unser Glaube ist so tot, daß wir mehr nach dem begehren, was wir sehen, als nach dem, was er uns verheißt; wo wir doch in Wahrheit nichts als schlimmes Unheil an denen sehen, die diesen sichtbaren Dingen nachgehen. Daran sind die giftigen Wesen schuld, mit denen wir uns einlassen. Wird jemand von einer Viper gebissen, so vergiftet dieser Biß den ganzen Leib, und er schwillt an. Genauso ist es hier, weil wir uns nicht genügend vorsehen. Zur Heilung bedarf es natürlich vieler Kuren, und Gott erweist uns eine große Gnade, wenn wir nicht daran zugrunde gehen.

Wahrlich, die Seele erlebt hier viele Leiden, vor allem

wenn der Satan merkt, daß sie durch ihre Veranlagung und ihre Sitten die Eignung besitzt, weit voranzukommen. Da wird er die ganze Hölle versammeln, um sie wieder aus der Burg zu vertreiben.

Oh, mein Herr! Hier ist eure Hilfe nötig; denn ohne sie können wir nichts tun. Laßt es nicht zu, um eurer Barmherzigkeit willen, daß die Seele der Täuschung erliegt und das Begonnene aufgibt. Erleuchte sie, damit sie erkennt, daß hierin ihr ganzes Heil liegt, und sich von den bösen Gefährten trennt; damit ihr klar wird, was für eine große, hochwichtige Sache es ist, mit Menschen umzugehen, die nach demselben Ziele streben, und wie sehr es darauf ankommt, sich nicht nur an die zu halten, die im gleichen Raume sind, wo sie sich selber befindet, sondern auch an jene, von denen sie weiß, daß sie schon weiter zur Mitte vorgedrungen sind. Dies wird ihr eine große Hilfe sein, und der Umgang mit ihnen kann dazu führen, daß diese sie zu sich ziehen. Immer sei die Seele darauf bedacht, sich nicht übermannen zu lassen; denn wenn der Satan sieht, daß sie fest entschlossen ist, lieber das Leben und die Ruhe und alles, was er ihr bieten mag, zu verlieren, als in die erste Wohnung zurückzukehren, so wird er sehr bald von ihr ablassen. Sie sei mannhaft und gehöre nicht zu denen, die sich bäuchlings zum Trinken hinwarfen, als man in die Schlacht zog (ich weiß nicht mehr, gegen wen). Entschlossen möge sie den Kampf wider alle Dämonen wagen, in der Überzeugung, daß es keine besseren Waffen gibt als die des Kreuzes. Ich habe es zwar schon des öfteren gesagt, doch will ich es hier, um seiner Wichtigkeit willen, noch einmal wiederholen: Man glaube ja nicht, daß es zu Beginn dieses Unternehmens irgendwelche Annehmlichkeiten gebe. Dies wäre ein schlechtes Fundament für ein solch herrliches, großes Bauwerk. Baut man aber auf Sand, so wird alles einstürzen. Nie wird man das Unbehagen und die Versuchungen loswerden. Denn hier sind noch nicht die Wohnungen, wo es Manna regnet. Die liegen weiter innen. Dort schmeckt alles so, wie die Seele es sich wünscht, weil sie nichts anderes will, als was Gott will. Es ist schon recht seltsam: Noch stecken wir in tausend Schwierigkeiten und Unvollkommenheiten, und die Tugenden haben noch nicht einmal das Laufen gelernt, weil sie ja eben erst sich angeschickt haben, das Licht der Welt zu erblicken (Gott gebe, daß sie sich dazu angeschickt haben!) – schämen wir uns da nicht, vom Gebet Genuß zu erwarten und uns über Dürre zu beklagen? Niemals komme euch so ein Gedanke, Schwestern. Klammert euch an das Kreuz, das euer Bräutigam auf sich nahm, und erkennet, daß dies euer Auftrag ist. Wer mehr zu erleiden vermag, der leide mehr für ihn, und er wird um so mehr die Befreiung erfahren. Das übrige betrachtet als etwas Beiläufiges, und sollte es der Herr euch schenken, so dankt ihm dafür von Herzen.

Ihr meint vielleicht, ihr wäret wohl bereit und entschlossen, die äußeren Leiden auf euch zu nehmen, wenn nur der Herr euch innerlich beschenkt. Seine Majestät weiß besser, was gut für uns ist. Wir haben keinen Grund, ihm Ratschläge zu geben, was er uns schenken soll; denn er kann mit Recht uns sagen, daß wir nicht wissen, was wir bitten. Wer sich dem Gebet zu widmen beginnt – vergeßt das nie, denn es ist sehr wichtig –, der muß allein danach streben, sich mit allem Fleiß und Eifer, mit aller Entschlossenheit, deren er fähig ist, darauf einzustellen, daß sein eigener Wille mit dem Willen Gottes übereinstimme. Und nehmt es als ganz gewiß, daß hierin – wie ich euch später noch sagen werde – alle höhere Vollkommenheit besteht, die man auf dem geistlichen Weg erlangen kann. Wer das am vollkommensten vermag, der wird am meisten des Herrn teilhaftig werden und ist am weitesten auf diesem Wege fortgeschritten. Denket nicht, daß es hier außerdem seltsam-geheimnisvolle Rätselreden oder unerhörte und unbegreifliche Dinge gibt; denn in dem Gesagten besteht unser ganzes Heil. Wenn wir am Anfang irren und wünschen, daß der Herr nach unserem Willen verfährt und uns führt, so wie wir uns das vorstellen – welche Festigkeit kann da dieses Bauwerk besitzen? Bemühen wir uns, das zu tun, was an uns liegt, und hüten wir uns vor diesem giftigen Gewürm; denn oft will der Herr, daß böse Gedanken uns verfolgen und quälen, die wir nicht abschütteln können, so daß Dürre über uns kommt. Zuweilen läßt er es sogar zu, daß das böse Getier uns beißt, damit wir uns später besser in acht zu nehmen wissen, und um zu erproben, ob es uns sehr bedrückt, wenn wir ihn beleidigt haben.

Darum laßt den Mut nicht sinken, wenn ihr einmal fallen solltet, und hört nicht auf, vorwärts zu streben; denn auch diesen Sturz wird Gott zum Guten wenden, wie es der Theriakverkäufer tut, der zuerst Gift trinkt, um zu beweisen, daß die Arznei heilkräftig ist. Würden wir nirgends sonstwo unser Elend und den großen Schaden erkennen, den uns das Umherstreunen einbringt, als in dieser Schlacht, die wir durchzufechten haben, um uns wieder zu sammeln, so wäre dies schon genug. Kann es etwas Schlimmeres geben, als daß wir uns in unserem eigenen Haus nicht zurechtfinden? Wie können wir hoffen, in anderen Häusern Ruhe zu finden, wenn wir sie im eigenen nicht zu finden vermögen? Selbst so große, so echte Freunde und Verwandte wie unsere Seelenkräfte, mit denen wir immer, ob wir es wollen oder nicht, zusammenleben müssen, scheinen mit uns im Streit zu liegen, als wären sie verärgert durch die Feindschaft, mit der unsere Laster sie befehdet haben. »Friede, Friede!« – mit diesem Wort, meine Schwestern, ermahnte der Herr so oft seine Jünger. Denn glaubt mir: Wenn wir ihn im eigenen Haus nicht haben und nicht dafür sorgen, daß er darin herrscht, so werden wir ihn auch in den fremden Häusern nicht finden. Macht endlich Schluß mit diesem Streit! Um des Blutes willen, das er für uns vergossen hat, bitte ich diejenigen, die noch nicht damit begonnen haben, in sich zu gehen; und die anderen, die schon angefangen haben, flehe ich an, es damit nicht bewenden zu lassen und nicht zurückzuweichen. Sie sollen bedenken, daß der Rückfall schlimmer ist als der Fall. Meinen sie schon ihre Niederlage zu sehen, dann sollten sie auf Gottes Barmherzigkeit vertrauen, nicht auf sich selbst. Und sie werden sehen, wie Seine Majestät sie von Wohnung zu Wohnung führt und in das Land bringt, wo die wilden Tiere sie weder anrühren noch müdehetzen können. Die Seele macht sie vielmehr alle sich untertänig und spottet ihrer, und sie genießt mehr Güter, als sie wünschen könnte, und zwar noch in diesem Leben, das sage ich euch.

Schon am Anfang habe ich gesagt, daß ich bereits anderswo für euch beschrieben habe, wie ihr euch in diesen Verwirrungen, die hier der Satan stiftet, verhalten sollt. Nicht gewaltsam müßt ihr vorgehen, wenn ihr euch zu sammeln beginnt, sondern mit Sanftheit, damit ihr es mit größerer Beständigkeit tun könnt. Ich will hier nichts weiter dazu sagen, als daß es meines Erachtens sehr vorteilhaft ist, sich mit erfahrenen Personen zu besprechen; denn manchmal werdet ihr vielleicht meinen, daß Dinge, die notwendigerweise getan werden müssen, einen schrecklichen Schaden anrichten. Der Herr wird alles zu unserem Nutzen lenken, auch wenn wir niemanden finden, der uns belehren könnte – es sei denn, wir geben es auf; denn gegen dieses Unheil gibt es kein Mittel (außer dem einen, daß man von vorne beginnt), und die Seele erleidet von Tag zu Tag einen immer ärgeren Verlust, und Gott gebe, daß sie es merkt.

Es könnte nun eine von euch auf den Gedanken kommen, wenn es etwas so Schlimmes ist, wieder umzukehren, dann wäre es besser, niemals zu beginnen und außerhalb der Burg zu bleiben. Ich sagte euch schon am Anfang – und der Herr selber sagt es –, daß der, welcher sich in Gefahr begibt, darin umkommt und daß das Tor, durch welches man in diese Burg eintritt, das Gebet ist. Der Gedanke, wir würden in den Himmel kommen, ohne in uns zu gehen, ohne uns selber zu erkennen, unser Elend zu bedenken, unsere Schuld vor Gott, und ohne ihn vielmals um Erbarmen zu bitten, ist also töricht und widersinnig. Der Herr selber sagt: »Niemand kommt zum Vater denn durch mich« (so heißt es, glaube ich; doch ich weiß es nicht genau). Und ferner: »Wer mich sieht, der sieht meinen Vater.« Wenn wir ihn also nie anschauen, wenn wir nie den Tod betrachten, den er für uns erlitten hat, nie bedenken, was wir ihm schulden, so weiß ich nicht, auf welche Weise wir ihn erkennen und in seinem Dienste Werke vollbringen könnten. Denn bringt der Glaube keine Werke hervor und kommt zu diesen nicht der Wert der Verdienste Jesu Christi, unseres Herrn, hinzu – welchen Wert könnten sie haben und wer erweckte unsere Liebe zu diesem Herrn? Möge es Seiner Majestät gefallen, uns die Einsicht zu geben, wieviel wir ihn gekostet haben, und uns erkennen zu lassen, daß der Diener nicht mehr ist als der Herr; daß wir Werke schaffen müssen, um uns seiner Herrlichkeit zu erfreuen, und daß es deshalb nötig ist zu beten, damit wir nicht immer in Versuchung sind.

Die dritte Wohnung

ERSTES KAPITEL

Was sollen wir denen, die durch Gottes Erbarmen diese Kämpfe siegreich bestanden haben und beharrlich bis in die dritte Wohnung vorgedrungen sind, anderes sagen als: »Selig der Mann, der den Herrn fürchtet«? Es ist keine geringe Gunst, daß der Herr mich jetzt verstehen läßt, was der spanische Wortlaut dieses Verses hier besagen will; denn für gewöhnlich fällt es mir nicht leicht, den rechten Sinn eines solchen Textes zu begreifen. Wahrlich, mit Recht nennen wir diesen Mann selig. Kehrt er nämlich nicht um, so geht er – soweit wir es verstehen – auf sicherem Wege seiner Erlösung entgegen. Hier werdet ihr erkennen, Schwestern, wie wichtig es ist, daß die Seele in den vorhergehenden Kämpfen den Sieg erringt; denn ich halte es für gewiß, daß der Herr dann niemals säumen wird, ihr die Sicherheit des Gewissens zu gewähren, und das ist keine geringe Gabe. Ich sage »Sicherheit« und habe mich damit schlecht ausgedrückt; denn die gibt es nicht in diesem Leben. Wenn ich davon rede, so müßt ihr verstehen, daß ich es immer unter dem Vorbehalt meine: falls die Seele nicht aufhört, dem eingeschlagenen Weg zu folgen.

Ein schlimmes, schmerzliches Unheil ist es, daß wir uns in diesem Leben stets so verhalten müssen wie Menschen, vor deren Tor die Feinde liegen, so daß sie weder schlafen noch essen können, ohne Waffen bei sich zu haben, und immer in der Angst leben, die Gegner könnten irgendwo in die Festung einbrechen. O mein Herr und mein Heil! Warum willst Du, daß man ein solch erbarmungswürdiges Leben begehrt? Denn es ist unmöglich, darauf zu verzichten und Dich zu bitten, daß Du uns ihm entreißest, wenn einen nicht die Hoffnung erfüllt, es für Dich zu verlieren, es wahrhaftig in Deinem Dienste hinzugeben, und wenn einem die Erkenntnis mangelt, daß dies Dein Wille ist. Wenn dies Dein Wille ist, mein Gott, dann wollen wir mit Dir sterben, wie der heilige Thomas sagte; denn ohne Dich zu leben, in der Furcht, Dich vielleicht für immer zu verlieren, das bedeutet dasselbe wie oftmals zu sterben. Darum sage ich, Töchter, daß die Seligkeit, um die wir bitten müssen, jenes Glück ist, schon jetzt in Sicherheit bei den Seligen zu sein. Solange wir diese Angst im Herzen haben – welche Freude könnte da der empfinden, dessen ganze Freude es ist, Gott zu erfreuen? Und bedenkt, daß manche Heilige, die in schwere Sünde fielen, dieselbe und eine noch viel größere Angst erfuhren. Und wir sind nicht sicher, daß Gott uns die Hand reichen wird, damit wir dem Bösen entkommen und Buße tun wie sie, durch seinen besonderen Beistand.

Wahrlich, meine Töchter, ich schreibe dies hier mit so viel Angst, daß ich nicht weiß, wie ich es schreibe, noch wie ich überhaupt leben kann, wenn mir dies zu Bewußtsein kommt, und das geschieht sehr oft. Bittet, meine Töchter, daß Seine Majestät immer in mir lebe; denn tut der Herr das nicht – welche Sicherheit kann es dann für ein so übel vergeudetes Leben wie das meine geben? Laßt euch durch diese Erkenntnis nicht so bedrücken, wie ich es manchmal an euch beobachtet habe, wenn ich dies zu euch sagte. Es schmerzt euch, weil es euer Wunsch ist, ich wäre recht fromm gewesen. Und ihr habt recht damit; auch ich wollte dies gern. Doch was soll ich tun, nachdem ich es allein durch meine eigene Schuld vertan habe! Denn ich werde mich nicht über Gott beklagen, daß er mir nicht so viel Hilfe geboten hat, wie ich gebraucht hätte, damit eure Wünsche sich erfüllten. Ich kann das nicht ohne Tränen und ohne große Verwirrung sagen, weil ich sehe, daß ich hier etwas für Menschen schreibe, die mich belehren könnten.

Eine harte Gehorsamspflicht ist es mir gewesen! Der Herr gebe – denn es geschieht um seinetwillen –, daß es euch irgend etwas nützt. Bittet ihn, daß er dieser elenden, anmaßenden Person verzeihe. Doch Seine Majestät weiß wohl, daß ich mich nur seines Erbarmens rühmen kann und daß ich nicht aufhören kann, die zu sein, die ich gewesen bin. Es gibt für mich keine andere Rettung, als mich an ihn zu wenden und auf die Verdienste seines Sohnes und dessen jungfräulicher Mutter zu vertrauen, deren Kleid ich unverdienterweise trage. Lobet ihn, meine Töchter, die ihr ebenfalls dieses Kleid traget; denn ihr seid wahrhaftig die Töchter dieser Herrin und müßt euch, da ihr eine solch gute Mutter habt, nicht schämen, weil ich verderbt bin. Folget ihrem Beispiel und bedenkt, wie erhaben die Größe dieser Herrin sein muß und wie groß das Glück, unter ihrer Schutzherrschaft zu stehen; denn meine Sünden und die Art meines Wesens haben nicht ausgereicht, diesem heiligen Orden auch nur das Geringste von seinem Glanz zu nehmen.

Doch ich gebe euch den Rat, euch nicht deswegen in Sicherheit zu wiegen, weil ihr zu diesen Töchtern gehört und eine solche Mutter habt. David war sehr heilig, und ihr wißt ja, was Salomon gewesen. Haltet euch nichts zugut auf die Abgeschlossenheit, in der ihr lebt, noch auf eure Bußübungen. Auch sollt ihr euch nicht in Sicherheit wähnen, weil ihr immer von Gott redet, euch ständig im Gebet übt, so fern von den weltlichen Dingen lebt und sie – wie ihr meint – verschmäht. Das ist alles gut, doch es genügt nicht – wie ich schon sagte –, um uns von der Angst zu befreien; und darum ruft euch oft diesen Vers in die Erinnerung: »Beatus vir, qui timet Dominum.«

Ich weiß nicht mehr, was ich sagte; denn ich bin weit abgeschweift, und wenn ich an mich selbst denke, so zerbrechen mir die Flügel, die ich brauchte, um etwas Gutes zu sagen. Deshalb will ich jetzt damit aufhören und zurückkehren zu dem, was ich euch über jene Seelen zu sagen begonnen hatte, die in die dritte Wohnung gelangt sind und denen der Herr keine geringe, nein, eine sehr große Gnade erwiesen hat, als er sie die ersten Schwierigkeiten überwinden ließ. Ich glaube, solche Seelen gibt es – dank der Güte Gottes – viele auf der Welt. Ihr ernster Wunsch ist es, Seine Majestät nicht zu beleidigen; selbst vor den läßlichen Sünden nehmen sie sich in acht und lieben die Buße, die Stunden der inneren Sammlung; sie machen einen guten Gebrauch von ihrer Zeit, üben sich in Werken der Nächstenliebe, sind sehr zuchtvoll in ihrem Reden, ihrer Kleidung und der Art, in der sie ihr Haus verwalten, falls sie eines haben. Wahrlich, ein Stand, den man sich wünschen muß. Und es scheint keinen Grund zu geben, warum solchen Seelen der Eintritt in die letzte der Wohnungen verwehrt werden sollte. Auch wird der Herr es ihnen nicht verweigern, wenn es ihr Wunsch ist, hineinzugelangen; denn sie sind wohl vorbereitet, die volle Gnade von ihm zu empfangen.

O Jesus! Und wer würde sagen, daß er ein so großes Gut nicht wollte, vor allem wenn er schon das größte Leid erlebt hat? Nicht ein einziger. Wir alle sagen, daß wir es wollen, doch da noch mehr erforderlich ist, damit der Herr die Seele ganz in Besitz nimmt, genügt es nicht, daß wir es sagen – genausowenig wie es bei dem Jüngling genügte, dem der Herr sagte, was er tun müsse, wenn er vollkommen sein wolle. Seitdem ich von dieser dritten Wohnung zu reden begonnen habe, ist mir dessen Gestalt vor Augen; denn wir sind tatsächlich in genau der gleichen Lage. Für gewöhnlich haben die großen Dürrezeiten, die wir in unserem Gebet erleben, hier ihre Ursache, wenngleich es freilich noch andere Gründe dafür gibt. Verschiedene innere Leiden, von denen viele gute Seelen unerträglich gepeinigt werden und an denen sie nicht die geringste Schuld haben (aus welchen der Herr sie aber stets mit großem Gewinn hervorgehen läßt), will ich einmal beiseite lassen; ebenso die Qualen solcher Menschen, die von der Melancholie und anderen Krankheiten heimgesucht werden. Die Gerichte Gottes müssen wir überhaupt außerhalb unserer Erörterung lassen. Die häufigste Ursache der Dürre ist jedoch meines Erachtens das, was ich gesagt habe. Da diese Seelen von sich selbst wissen, daß sie um nichts in der Welt eine Sünde begehen würden, daß viele von ihnen nicht einmal ein läßliches Vergehen mit Bewußtsein sich zuschulden kommen lassen und daß sie ihr Leben und ihren Besitz gut anwenden, können sie es nicht mit Geduld ertragen, daß ihnen die Tür zu dem Raum verschlossen ist, wo unser König weilt, für dessen Vasallen sie sich halten, und das sind sie ja tatsächlich. Ein irdischer König mag viele Diener haben, und doch dürfen nicht alle in seine Kammer eintreten. Geht hinein, meine Töchter, geht hinein in das Innere. Kommt über eure kleinen, dürftigen Werke hinaus; denn um Christen zu sein, müßt ihr das alles tun und noch viel mehr. Und es sei euch genug, daß ihr Vasallen Gottes seid. Begehrt nicht so viel, daß ihr am Ende leer ausgeht. Schaut die Heiligen an, die in die Kammer dieses Königs gelangt sind, und ihr werdet den Unterschied erkennen, der zwischen ihnen und uns besteht. Fordert nicht, was ihr nicht verdient habt; und es sollte uns nicht in den Sinn kommen, soviel wir auch dienen mögen, daß wir dessen jemals würdig sein könnten – wir, die wir Gott beleidigt haben.

O Demut, Demut! Ich weiß nicht, welche Versuchung ich in dieser Hinsicht fühle; denn ich werde die Vermutung nicht los, daß es demjenigen, der diese Dürrezeiten so bejammert, ein wenig an dieser Eigenschaft mangelt.

Die großen inneren Leiden, von denen ich gesprochen habe, lasse ich – wie gesagt – beiseite; denn sie sind keineswegs nur ein Mangel an Andacht. Prüfen wir uns selbst, meine Schwestern, oder es prüfe uns der Herr, der dies kann, auch wenn wir es oft nicht einsehen wollen. Kommen wir also zu den Seelen, die so rechtschaffen sind, und schauen wir, was sie Gott zuliebe tun. Da werden wir erkennen, daß wir kein Recht haben, uns über Seine Majestät zu beklagen. Denn wenn wir dem Herrn den Rücken kehren und traurig fortgehen, wie der Jüngling im Evangelium, sobald er uns sagt, was wir tun müssen, um vollkommen zu sein – was erwartet ihr dann vom Herrn, der den Preis nach dem Maß der Liebe zuteilen wird, die wir für ihn hegen? Und diese Liebe, Töchter, darf nicht das Werk unserer Einbildung sein, sondern sie muß durch Taten erwiesen werden. Denkt aber nicht, daß der Herr unserer Werke bedarf; er braucht die Entschlossenheit unseres Willens.

Uns, die wir ein geistliches Gewand tragen, das wir aus freien Stücken gewählt haben; die wir alle weltlichen Dinge und unsere Habe ihm zuliebe verlassen haben (seien es auch nur die Netze des heiligen Petrus gewesen; denn viel glaubt der zu geben, welcher gibt, was er hat) – uns mag es so vorkommen, als sei alles schon getan. Es ist eine recht gute Vorbereitung, wenn man standhaft darauf beharrt und sich nicht zurückwendet zu dem Gewürm in den ersten Gemächern, auch nicht mit begehrlichen Gedanken; denn wer sich aller irdischen Dinge entledigt hat und in völligem Verzicht beharrt, wird gewißlich das erreichen, wonach er strebt. Doch nur unter der Bedingung – merkt genau, was ich euch rate –, daß man sich als nutzlosen Knecht betrachtet (wie es der heilige Paulus oder Christus selber gesagt hat) und daß man nicht glaubt, man habe damit unseren Herrn verpflichtet, einem solche Gnaden zu erweisen, sondern vielmehr der Überzeugung ist, daß man als einer, der mehr empfangen hat, ihm um so größeren Dank schuldet.

Was können wir für einen so großmütigen Gott denn tun, der für uns gestorben ist, der uns erschaffen hat und uns das Wesen gibt? Müssen wir uns nicht glücklich schätzen, wenn wir – ohne dafür neue Gnaden und Geschenke zu verlangen – etwas von der Schuld abtragen, die wir ihm gegenüber haben, durch das, was er getan hat in unserem Dienst? (Widerstrebend habe ich dieses Wort gebraucht, doch es ist so: sein ganzes Erdenleben ist nichts anderes als ein Dienen gewesen.)

Achtet genau, meine Töchter, auf verschiedene Dinge,

die hier angedeutet sind, wenn auch verworren; denn ich weiß es nicht besser zu erklären. Der Herr wird es euch zu verstehen geben, damit die Dürre euch den Gewinn der Demut bringt und nicht Unruhe euch überkommt, wie es der Satan will. Und glaubt es: wo wahre Demut herrscht, da wird Gott, auch wenn er niemals besondere Gaben gewährt, einen Frieden und Einklang stiften, in dem ihr fröhlicher leben möget als andere, denen Geschenke zuteil werden; denn oft gibt sie die göttliche Majestät, wie ihr gelesen habt, den Schwächsten, von denen ich freilich glaube, daß sie diese Gnaden nicht für die Stärke jener, die in der Dürre leben, zum Tausch geben würden. Wir lieben die Freuden mehr als das Kreuz. Prüfe Du uns, Herr, der Du die Wahrheit weißt, damit wir uns selbst erkennen.

ZWEITES KAPITEL

Ich habe manche, ja ich kann wohl sagen, ziemlich viele Menschen gekannt, die in diesen Stand gelangten und viele Jahre in dieser Rechtschaffenheit und Harmonie lebten, mit Leib und Seele, soweit dies zu erkennen war, und die hernach, wie sie anscheinend bereits Herr über die Welt geworden waren – oder sich doch zumindest gründlich deren Täuschung entzogen hatten –, durch Seine Majestät in nicht sehr großen Dingen geprüft wurden und deshalb in solche Unruhe stürzten, sich so bedrückt in ihrem Herzen fühlten, daß ich ihnen völlig hilflos und recht ängstlich gegenüberstand. Ihnen Ratschläge zu geben, hat keinen Wert; denn da sie schon so lange mit der Tugend zu tun haben, meinen sie, andere belehren zu können, und glauben, mehr als berechtigt zu sein, sich über jene Dinge zu härmen. Ich habe jedenfalls kein Mittel gefunden und finde auch jetzt keines, mit dem solche Menschen zu trösten wären, außer dem einen, daß man ihnen zeigt, wieviel Mitgefühl man für ihren Kummer hat. Man muß wirklich zusehen, wie sie unter ihrem Elend leiden, und kann ihnen doch nicht widersprechen, weil sie sich alle einig sind in dem Gedanken, daß sie dies für Gott erdulden. Darum kommen sie auch nicht zu der Einsicht, daß ihre eigene Unvollkommenheit daran schuld ist. Damit erliegen diese Menschen, die so weit fortgeschritten sind, einer weiteren Täuschung. Daß sie darunter leiden, braucht einen nicht zu verwundern, obwohl – nach meiner Ansicht – die Traurigkeit wegen solcher Dinge rasch vorbeigehen muß. Denn oft will Gott, daß seine Erwählten ihre eigene Armseligkeit fühlen, und entzieht ihnen darum ein wenig seine Gunst; mehr braucht es für gewöhnlich nicht, damit wir sehr rasch zur Selbsterkenntnis finden. Und dann versteht man diese Art von Prüfung; denn man erkennt klar und deutlich seinen Fehler, so daß es einen manchmal mehr bekümmert, sehen zu müssen, daß einem – ohne daß man dagegen aufkommen könnte – irdische und nicht sehr wichtige Dinge genauso zu Herzen gehen wie dieses Leid. Das halte ich für eine große Barmherzigkeit Gottes, und obwohl ein Fehler die Ursache ist, bedeutet es einen großen Gewinn für unsere Demut.

Bei den Personen, von denen ich zuerst gesprochen habe, ist dies aber nicht der Fall. In ihrem Herzen wird die eigene Unruhe von ihnen gebilligt, und sie hätten darum auch gern, daß andere sie gutheißen. Ich will einige Beispiele nennen, damit wir uns selber erkennen und uns prüfen, bevor der Herr uns prüft; denn es würde sehr viel für uns bedeuten, wenn wir darauf vorbereitet wären und uns zuvor selbst erkannt hätten.

Ein reicher Mensch, der weder Kinder noch sonst jemanden hat, dem zuliebe er seinen Besitz erhalten wollte, verliert etwas von dieser Habe, aber nicht so viel, daß der Rest, der ihm verbleibt, nicht dazu ausreichen würde, ihm das Nötigste für seine Person und für sein Haus zu bieten; er hat vielmehr noch immer mehr als genug. Wäre dieser Mensch nun so aufgeregt und ruhelos, als habe er kein Stückchen Brot mehr zu essen – wie sollte unser Herr da von ihm fordern, daß er um seinetwillen alles verlasse? Der Betreffende wendet ein, es tue ihm nur leid, weil er es für die Armen bewahren wolle. Ich glaube, Gott ist mehr daran gelegen, daß ich in das einwillige, was Seine Majestät tut, und daß ich trotz meiner eigenen Absichten meine Seelenruhe bewahre. Gelingt einem das nicht, weil der Herr einem noch nicht so nahe gekommen, dann ist das verzeihlich; aber man sollte dann auch einsehen, daß einem diese Freiheit des Geistes noch fehlt. Dadurch macht man sich bereit, daß der Herr sie einem gibt; denn man wird ihn darum bitten.

Ein anderer Mann hat reichlich zu essen, ja im Überfluß. Da bietet sich ihm die Gelegenheit, noch mehr Besitz zu erwerben. Nimmt er, was man ihm gibt – schön und gut; doch wenn er sich darum abmüht und, nachdem er es bekommen hat, mehr und immer mehr haben will, aus welch guter Absicht auch immer (denn die hat er sicher, da es sich ja, wie gesagt, um lauter tugendhafte, dem Gebet ergebene Personen handelt), so mag man dessen sicher sein, daß er niemals zu den Wohnungen emporsteigen wird, die dem König am nächsten sind.

Das gleiche geschieht, wenn diese Menschen eine Geringachtung erfahren oder wenn man ihre Ehre ein wenig schmälert. Gott erweist ihnen zwar die Gnade, daß sie es oft mit Geduld ertragen können (denn er hilft sehr gern der Tugend vor der Umwelt auf, damit nicht die Tugend selbst mit denen zu leiden habe, die sie zu verkörpern scheinen; vielleicht auch deshalb, weil diese Menschen ihm gedient haben, denn der Herr, unser Heil, ist sehr gut), aber dennoch erfüllt sie eine solche Unruhe, die sie völlig aus der Fassung bringt und der sie sich nicht so rasch entwinden können. Ach Gott, sind dies nicht dieselben Menschen, die schon seit so langer Zeit in der Betrachtung leben, wieviel der Herr gelitten hat, wie gut das Leiden ist, und die sich selber sogar danach sehnen? Sie hätten gern, daß alle ein solch maßvolles, ordentliches Leben führen wie sie, und Gott gebe, daß sie nicht denken, die Pein, die sie erleiden, rühre von fremder Schuld her, und daß sie es sich in ihren Gedanken nicht noch als Verdienst anrechnen.

Ihr werdet nun meinen, ich wiche von meinem Vorsatz ab und redete nicht mehr zu euch, weil diese Dinge ja bei uns nicht zu finden sind; weil wir weder einen Besitz haben noch ihn begehren, noch uns darum bemühen, und weil auch niemand uns beleidigt. Darum sind diese Gleichnisse auch nicht wörtlich zu nehmen. Es sind daraus viele andere Dinge, die geschehen können, zu entnehmen; Dinge, die wir lieber nicht näher bezeichnen wollen. Dazu besteht auch kein Grund. Mit Hilfe dieser Gleichnisse werdet ihr erkennen, ob auch keine Faser mehr von dem an euch ist, was ihr verlassen habt; denn es zeigen sich kleine Dinge – wenn auch nicht von genau derselben Art –, die euch sehr gut erproben und erkennen lassen, ob ihr Herrinnen eurer Leidenschaften seid. Und glaubt mir, daß es nicht darauf ankommt, ob man ein geistliches Gewand trägt oder nicht, sondern darauf, daß man danach trachtet, die Tugenden tätig zu üben und unseren Willen dem Willen Gottes in allem anheimzugeben; daß nichts anderes die Ordnung unseres Lebens sei, als was Seine Majestät verfügt, und daß wir nicht wünschen, daß unser Wille, sondern daß sein Wille geschehe. Sind wir aber noch nicht so weit gelangt, dann heißt es, wie gesagt, Demut wahren; Demut, die eine Salbe für unsere Wunden ist; denn wenn sie in Wahrheit vorhanden ist, so wird – mag es auch eine Weile anstehen – der göttliche Wundarzt kommen, um uns zu heilen.

Die Bußübungen, die diese Seelen machen, sind so maßvoll wie ihr ganzes Leben, das ihnen lieb und wert ist, weil sie unserem Herrn damit dienen wollen – was alles nicht schlecht ist. Deshalb sind sie auch mit großer Klugheit darauf bedacht, bei diesen Übungen ihrer Gesundheit nicht zu schaden. Fürchtet nicht, daß sie sich dabei umbringen könnten. Ihre Vernunft ist klar in sich gefestigt. Noch ist die Liebe nicht da, die einen der Vernunft entreißt. Doch ich wollte, wir hätten sie, damit wir uns nicht begnügen, auf diese Weise Gott zu dienen: immer langsam, Schrittchen um Schrittchen; denn so nimmt der Weg für uns nie ein Ende. Und da wir immer weiterzugehen meinen und dabei müde werden – denn glaubt mir, es ist ein anstrengender Weg –, so ist es ein großes Glück, wenn wir unterwegs nicht zugrunde gehen. Meint ihr, Töchter, wenn wir den Weg von einem Land in ein anderes in acht Tagen zurücklegen könnten, daß es dann gut wäre, wenn wir uns dazu ein Jahr lang in Schenken, im Schnee und Regen und auf schlechten Straßen herumtreiben würden? Wäre es nicht besser, es auf einmal hinter sich zu bringen? Denn all diese Unannehmlichkeiten erwarten uns sonst, und wir sind von Schlangen bedroht. Oh, wie genau könnte ich euch das beschreiben! Und Gott gebe, daß ich selbst darüber hinaus bin; denn recht oft will mir das Gegenteil scheinen.

Weil wir uns so bedachtsam und wohlüberlegt bewegen und uns vor allem fürchten, darum setzt uns alles zu, kränkt uns und tut uns weh, und darum wagen wir nicht, vorwärts zu schreiten, und tun so, als ob wir zu diesen Wohnungen gelangen könnten, während andere den Weg für uns gehen. Das ist unmöglich. Laßt uns alle Kraft zusammennehmen, meine Schwestern, aus Liebe zum Herrn. Übergeben wir unsere Vernunft und unsere Ängste seinen Händen und vergessen wir die natürliche Schwäche, die uns viel zu schaffen machen kann. Die Sorge für unseren Leib sollen die Vorgesetzten tragen. Komme, was da mag – wir wollen nur unserem Herrn entgegeneilen, um ihn zu schauen. Denn obwohl die Bequemlichkeit, die ihr habt, gering ist – falls sie überhaupt vorhanden ist –, könnte euch doch die Sorge um eure Gesundheit betrügen, und zwar um so ärger, weil diese dadurch nicht besser wird. Das habe ich erfahren, und überdies weiß ich, daß es nicht auf den Körper ankommt – das ist das wenigste –, sondern darauf, daß wir den Weg beschreiten in großer Demut. Habt ihr das verstanden, wird euch auch klar sein, warum ich glaube, daß hier das Übel derer zu suchen ist, die nicht weiterkommen. Es muß uns vorkommen, als hätten wir erst wenige Schritte getan. Das sollen wir glauben. Und es möge uns scheinen, als eilten unsere Schwestern uns mit geschwinden Schritten voraus. Auch sollen wir es nicht nur wünschen, sondern dafür sorgen, daß man uns als die Armseligste von allen ansieht.

Halten wir es so, dann ist dieser Zustand vortrefflich; andernfalls werden wir jedoch unser ganzes Leben lang darin steckenbleiben, unter tausend Kümmernissen und Erbärmlichkeiten. Denn weil wir uns selbst noch nicht aufgegeben haben, ist der Weg sehr mühsam und beschwerlich. Hart lastet auf uns die Erde unseres Elends, von der jene nicht mehr bedrückt werden, die zu den höheren Gemächern emporsteigen. Dort versäumt es der Herr nicht, gerecht, ja barmherzig zu belohnen; denn er gibt immer sehr viel mehr, als wir verdient haben, und schenkt uns Freuden, die viel größer sind als jene, die uns die Annehmlichkeiten und Zerstreuungen des Lebens gewähren können. Ich denke aber nicht, daß er uns viele Wonnen zuteil werden läßt, außer das eine oder andere Mal, um die Seelen einzuladen. Da läßt er sie schauen, was in den übrigen Wohnungen geschieht, auf daß sie sich rüsten, um dort hineinzugelangen.

Ihr werdet wohl meinen, daß Freuden und Wonnen ein und dasselbe seien, und werdet fragen, warum ich die beiden Begriffe unterscheide. Nach meiner Ansicht gibt es da einen sehr großen Unterschied. Ich kann mich auch täuschen. Was ich darunter verstehe, werde ich bei der vierten Wohnung sagen, welche die nächste ist. Da die Wonnen, die der Herr dort schenkt, ein wenig erklärt werden müssen, ist es dort mehr am Platz. Erscheint es auch unnütz, so kann es doch von einigem Vorteil sein, wenn ihr erkennt, was das eine und was das andere ist, und danach euch bemühen könnt, dem Besseren nachzugehen. Und es ist ein großer Trost für die Seelen, daß Gott solches tut, und zugleich eine Verwirrung für jene, die meinen, daß sie alles haben.

Sind sie demütig, so muß es sie zum Dank bewegen. Mangelt es ihnen daran irgendwie, so wird es ihnen innerlich einen sinnlosen Verdruß bereiten. Denn die Vervollkommnung besteht nicht in den Wonnen, sondern darin, daß man mehr liebt – dem entspricht auch der Lohn – und daß man gerechter und wahrhaftiger handelt.

Ihr werdet euch fragen, wozu es dann gut sei, von diesen inneren Gnaden zu reden und sie zu erklären, wenn dies wahr ist (und es ist wahr). Ich weiß es nicht. Man frage den, der mir befohlen hat, dies zu schreiben; denn es ist nicht mein Amt, mit den Ordensvorstehern zu disputieren, sondern zu gehorchen, und anders wäre es auch nicht gut. Was ich euch in Wahrheit sagen kann, ist dies: Als ich jene inneren Gnaden noch nicht empfangen hatte, wußte ich weder aus Erfahrung davon, noch dachte ich überhaupt daran, es je im Leben erfahren zu können (und mit Recht, es wäre mir ja schon eine große Befriedigung gewesen, zu wissen oder zu vermuten, daß ich Gott in irgend etwas gefallen könnte). Als ich damals in den Büchern von diesen Gnaden und Tröstungen las, die der Herr den Seelen, die ihm dienen, zuteil werden läßt, freute es mich ungemein, und es war mir ein Anlaß, daß meine Seele Gott überschwenglich lobte. Wenn meine, die doch so verderbt war, dies tat, so werden ihn die guten und demütigen Seelen noch viel mehr preisen. Und schon um einer einzigen willen, die ihn lobt, ist es meines Erachtens sehr gut, daß man es ausspricht und daß wir die Freuden und die Wonnen erkennen, die uns durch unsere eigene Schuld verlorengehen; um so mehr, als diese Erquickungen, wenn sie von Gott kommen, Liebe und Stärke mit sich bringen, die uns das Gehen erleichtern und uns wachsen lassen in unseren guten Werken und Tugenden. Denkt nicht, daß es wenig darauf ankommt, ob wir etwas dazu tun. Wenn der Mangel nicht an uns liegt – der Herr ist gerecht, und Seine Majestät wird euch auf anderen Wegen das zukommen lassen, was er euch auf diesem nimmt, ganz nach seinem Wissen; denn seine Geheimnisse sind unerforschlich. Ohne Zweifel wird er uns zumindest immer das schenken, was uns am meisten frommt.

Meines Erachtens wäre es sehr nützlich für uns, die wir durch Gottes Güte in diesem Stande sind (denn, wie gesagt, der Herr erweist den Seelen damit nicht wenig Erbarmen, daß sie nun nahe davor sind, weiter emporsteigen zu können), wenn wir die schnelle Bereitwilligkeit des Gehorsams recht erlernten. Und auch für Menschen, die nicht dem geistlichen Stande angehören, wäre es sehr wichtig, jemanden zu haben, bei dem man sich Weisung holen kann (wie es viele Personen tun), um in nichts nach dem eigenen Willen zu handeln; denn darin liegt die Ursache unseres Schadens. Dazu sollte man nicht einen anderen Menschen von gleicher Gemütsart suchen; also keinen, der mit der gleichen tastenden Zaghaftigkeit sich bewegt, sondern man sollte sich jemanden verschaffen, der sich von nichts Irdischem mehr blenden und täuschen läßt. Denn der Umgang mit einem Menschen, der die Welt schon kennt, trägt viel dazu bei, daß wir uns selber erkennen. Und wenn wir sehen, daß manche Dinge, die uns unmöglich erscheinen, anderen sehr wohl möglich sind; wenn wir gewahren, wie leicht und gelassen diese es vollbringen, so ermuntert uns das sehr, und es ist, als ob wir, wenn wir sie fliegen sehen, selber zu fliegen wagten, genau wie Vogelkinder, die das Fliegen lernen. Können sie sich auch nicht gleich in die Weite schwingen, so ahmen sie doch ganz allmählich ihre Eltern nach. Das ist eine große Hilfe; ich habe es selbst erfahren. Richtig ist es auch, wenn solche Menschen, trotz all ihrer Entschlossenheit, den Herrn nicht zu beleidigen, sich nicht in Gelegenheiten begeben, wo sie das tun könnten. Sie sind noch nicht weit entfernt von den ersten Wohnungen, und so könnte es leicht geschehen, daß sie dorthin zurückgehen, weil ihre Stärke noch nicht auf so festem Boden gegründet ist wie die Kraft derer, die schon im Leiden erfahren sind, die Stürme der Welt kennen und wissen, wie wenig diese zu fürchten und wie wenig deren Freuden zu begehren sind. Und es wäre möglich, daß sie durch eine harte Verfolgung zurückgetrieben werden. Denn der Satan versteht es wohl, dergleichen anzustiften, um uns zu schaden, so daß wir im guten Eifer, andere von ihren Sünden zu befreien, selber den Dingen nicht zu widerstehen vermöchten, die uns dabei begegnen könnten.

Schauen wir auf unsere eigenen Fehler und lassen wir die fremden; denn es geschieht oft, daß solche Menschen, die so ordentlich leben, vor allem und jedem erschrecken. Dabei könnte es vielleicht sein, daß wir von demjenigen, über den wir bestürzt sind, im Wesentlichsten wohl etwas zu lernen vermöchten und daß wir ihm nur in der äußeren Haltung und im Benehmen überlegen sind. Das ist aber nicht das Wichtigste, obwohl es etwas Gutes ist. Es gibt auch keinen Grund, warum wir wünschen sollten, alle möchten unseren Weg gehen, oder weshalb einer, der selber vielleicht keine Ahnung hat, was für eine Sache das ist, sich nun anschikken sollte, den Weg des Geistes zu lehren. Aus dem von Gott uns eingegebenen Verlangen nach dem Heil der Seelen können wir, meine Schwestern, viele Irrtümer begehen. Es ist darum besser, wenn wir uns an das halten, was unsere Regel sagt: »Immer in Schweigen und Hoffnung leben zu wollen.« Denn der Herr selber wird für seine Seelen besorgt sein. Wenn wir nicht nachlassen, Gott anzuflehen, so erweisen wir ihnen damit durch seine Gunst einen großen Dienst. Er sei gepriesen in Ewigkeit.

Die vierte Wohnung

ERSTES KAPITEL

Ehe ich nun von der vierten Wohnung zu reden beginne, muß ich das tun, was ich schon früher tat: mich dem Heiligen Geiste anvertrauen und ihn anflehen, er möge von nun an durch mich reden, so daß ich von den nächsten Räumen etwas zu sagen vermag, was ihr verstehen könnt; denn hier fangen die übernatürlichen Dinge an, und es ist höchst schwierig, sie begreiflich zu machen, falls nicht Seine Majestät es tut, wie schon einmal, vor ungefähr vierzehn Jahren, bei einem anderen Buch, in dem niedergeschrieben wurde, was ich bis dahin erfahren hatte. Obwohl es mir scheint, als ob die Gnaden, die der Herr manchen Seelen erweist, mir heute ein wenig klarer wären, ist es doch noch etwas anderes, dies auch ausdrücken zu können. Seine Majestät tue es, wenn es irgendeinen Wert haben soll; und wenn nicht, dann eben nicht.

Da diese Wohnung dem Orte näher ist, wo der König weilt, ist ihre Schönheit groß, und es gibt dort so feine Dinge zu sehen und zu verstehen, daß der Verstand sich nicht auszudenken vermag, wie man mit Worten es so ausdrükken könnte, daß es für die, welche keine Erfahrung haben, wenigstens nicht völlig dunkel bleibt; denn wer es selbst erlebt hat, wird es recht gut verstehen, vor allem wenn er über eine große Erfahrung verfügt. Es mag nun so scheinen, als müsse man, um in diese Wohnung zu gelangen, vorher lange Zeit in anderen gelebt haben. Obwohl es das übliche ist, daß man zunächst in den Räumen gewesen sein muß, von denen wir eben gesprochen haben, so ist dies doch keine starre Regel, wie ihr wohl schon des öfteren gehört habt; denn der Herr gibt seine Güter, wann er will und wie er will und wem er will. Das bedeutet für niemanden eine Kränkung.

Nur selten dringen in diese Wohnung die giftigen Wesen ein, und wenn sie hereingelangen, so richten sie doch keinen Schaden an, sondern bringen eher Gewinn. Und ich halte es für viel besser, wenn sie hereinkommen, um uns zu befehden, solange wir auf dieser Stufe des Gebets sind; denn wenn es keine Anfechtung gäbe, so könnte uns der Satan trotz den von Gott geschenkten Wonnen betrügen und uns sehr viel mehr Schaden zufügen. Die Seele hätte nicht soviel Gewinn, weil dann zumindest all das ihr vorenthalten bliebe, was ihr Gelegenheit bieten sollte, sich Verdienste zu erwerben. Sie würde so in einer ständigen Versenkung belassen, die ich, wenn sie in einem fortdauert, für nicht ganz geheuer halte; denn es scheint mir unmöglich, daß der Geist des Herrn anhaltend hier bei uns in der Verbannung weilt.

Doch ich möchte nun über das reden, von dem ich euch sagte, daß ich es hier erklären würde: nämlich den Unterschied, der zwischen den Freuden im Gebet und den Wonnen besteht. Freuden oder Befriedigungen kann man nach meiner Meinung jene glücklichen Empfindungen nennen, die wir durch unsere Meditation und durch die Bitten, die wir an unseren Herrn richten, erlangen. Sie entstammen also unserer Natur, wenn auch letztlich Gott dazu beiträgt (denn man sollte bei allem, was ich sage, im Auge behalten, daß wir ohne ihn nichts vermögen). Doch sie sind die Frucht, die unmittelbar aus dem tugendhaften Werk erwächst, das wir vollbringen; und es scheint, daß wir sie durch unsere Mühe selber erworben haben. Mit Recht empfinden wir ja ein freudiges Gefühl der Befriedigung, weil wir uns solchen Dingen gewidmet haben. Doch wenn wir es uns überlegen – dieselbe Freude und Befriedigung werden wir auch über allerlei andere Dinge empfinden, die uns auf Erden begegnen: etwa über ein großes Vermögen, das jemand sich über Nacht beschafft; beim überraschenden Anblick eines Menschen, den wir sehr lieben; beim erfolgreichen Abschluß eines wichtigen Geschäftes, eines bedeutsamen Werkes, das allgemeine Anerkennung findet; oder wenn man unverhofft den totgesagten Ehemann, Bruder oder Sohn gesund und munter daherkommen sieht. Ich habe gesehen, wie Menschen vor lauter Freude Tränen vergossen; und auch mir selbst ist es gelegentlich so gegangen. Und ich meine, daß die Befriedigungen, welche uns durch die göttlichen Dinge zuteil werden, ebenso natürlich sind wie jene, nur sind sie von edlerer Abkunft (was keineswegs heißt, daß die anderen schlecht wären). Kurz und gut: die Befriedigungen oder Freuden im Gebet beginnen in unserer eigenen Natur und enden in Gott; die Wonnen dagegen beginnen in Gott, und die Natur empfindet sie und genießt sie genausosehr wie die Freuden, ja noch viel mehr. O Jesus, wie sehr wünschte ich, dies erklären zu können; denn ich glaube hier einen deutlichen Unterschied zu erkennen, aber mein Wissen reicht nicht aus, ihn verständlich zu machen. Möge der Herr es tun.

Jetzt erinnere ich mich eines Verses, den wir in der Prim zum Schluß des letzten Psalmes sagen. Dieser endet mit den Worten: »Cum dilatasti cor meum.« Wer viel Erfahrung besitzt, dem genügt dies, um den Unterschied zu sehen, der zwischen den beiden Empfindungsarten besteht. Wer keine Erfahrung hat, der benötigt dazu einiges mehr. Die Freuden, von denen wir gesprochen haben, erweitern nicht das Herz; meistens scheinen sie es eher ein wenig zusammenzupressen, trotz aller Befriedigung, die man über das empfindet, was man Gott zuliebe getan hat. Es kommen einem dabei einige Tränen der Betrübnis, die anscheinend irgendwie von der Leidenschaft ausgelöst werden. Ich weiß wenig von diesen Leidenschaften der Seele (sonst würde ich es vielleicht verstehen) und von dem, was aus der Sinnlichkeit und aus unserer Natur kommt; denn ich bin sehr unwissend. Ich könnte mich verständlich machen, wenn ich mein eigenes

Erleben begriffe. Wissen und Kenntnisse sind wichtig in jeder Hinsicht. Was ich aus eigener Erfahrung von diesem Zustand, das heißt: von den Geschenken und Befriedigungen in der Meditation weiß, ist nur das eine, daß ich, wenn ich bei der Betrachtung der Passion zu weinen begann, nicht aufhören konnte, bis mir der Kopf zersprang; weinte ich wegen meiner Sünden, so war es dasselbe. So reiche Gnaden hat mir unser Herr erwiesen, daß ich jetzt nicht untersuchen möchte, welche davon nun die beste sei, die eine oder die andere; ich wollte nur gern den Unterschied, der zwischen beiden besteht, zum Ausdruck bringen. Die Tränen und das Sehnen werden hierbei manchmal von der Natur unterstützt, je nach der Stimmung, in der wir uns befinden. Aber schließlich finden sie, wie gesagt, trotzdem ihr Ziel in Gott. Und man muß es als etwas Hohes schätzen, falls auch die Demut vorhanden ist, die einsieht, daß man deshalb nicht besser ist; denn es ist nicht zu erkennen, ob alles Wirkungen der Liebe sind, und wenn ja, ob sie von Gott eingegeben ist. Meist sind es die Seelen in der vorigen Wohnung, die eine solche Art der Andacht haben; denn sie sind fast ständig mit der Bemühung um Verständnis beschäftigt, sie überlegen, meditieren; und sie tun recht daran, weil ihnen nicht mehr gegeben ist. Freilich wäre es gut für sie, wenn sie sich auch eine Weile damit befassen würden, Taten zu vollbringen, Gott zu loben und sich seiner Güte zu freuen; wenn sie froh darüber wären, daß er ist, wer er ist, und seine Ehre und seinen Ruhm wünschten. Nach bestem Können sollte man dies tun, denn es ermuntert den Willen sehr. Und man hüte sich ja davor, wenn der Herr einem dieses andere aufgibt, es zu versäumen, um nur ungestört die gewohnte Meditation beenden zu können.

Weil ich hierüber anderswo des langen und breiten gesprochen habe, will ich dazu nichts weiter sagen. Ich möchte auch nur darauf hinweisen, daß es, wenn man auf diesem Wege gut vorankommen und zu den ersehnten Wohnungen emporsteigen will, nicht darauf ankommt, viel zu denken, sondern viel zu lieben. Darum tut das, was am meisten Liebe in euch erweckt. Vielleicht wissen wir aber gar nicht, was Lieben ist. Das würde mich nicht sehr wundern; denn es besteht nicht in dem größeren Genuß, sondern in der größeren Entschlossenheit, Gott in allem erfreuen zu wollen, sich mit allen Kräften darum zu bemühen, daß wir ihn nicht beleidigen, und ihn zu bitten, daß die Ehre und der Ruhm seines Sohnes sowie das Wachstum der katholischen Kirche stets Vorrang vor allem anderen habe. Das sind die Zeichen der Liebe. Aber glaubt nicht, ihr dürftet nun an überhaupt nichts anderes mehr denken, und es sei alles verloren, wenn ihr euch ein wenig zerstreut.

Ich habe mich manchmal sehr verängstigt in diesem Tumult des Denkens umherbewegt, und es ist wohl kaum mehr als vier Jahre her, daß ich durch Erfahrung zu der Erkenntnis kam, daß das Denken oder die Einbildungskraft – um es verständlicher zu sagen – nicht der Verstand ist. Ich fragte einen Gelehrten, und der bestätigte es mir, was mich nicht wenig befriedigte. Denn da der Verstand eine der Seelenkräfte ist, kam es mich hart an, daß er zuweilen so unbeholfen, so wenig flügge war, während das Denken für gewöhnlich so schnell umherfliegt, daß nur Gott es aufzuhalten vermag, wenn er uns so fesselt, daß wir irgendwie von diesem Leibe losgelöst zu sein scheinen. Es kam mir vor, als sähe ich die Kräfte der Seele Gott hingegeben und bei ihm versammelt, während gleichzeitig das aufgeregt umherflatternde Denken mich völlig wirr machte.

O Herr, halte uns zugute, was wir aus Unwissenheit auf diesem Wege alles durchmachen! Das Schlimme daran ist, daß wir, weil wir meinen, wir müßten nur an Dich denken und brauchten nichts zu wissen, nicht einmal die zu fragen verstehen, die das Wissen haben; und daß wir überhaupt nicht begreifen, daß man fragen muß. So erleben wir schreckliche Leiden, weil wir uns selbst nicht verstehen, und halten das, was nicht schlecht, sondern gut ist, für eine große Schuld. Daher stammen die Kümmernisse, unter denen viele Menschen leiden, die sich dem Gebet widmen. Hier ist der Grund jener Klagen über innere Beschwerden (zumindest eines großen Teils von ihnen), die man von Leuten ohne erlerntes Wissen hört. Und daher kommen die Schwermutsanwandlungen, der Schwund der Gesundheit. Dies kann manchmal so weit führen, daß man alles aufgibt, nur weil man nicht bedenkt, daß es im Innern eine eigene Welt gibt. Genausowenig wie wir die Bewegung des Himmels aufzuhalten vermögen, der schnell mit seiner ganzen Geschwindigkeit dahinzieht, können wir unser Denken aufhalten. Wir bringen es mit den Kräften der Seele durcheinander und meinen, wir seien verloren und die Zeit vergeudet, die wir vor Gott zubringen. Dabei ist die Seele vielleicht ganz bei ihm versammelt, in der Wohnung, welche dicht in seiner Nähe ist, während das Denken sich im Vorgelände der Burg umhertreibt unter tausend wilden, giftigen Tieren leidet und durch dieses Leiden sich Verdienste erwirbt. Deshalb sollten wir uns dadurch nicht aus der Fassung bringen lassen und sollten unser Vorhaben nicht aufgeben, denn das bezweckt der Satan damit. Meist kommen alle Unruhen und Schwierigkeiten daher, daß wir uns selbst nicht erkennen.

Während ich dies schreibe, denke ich über das nach, was in meinem Kopf vor sich geht: jenes Dröhnen, von dem ich eingangs gesprochen habe und das es mir beinahe unmöglich gemacht hat, meinem Auftrag mit dieser Niederschrift nachzukommen. Es klingt genauso, als wären darin viele wasserreiche Flüsse und als stürzten diese Wasser alle in die Tiefe. Es ist wie das Durcheinanderzwitschern vieler kleiner Vögel, und zwar nicht in den Ohren, sondern im oberen Teil des Kopfes, wo – wie es heißt – der höhere Teil der Seele ist. Ich habe darüber recht lange nachgedacht, weil es mir schien, daß die große Bewegung des Geistes schnell nach oben drang. Gott gebe, daß ich mich daran erinnere, die Ursache hierfür zu nennen, wenn wir von den nächsten Wohnungen sprechen; denn hier fügt es sich nicht gut. Es wäre nicht verwunderlich, wenn der Herr mir dieses Kopfleiden gegeben hätte, damit ich dies besser verstehe; denn trotz des Getöses, das damit verbunden ist, hindert es mich weder beim Gebet noch bei der jetzigen Darlegung; die Seele ist vielmehr sehr gesammelt in ihrer Ruhe, ihrer Liebe, ihrem Wollen und voll klarer Erkenntnis.

Wenn also im oberen Teil des Kopfes der höhere Teil der Seele ist – wie kann es da sein, daß jenes Rauschen sie nicht stört? Das weiß ich nicht; aber ich weiß, daß es wahr ist, was ich sage. Es tut weh, wenn ich nicht im Gebet der Entrückung bin; denn solange dieses anhält, fühlt man kein Übel. Doch es wäre sehr schlimm, wenn ich wegen dieser Beschwerlichkeit alles aufgeben würde. Auch wäre es nicht gut, wenn wir uns durch die Gedanken verwirren ließen. Wir sollten uns nichts daraus machen; denn wenn der Satan sie uns eingibt, so wird er schon einmal damit aufhören; wenn sie aber – wie es in Wirklichkeit der Fall ist – von dem Elend herkommen, das uns von Adams Sünde her anhaftet, wie so vieles andere, dann laßt uns Geduld haben und es erleiden aus Liebe zu Gott.

Wir sind ja auch dem Zwang unterworfen, essen und trinken zu müssen, ohne uns ihm entziehen zu können, und das ist eine schlimme Plage. Erkennen wir also unser Elend und sehnen wir uns dorthin, wo niemand uns verächtlich macht. Manchmal kommt mir das Wort in den Sinn, das ich einmal gehört habe – ein Wort, das die Braut im Hohenliede sagt. Und wirklich, ich finde im ganzen Leben nichts, worauf es sich mit mehr Recht anwenden ließe; denn alle Erniedrigungen und Leiden, die einem im Leben widerfahren mögen, scheinen mir nicht an die Qual dieser inneren Kämpfe heranzureichen. Jede Unruhe und jeden Streit kann man – wie gesagt – erdulden, wenn wir dort, wo wir wohnen, Ruhe finden. Doch wenn wir ausruhen wollen von den tausend Drangsalen, die es in der Welt gibt, wenn der Herr uns die Rast bereiten will und etwas, das in uns selber ist, uns diese verwehrt, so muß das für uns sehr schmerzlich und beinahe unerträglich sein. Darum, Herr, führe Du uns dahin, wo diese Erbärmlichkeiten, die manchmal der Seele zu spotten scheinen, uns nicht mehr verhöhnen können. Schon in diesem Leben befreit uns der Herr davon, sobald wir in die letzte Wohnung gelangt sind. Davon werde ich noch reden, wenn es Gott gefällt.

Nicht alle werden von diesen Nöten so sehr heimgesucht und so gepeinigt, wie es mir während vieler Jahre geschah, weil ich so verderbt war, daß es schien, als wollte ich mich an mir selber rächen. Doch weil es für mich so peinigend war, denke ich, daß es vielleicht auch euch so gehen könnte. Und darum sage ich euch nur immer und immer wieder, um es euch vielleicht doch einmal verständlich zu machen, daß dies etwas Unumgängliches ist, was euch nicht beunruhigen und bekümmern sollte. Lassen wir also diese Klappermühle ruhig weiterrattern, und mahlen wir unbeirrt unser Mehl, indem wir die Tätigkeit unseres Willens und unseres Verstandes nicht aufgeben.

Je nach dem Gesundheitszustand und der Witterung macht sich dieses Hindernis mehr oder weniger bemerkbar. Die arme Seele erdulde es, auch wenn sie daran unschuldig sein mag. Wir machen uns in anderen Dingen schuldig, und deshalb ist es recht und billig, daß wir uns in Geduld fassen. Und weil das, was wir an Ratschlägen aus Büchern entnehmen – nämlich daß wir uns nicht um diese Gedanken kümmern sollen –, für uns, die wir wenig wissen, nicht genügt, so scheint mir die Zeit, die ich daranrücke, um es euch etwas näher zu erklären und euch deswegen zu trösten, nicht vergeudet zu sein. Doch solange der Herr uns nicht erleuchten will, nützt es wenig. Aber es ist nötig, und der Herr wünscht es, daß wir etwas unternehmen, um uns selber zu erkennen, damit wir nicht der Seele die Schuld an Dingen zuschreiben, die das Werk unserer schwachen Einbildungskraft, unserer Natur und des Satans sind.

Mein Gott, auf was habe ich mich da eingelassen! Ich habe bereits vergessen, wovon ich sprach; denn die Geschäfte und mein Gesundheitszustand zwingen mich, damit aufzuhören, wenn ich gerade im besten Zuge bin. Und weil ich ein schwaches Gedächtnis habe, wird alles verworren herauskommen. Da ich es nicht noch einmal durchlesen kann, ist vielleicht sogar das Ganze ein wildes Durcheinander. Aber es ist darin zumindest das ausgedrückt, was ich empfinde.

Ich glaube, ich sprach von den geistlichen Tröstungen. Da sie zuweilen eingehüllt in unsere Leidenschaften erscheinen, sind sie manchmal von heftigem Schluchzen begleitet; ja ich habe sogar von einigen Personen gehört, daß sich ihnen dabei die Brust zusammenpreßt und daß es selbst zu unwillkürlichen äußeren Bewegungen kommen kann, die so heftig sind, daß ihnen das Blut aus der Nase rinnt und ähnliche unangenehme Dinge sich einstellen. Davon kann ich nichts berichten, da ich es nicht erlebt habe. Doch es muß uns letztlich ein Trost sein; denn – wie gesagt – es endet alles in dem Wunsch, Gott zu gefallen und sich Seiner Majestät zu erfreuen.

Was ich die Wonnen Gottes nenne (anderswo habe ich es Gebet der Ruhe geheißen), ist von ganz anderer Art. Ihr, die es durch Gottes Erbarmen erfahren habt, werdet es verstehen. Stellen wir uns, um es besser zu erfassen, zwei Brunnenbecken vor, die sich mit Wasser füllen. Ich finde nämlich nichts, was zur Erklärung mancher geistigen Dinge geeigneter wäre als eben das Wasser, und zwar deshalb, weil ich wenig weiß und der Verstand mir nicht weiterhilft, und auch weil ich dieses Element so liebe, daß ich es mit mehr Aufmerksamkeit betrachtet habe als andere Dinge; denn in allen, die ein so großer, so weiser Gott erschaffen hat, dürfte es wohl viele Geheimnisse geben, aus denen wir Nutzen ziehen können. Und das tun auch die Menschen, die es verstehen; obgleich ich glaube, daß es in jedem winzigen Ding, das Gott erschaffen hat – und sei es eine winzige Ameise –, mehr gibt, als wir begreifen können.

Diese zwei Brunnenbecken nun füllen sich auf verschiedene Weise. Bei dem einen kommt das Wasser von weither durch viele Röhren, mittels kunstvoller Vorrichtungen; das andere aber ist unmittelbar dort erbaut, wo das Wasser entspringt, und es füllt sich völlig lautlos. Ist die Quelle reichhaltig, wie die, von der wir reden, so fließt, wenn das Becken gefüllt ist, ein starker Bach daraus hervor. Man braucht da keine Kunst, und der Zufluß versiegt nicht, sondern immer quillt Wasser daraus hervor. Das durch Röhren herbeigeleitete Wasser gleicht meines Erachtens den Befriedigungen, von denen ich gesagt habe, daß wir sie durch die Meditation erlangen; denn wir leiten sie mittels der Gedanken herbei, indem wir uns in der Beschauung der erschaffenen Dinge bedienen und dabei den Verstand ermüden. Und wenn es endlich dank unseren Anstrengungen kommt, so stürzt es in tosendem Schwall herein, falls es – wie gesagt – die Seele so füllen soll, daß es ihr Nutzen bringt.

Dem anderen Brunnen strömt das Wasser unmittelbar vom Quellort zu – nämlich von Gott –, und sowie Seine Majestät nach eigenem Gefallen eine übernatürliche Gnade erweisen will, quillt es friedvoll und mit größter Ruhe und Sanftheit aus dem tiefsten Inneren unseres eigenen Wesens empor – ich weiß weder wo noch wie. Auch fühlt man jene Freude und Wonne nicht wie die irdischen Glücksgefühle im Herzen (ich meine, nicht gleich zu Beginn; denn später erfüllen sie alles). Dieses Wasser läuft über und durchströmt alle Wohnungen und Seelenkräfte, bis es zum Körper gelangt. Darum sagte ich, daß es in Gott beginnt und in uns endet; denn wirklich, der ganze äußere Mensch genießt dieses Wohlgefühl und diese Sanftheit, wie derjenige wissen wird, der es erfahren hat.

Als ich eben dieses schrieb, habe ich daran gedacht, daß es in dem Vers, den ich vorher anführte, heißt: »Dilatasti cor meum«, was besagen will, daß das Herz sich weitete.

Doch, wie gesagt, ich habe den Eindruck, daß es etwas ist, das nicht im Herzen entspringt, sondern anderswo, noch weiter innen, wie aus einer Tiefe. Ich nehme an, daß es im Zentrum der Seele sein muß (wie ich später erkannt habe und wovon ich am Schluß noch reden werde). Denn wahrlich, ich sehe Geheimnisse in uns selbst, die mich oft erschreckt haben. Und wieviel mehr wird es geben! Oh, mein Herr und mein Gott, wie groß ist Deine Herrlichkeit! Und wir laufen hier herum wie dumme Hirtenstoffel. Wir meinen, wir erfassen etwas von Dir, und dabei ist es gewiß soviel wie nichts; denn in uns selber sind große Geheimnisse, die wir nicht verstehen. Ich sage: »Soviel wie nichts«, im Vergleich zu der unendlichen Vielfalt, die in Dir ist; nicht weil ich glaubte, die Herrlichkeit, wie sie noch in Deinen Werken für uns sichtbar ist, sei nicht sehr groß und erhaben.

Doch zurück zu dem Vers. Was mir darin für unseren Fall eine Hilfe zu bieten scheint, ist der Ausdruck jener Erweiterung. Es scheint also, daß das himmlische Wasser jener Quelle, von der ich sprach, wenn es der Tiefe unseres Wesens entquillt, sich ausbreitet, unser ganzes Inneres ausweitet und vielerlei Güter hervorbringt, die sich nicht nennen lassen. Nicht einmal die Seele kann verstehen, was es ist, das ihr da geschenkt wird. Sie gewahrt einen Duft – so wollen wir einmal sagen –, als befinde sich in jenem inneren Abgrund ein Glutbecken, auf das man wohlriechende Räucherstoffe streute. Man sieht nicht die Glut, und man weiß auch nicht, wo sie ist; doch die Wärme und der duftende Rauch durchziehen die ganze Seele, und oftmals ist – wie ich schon gesagt habe – auch der Körper davon nicht ausgeschlossen. Versteht mich recht: man fühlt dabei keine Wärme und riecht auch keinen Duft; denn es ist etwas Köstlicheres als diese Dinge. Ich wollte es euch damit nur verständlich machen. Wer es noch nicht erlebt hat, der soll wissen, daß es sich wirklich und wahrhaftig so ereignet. Man versteht es klarer, die Seele erfaßt es deutlicher, als ich es jetzt ausgesprochen habe. Denn es gehört nicht mehr zu dem, was man sich einbilden kann. Wir mögen uns noch so sehr anstrengen, so können wir es doch nicht erlangen. Und an eben dieser Tatsache ist zu sehen, daß es nicht von unserem Metalle ist, sondern aus jenem allerreinsten Gold der göttlichen Weisheit. Hier sind die Kräfte der Seele – wie mir scheint – nicht vereint. Hingerissen und gleichsam erschrokken schauen sie, was das ist.

Es könnte sein, daß ich bei der Darstellung dieser innerlichen Dinge etwas in Widerspruch mit dem gerate, was ich anderswo gesagt habe. Das wäre kein Wunder; denn in beinahe fünfzehn Jahren, die vergangen sind, seitdem ich darüber schrieb, hat der Herr mich vielleicht diese Dinge etwas klarer sehen lassen, als ich sie damals zu erkennen vermochte. Und heute wie damals kann ich in allem irren, aber nicht lügen; denn ich würde – durch Gottes Barmherzigkeit – lieber tausendmal sterben. Ich sage es, wie ich es verstehe.

Der Wille – so scheint mir – muß wohl in gewisser Weise mit Gottes Willen vereint sein. Doch an den Wirkungen und Werken, welche die Folge davon sind, erkennt man diese Wahrheiten des Gebets. Es gibt keinen besseren Prüfstein. Sehr groß ist die Gnade unseres Herrn, wenn derjenige, welcher sie empfängt, sie auch erkennt, und ein Zeichen großer Gunst ist es, wenn die Seele nicht wieder zurückgeht. Ihr, meine Töchter, werdet nun danach streben, diese Art des Gebets zu erlangen. Und ihr tut recht daran; denn – wie gesagt – die Seele kann nie die Gnaden ganz ermessen, die der Herr ihr da erweist, und vermag nicht die Liebe zu begreifen, mit der er sie zu sich zieht. Wahrlich, es muß unser Wunsch sein, zu erfahren, wie wir diese Gnade erlangen. Ich werde euch sagen, was ich davon begriffen habe.

Reden wir nicht von dem Fall, wo es dem Herrn gefällt, sie zu erteilen, weil es ihm gefällt und aus keinem anderen Grund. Er weiß, weshalb. Wir haben uns nicht dareinzumischen. Nachdem wir getan haben, was die Seelen in der vorigen Wohnung tun, heißt die Losung: Demut, Demut. Durch sie läßt sich der Herr alles abringen, was wir von ihm wollen. Wenn ihr diese Tugend habt, so erkennt ihr dies zuerst daran, daß ihr nicht denkt, ihr hättet diese Gnaden und Wonnen des Herrn verdient, und auch nicht meint, ihr könntet sie je in eurem Leben verdienen. Ihr werdet mich fragen: »Ja, wie soll man sie dann erlangen, wenn man sie nicht erstrebt?« Darauf antworte ich, daß es kein besseres Verhalten gibt als das, welches ich euch nannte: nämlich nicht danach zu trachten. Und zwar aus folgenden Gründen. 1. Weil das erste, was dazu nötig ist, darin besteht, Gott ohne Eigennutz zu lieben. 2. Weil es nicht gerade ein Zeichen von Demut ist, zu denken, wir könnten durch unsere erbärmlichen Dienste etwas so Großes erwerben. 3. Weil die richtige Vorbereitung dafür die Sehnsucht nach dem Leiden ist, also das Verlangen, dem Beispiel des Herrn zu folgen, und nicht der Wunsch, daß wir, die wir ihn doch beleidigt haben, Wonnen erfahren mögen. 4. Weil Seine Majestät sich zwar verpflichtet hat, uns die ewige Seligkeit zu schenken, falls wir seine Gebote halten, aber nicht dazu verpflichtet ist, uns solche Wonnen zu gewähren. Denn wir brauchen sie nicht zu unserer Erlösung; und er weiß besser, was für uns gut ist und wer ihn wirklich liebt. Das ist gewißlich so, das weiß ich. Und ich kenne Menschen, die den Weg der Liebe gehen, wie sie sollen, allein um ihrem gekreuzigten Christus zu dienen, und die nicht nur keine Wonnen erbitten oder sie ersehnen, sondern ihn wirklich und wahrhaftig anflehen, sie ihnen in diesem Leben nicht zu geben. 5. Weil wir uns vergeblich abmühen, da man dieses Wasser nicht durch Röhren herbeileiten kann, wie das vorige, und es darum wenig nützt, daß wir uns müderackern, wenn die Quelle es nicht von selber gibt. Damit will ich sagen: Wir mögen uns noch so sehr der Meditation hingeben, bis zur Erschöpfung darum ringen und noch so viele Tränen vergießen, so fließt dieses Wasser doch nicht hervor. Es wird nur dem geschenkt, dem

Gott es geben will, und oft gerade dann, wenn die Seele am wenigsten daran denkt.

Wir sind sein, Schwestern; er mache mit uns, was er will. Er führe uns, wohin es ihm beliebt. Und ich glaube fest, daß dem, welcher sich wirklich demütigt und sich von allen Wünschen losmacht (ich sage »wirklich«, denn nicht nur in Gedanken soll es geschehen, sondern wir müssen uns völlig frei gemacht haben) –, daß dem der Herr diese Gnade und viele andere, die wir nicht einmal zu ersehnen wissen, nicht vorenthalten wird. Er sei gelobt und gepriesen in Ewigkeit, Amen.

DRITTES KAPITEL

Die Wirkungen dieses Gebets sind mannigfach. Einige davon will ich nennen. Zuvor möchte ich jedoch von einer anderen Art des Gebetes reden, welche dieser fast immer vorausgeht. Weil ich anderswo schon darüber gesprochen habe, will ich mich kurz fassen. Es ist dies eine innere Sammlung, die mir ebenfalls übernatürlich zu sein scheint, denn sie beruht nicht darauf, daß man sich im Dunkel aufhält oder die Augen schließt, oder auf sonst irgend etwas Äußerlichem. Ohne daß man es will, geschieht es da, daß einem die Augen zugehen und man die Einsamkeit ersehnt; und ohne künstliche Bemühungen scheint das Gehäuse für das vorhin besprochene Gebet errichtet zu werden. Die Sinne und äußeren Dinge scheinen mehr und mehr an Recht zu verlieren, da die Seele ihr verlorenes Privileg in wachsendem Maß zurückgewinnt.

Es heißt, daß die Seele in sich gehe; und bei anderen Gelegenheiten sagt man, daß sie sich über sich selbst erhebe. Mit dieser Ausdrucksweise könnte ich nichts erklären; denn ich beherrsche sie nicht gut. So wie ich es ausdrücke, werdet ihr es, glaube ich, wohl verstehen. Vielleicht dient es auch nur mir selber. Stellt euch also vor, die Sinne und Seelenkräfte, die – wie gesagt – die Bewohner dieser Burg sind (dieses Beispiel habe ich gewählt, um überhaupt etwas sagen zu können) –, diese Bewohner wären hinausgegangen und trieben sich tagelang, jahrelang mit Fremden herum, mit den Feinden dieser Burg. Nachdem sie einmal draußen sind, gewahren sie endlich ihre Verlorenheit und nähern sich wieder der Burg. Sie gehen zwar nicht wieder hinein – denn die Gewohnheit des Umherstreunens läßt sich schwer überwinden –, doch sind sie keine Verräter mehr und streifen rings um den Wall herum. Und wie der große König, der in dieser Burg wohnt, ihren guten Willen sieht, will er sie in seiner großen Barmherzigkeit wieder zu sich holen. Wie ein guter Hirte mit einem sanften Pfeifen lockt, so sanft, daß sie es beinahe selber nicht gewahren, läßt er sie seine Stimme hören, damit sie nicht länger verloren umherirren, sondern zu seiner Wohnung zurückkehren. Und eine solche Macht hat das Pfeifen des Hirten, daß sie die Dinge draußen, welche sie entfremdet hatten, liegen und stehen lassen und sich in die Burg begeben.

Mir scheint, daß ich es nie so verständlich gemacht habe wie jetzt. Es ist eine große Hilfe, wenn Gott einem diese Gnade erweist, damit man ihn im Inneren suche (wo er besser zu finden ist als in den Geschöpfen und wo die Begegnung uns mehr Nutzen bringt – wie der heilige Augustinus sagt, der ihn fand, nachdem er ihn vielerorts gesucht hatte). Aber denkt nicht, es könne durch den Verstand erworben werden, indem man sich bemüht, sich Gott im eigenen Inneren zu denken, oder man schaffe es mit der Einbildungskraft, indem man sich ausmalt, wie er in uns ist. Das ist recht und gut und eine hilfreiche Form der Meditation; denn sie ist auf Wahrheit begründet, auf der Wahrheit, daß Gott in uns selber ist. Doch das ist es nicht, was ich hier meine. Denn in dieser Weise zu meditieren, das kann jeder – Gottes Beistand immer vorausgesetzt. Aber was ich meine, vollzieht sich auf andere Weise. Denn manchmal befindet sich dieses Schloßgesinde, bevor es noch an Gott zu denken begonnen hat, bereits in der Burg; und ich weiß weder wo noch wie es das Pfeifen seines Hirten hörte, das nicht mit den Ohren zu vernehmen ist. Denn es ist nicht zu hören, aber man hat das deutliche Gefühl, als werde man sanft in das Innere zurückgezogen. Wer es erlebt, wird es gewahren. Ich kann es nicht besser erklären. Ich glaube gelesen zu haben, daß es wie bei einem Igel oder bei einer Schildkröte ist, wenn sie sich einziehen. Wer das geschrieben hat, der hat es wohl gut verstanden. Doch während diese Tiere sich in sich zurückziehen, wann sie wollen, haben wir es nicht in der Hand, den Zustand, von dem wir reden, nach Belieben herbeizuführen. Er tritt nur ein, wenn Gott uns diese Gnade erweisen will. Und ich habe den Eindruck, als ließe Seine Majestät, wenn Er es tut, es solche Menschen erfahren, die sich schon angeschickt haben, den Dingen der Welt den Abschied zu geben. Ich sage damit nicht, daß diejenigen, die in einem Stande leben, der dies nicht zuläßt, die Trennung vom Irdischen tatsächlich vollzogen haben müßten. Ihre Sehnsucht danach ist es, was den Herrn veranlaßt, sie eigens zu rufen, damit sie auf die inneren Dinge achten. Und darum glaube ich, daß Seine Majestät, wenn wir Ihn nur tun lassen, demjenigen, den Er einmal zum Höheren gelockt hat, nicht nur dies zum Geschenk machen wird.

Es lobe Ihn von Herzen, wer dies in sich erfährt; denn er hat allen Grund, die Gnade zu erkennen. Und der Dank, den wir dafür entrichten, wird uns zur Vorbereitung für andere, noch größere Gunstbeweise. Die Voraussetzung dafür ist – so rät man uns in manchen Büchern –, daß wir nicht mit den Gedanken hin und her schweifen, sondern aufmerksam auf das schauen, was der Herr in der Seele wirkt. Doch wenn Seine Majestät noch nicht begonnen hat, uns an sich zu ziehen, so weiß ich – obwohl verschiedene geistliche Personen hierüber schon reichlich debattiert haben – nicht recht, wie wir dem Denken Einhalt gebieten könnten, ohne daß dies uns mehr schadete als nützte. Und ich bekenne meine geringe Demut, indem ich erkläre, daß sie noch nie ein Argument vorgebracht haben, das mich hätte überzeugen können. Einer führte ein gewisses Buch des heiligen Bruders Pedro de Alcántara an (den ich so nenne, weil ich glaube, daß er wirklich ein Heiliger ist). Ihm würde ich mich beugen, denn er wußte es. Wir lasen daraufhin das Buch, und es ist darin dasselbe gesagt, was ich behaupte, wenn auch nicht mit den gleichen Worten. Aber es ist daraus zu ersehen, daß die Liebe zuvor erwacht sein muß. Es mag sein, daß ich mich täusche. Doch für mich sind folgende Gründe bestimmend:

Erstens: In diesem Werk des Geistes tut der am meisten, der am wenigsten zu tun denkt und tun will. Was wir zu tun haben, ist, daß wir bitten, so wie arme Bedürftige einem großen und reichen Herrscher ihre Bitten vorbringen, und daß wir dann zu Boden blicken und in Demut warten. Wenn wir meinen, die geheimen Wege Gottes ließen uns erkennen, daß er uns hört, dann ist es gut, wenn wir schweigen; denn er hat uns gestattet, in seiner Nähe zu sein. Und es wäre nicht schlecht, wenn wir danach trachteten, nicht mit dem Verstand zu arbeiten – falls uns dies möglich ist, meine ich. Doch solange wir noch nicht wissen, ob dieser König uns gehört hat oder ob er uns sieht, sollten wir uns nicht so anstellen, als hätten wir keine Vernunft. Solch ein Bemühen treibt die Seele in schlimme Torheit und läßt sie noch mehr verdorren. Vielleicht wird die Phantasie durch die gewaltsame Anstrengung, mit der man sich dazu gezwungen hat, nichts zu denken, sogar noch unruhiger. Der Herr will aber, daß wir ihn bitten und uns seine Gegenwart bewußt machen; denn er weiß, was uns zukommt. Bei Dingen, vor denen Seine Majestät anscheinend eine Grenze gezogen hat und die er sich selber vorbehalten will, kann ich mich nicht zu menschlichen Anstrengungen überreden. Vieles hat er uns überlassen, was wir mit seiner Hilfe und nach dem Maß unserer armseligen Kräfte tun können, so die Bußübungen, die guten Werke und das Gebet.

Der zweite Grund: Diese innerlichen Wirkungen sind alle

sanft und ruhig; und etwas Peinvolles zu tun, schadet eher, als daß es nützt. Peinvoll nenne ich es, wenn wir uns selber irgendwie Gewalt antun wollen. Dies ist genauso eine Pein, wie wenn wir den Atem anhalten würden. Wir sollen vielmehr die Seele den Händen Gottes überlassen – mag er mit ihr machen, was er will –, so sorglos und unbekümmert um ihren Vorteil, wie wir nur immer sein können, und völlig ergeben in den Willen Gottes.

Der dritte Grund ist, daß gerade die Sorge, die man darauf verwendet, nichts zu denken, vielleicht den Verstand dazu anregt, viel zu denken.

Der vierte: Für Gott ist es das Wichtigste und Erfreulichste, daß wir uns seiner Ehre und Herrlichkeit erinnern und uns selber, unseren Vorteil, was wir geschenkt bekommen und an Wonnen erfahren mögen, vergessen. Denn wie kann der sich selber vergessen haben, der vor lauter Sorge sich nicht zu rühren wagt und seinem Verstand und seinen Wünschen es nicht erlaubt, daß sie sich regen und nach der höheren Ehre Gottes sich sehnen oder sich an seiner sichtbaren Glorie freuen? Wenn Seine Majestät will, daß der Verstand von seinem Tun abläßt, so beansprucht er ihn auf andere Weise und schenkt der Erkenntnis eine Erleuchtung, die so erhaben ist über das, was wir von uns aus zu erreichen vermögen, daß der Verstand hingerissen verharrt. Und da erfährt er, ohne zu wissen wie, eine Unterweisung, die sehr viel besser ist als alles, was er mit seinem Eifer, der ihn nur immer tiefer in die Verlorenheit stürzt, je erlangen könnte. Denn Gott hat uns die Seelenkräfte gegeben, daß wir mit ihnen arbeiten und eine jede ihren Lohn erlangt. Es gibt keinen Grund, weshalb wir sie mit einem lähmenden Bann belegen sollten. Wir wollen sie vielmehr ihres Amtes walten lassen, bis ihnen der Herr eine höhere Aufgabe zuweist. Nach meiner Erfahrung ist es für die Seele, welche der Herr in diese Wohnung eingelassen hat, am besten, wenn sie – wie gesagt – versucht, ohne jede Gewalt und ohne Lärm das Hin- und Herschweifen des Verstandes zu zügeln, ohne das

Denken und den Verstand deshalb außer Kraft setzen zu wollen. Der Verstand sollte sich vielmehr darauf besinnen, daß er vor Gott steht, und sich das Wesen dieses Gottes vergegenwärtigen. Wird er von dem, was er in sich spürt, ganz gefangen – schön und gut. Aber er trachte nicht danach, zu verstehen, was dies ist, denn dem Willen wurde dies geschenkt. Ihn lasse er genießen, ohne etwas anderes dazu beizutragen als ein paar Worte der Liebe; denn auch wenn wir nicht danach streben, hierbei nichts zu denken, ist man doch oft frei von Gedanken, freilich nur sehr kurze Zeit. Aber – wie ich anderswo schon sagte – die Ursache, weshalb der Verstand bei dieser Gebetsweise (ich meine diejenige, mit der ich die Beschreibung dieser Wohnung begonnen habe und der ich dann das Gebet der inneren Sammlung habe folgen lassen, das ich eigentlich zuerst hätte nennen müssen, da es weit geringer ist als das Gebet der Wonnen von Gott und nur den Anfang des Weges zu dem letzteren bildet; im Gebet der inneren Sammlung darf man nämlich die Meditation nicht aufgeben und sollte den Verstand weiterhin sich mit diesem Quellborn, der nicht durch Röhren gespeist wird, beschäftigen lassen) – die Ursache also, weshalb der Verstand sich hier bescheidet oder zur Bescheidenheit genötigt wird, liegt in der Einsicht, daß er nicht verstehen kann, was er verstehen möchte. Und darum bewegt er sich wie närrisch hin und her, ohne irgendwo zu verweilen. Der Wille hat zu einer solch tiefen Ruhe in Gott gefunden, daß ihn das Umherschwirren der Gedanken sehr verdrießt. Er darf sich jedoch nicht um sie kümmern, da er sonst viel von dem verlieren würde, was er genießt. Er sollte vielmehr die Gedanken und sich selber den Armen der Liebe anvertrauen; denn Seine Majestät wird den Willen lehren, was er in dieser Lage zu tun hat. Dies besteht fast nur darin, daß er entdeckt, wie unwürdig er eines solchen Glükkes ist, und daß er dankt für das, was er empfangen hat.

Um vom Gebet der inneren Sammlung reden zu können, habe ich bisher darauf verzichtet, von den Wirkungen und

Zeichen zu sprechen, die Gott unser Herr in der höheren Gebetsart dieser Wohnung uns schenkt. Deutlich gewahrt man dabei ein Anschwellen oder Ausweiten in der Seele, als ob ein Wasser, das einer Quelle entspringt, nicht ablaufen könnte, und als ob die Brunneneinfassung, die aus einem nachgiebigen Stoff gemacht ist, um so größer würde, je reichlicher das Wasser hervorquillt. Genauso scheint es der Seele in diesem Gebet zu ergehen, wobei der Herr noch viele andere Wunder in ihr bewirkt, um sie dazu fähig zu machen, daß sie alles in sich zu fassen vermag. Diese innere Geschmeidigkeit und Erweiterung zeigt sich auch darin, daß derjenige, dem sie widerfährt, fortan in den Dingen des Gottesdienstes nicht mehr so ängstlich ist wie zuvor, sondern sich sehr viel freier bewegt und sich nicht aus Angst vor der Hölle quält. Obwohl er nun noch mehr darum besorgt ist, Gott nicht zu beleidigen (eine Sorge, die hier das Knechtische verliert), vertraut er jetzt mit großer Zuversicht darauf, daß er sich seines Herrn erfreuen werde. Wer für gewöhnlich fürchtete, er könnte durch Bußübungen seine Gesundheit verlieren, dem scheint es nun, als könne er in Gott alles vollbringen, und fühlt mehr Verlangen nach ihnen als je zuvor. Die Furcht, die er sonst vor Leiden und Mühsal hatte, ist nun gemildert, denn der Glaube ist lebendiger. Und die Seele weiß, daß der Herr, wenn sie das Beschwerliche um seinetwillen trägt, ihr die Gnade erweisen wird, daß sie es mit Geduld zu erleiden vermag. Ja, manchmal wird sie sich sogar Leiden wünschen; denn es drängt sie nun auch ein starker Wille, etwas für Gott zu tun. Je mehr sie dessen Größe erkennt, für um so erbärmlicher hält sie sich. Da sie schon die Wonnen Gottes gekostet hat, erkennt sie, daß die Freuden der Welt nur Kehricht sind. Mehr und mehr entzieht sie sich diesen und erlangt eine immer stärkere Herrschaft über sich selbst, die sie dazu befähigt. Kurzum, in allen Tugenden ist sie gestärkt und wird weiterhin wachsen, falls sie nicht wieder rückwärts geht und Gott beleidigt; denn dann ginge alles verloren, so hoch die Seele auch zum Gipfel emporgeklommen sein mag. Man verstehe dies aber nicht so, als ob all diese Wirkungen schon eintreten würden, wenn Gott diese Gnade einmal oder zweimal einer Seele erwiesen hat, wenn man sie also nicht beständig empfängt; denn in dieser Beständigkeit liegt all unser Heil.

Mit Nachdruck rate ich demjenigen, der sich auf dieser Stufe befindet, das eine: Er möge sich sehr davor hüten, sich irgendwelchen Gelegenheiten auszusetzen, wo er Gott beleidigen könnte; denn hier ist die Seele noch nicht erwachsen, sondern wie ein Kind, das eben zu saugen begonnen hat. Entfernt es sich von den Brüsten seiner Mutter – was hat es anderes zu erwarten als den Tod? Ich fürchte sehr, daß es dem, der sich vom Gebet abwendet, nachdem Gott ihm diese Gnade erwiesen hat, ebenso ergeht, es sei denn, ein ganz besonderer Anlaß habe ihn dazu gezwungen und er kehre schnell wieder zu ihm zurück. Sonst gerät man vom Schlechten ins Schlimmere. Ich weiß, daß man sich hiervor sehr zu fürchten hat, und habe aus eigener Anschauung erfahren, wovon ich rede; denn ich kenne verschiedene Menschen, die mein größtes Mitleid erregt haben, weil sie sich von dem entfernten, der sich ihnen mit so viel Liebe zum Freunde geben und dies mit Werken beweisen wollte. Ich warne so nachdrücklich davor, sich den Gelegenheiten zum Bösen auszusetzen, weil der Satan für eine dieser Seelen sehr viel mehr Fallgruben gräbt als für viele andere, denen der Herr nicht diese Gnaden erweist; denn sie können den Bösen erheblich stören, indem sie andere nach sich ziehen und vielleicht der Kirche Gottes einen großen Dienst leisten. Schon allein die Tatsache, daß er sieht, wie Seine Majestät ihnen besondere Liebe erzeigt, ist ihm Anlaß genug, daß er darauf brennt, sie zu verderben. Darum stehen sie in harter Anfechtung und stürzen sehr viel tiefer als andere, wenn sie fallen. Ihr, Schwestern, seid frei von diesen Gefahren – soweit wir dies beurteilen können. Von Hochmut und Dünkel befreie euch Gott. Und sollte der Satan die göttlichen

Gnaden euch fälschlich vorspiegeln, so ist das daran zu erkennen, daß nicht die Wirkungen eintreten, die ich genannt habe, sondern das Gegenteil.

Auf eine andere Gefahr möchte ich noch euer Augenmerk lenken – auch wenn ich euch anderswo schon darauf hingewiesen habe –, eine Gefahr, in die ich Menschen geraten sah, die dem Gebet ergeben waren, vor allem Frauen. Denn da wir schwächer sind, widerfährt uns das Unheil leichter, von dem ich reden möchte. Manche befinden sich nämlich wegen häufiger Bußübungen, Gebete und Nachtwachen und auch schon von Natur aus in einem Zustand körperlicher Schwäche. Haben sie nun ein innerliches Geschenk erhalten, so können sie ihrer Natur nicht länger widerstehen, und da sie im Inneren eine gewisse Befriedigung empfinden und zugleich äußerlich einen Zusammenbruch erleiden, sich schlaff und matt fühlen, so meinen sie (weil es einen Schlaf gibt, den man den geistigen Schlaf nennt und der ein wenig mehr ist als der Zustand, von dem wir vorhin sprachen), daß das eine gleich dem anderen sei, lassen die Besinnung fahren und versinken in ein ohnmächtiges, dumpfes Staunen. Und je mehr sie ihr Bewußtsein aufgeben, desto mehr geraten sie außer sich, weil ihr Körper immer kraftloser wird, und das erscheint ihnen in ihrem Hirn als Verzückung. Ich nenne es Verdummung; denn man verliert damit nur seine Zeit und vergeudet seine Gesundheit (einer Person widerfuhr es, daß sie acht Stunden in diesem Zustand war!), man ist weder bei Sinnen, noch fühlt man etwas Göttliches. Durch Schlafen, Essen und Einschränkung der Bußübungen befreite man die genannte Person von solchen Anwandlungen, weil jemand da war, der sie durchschaut hatte. Ihren Beichtvater und andere Leute hatte sie getäuscht, ebenso sich selber; denn sie hatte diese Irreführung nicht absichtlich begangen. Ich glaube fest, daß der Satan sich dabei einige Mühe gegeben hatte, um etwas zu profitieren, und er war ja auch bereits im Begriff, nicht wenig Gewinn daraus zu schlagen.

Es gilt zu begreifen, daß die Seele, wenn sie ein Erlebnis hat, das wahrhaft von Gott kommt, keine Schwächung erleidet, auch wenn innerlich und äußerlich ein Zusammenbruch der Kräfte erfolgt, und daß sie von starken Gefühlen bewegt wird, weil sie sich Gott so nahe sieht. Auch dauert solch ein Erlebnis nicht lange, sondern ganz kurze Zeit. Selbst wenn man wiederholt in Versenkung gerät, so kommt es bei dieser Gebetsart – wenn es nicht, wie gesagt, bloße Schwäche ist – doch nicht so weit, daß der Körper zu Boden stürzte oder daß äußerlich irgend etwas zu fühlen wäre.

Darum sei man auf der Hut, und wenn jemand etwas derartiges an sich verspürt, so sage er es der Oberin und lenke sich ab, so gut er kann. Auch sollte man diese Menschen veranlassen, sich nicht stundenlang dem Gebet zu widmen, sondern nur ganz kurz, und sollte dafür sorgen, daß sie genügend schlafen und essen, bis sie wieder ordentlich zu Kräften kommen. Ist die betreffende Person aber von so schwacher Natur, daß auch dies nicht hilft, so glaubt mir, daß Gott sie zu nichts anderem als zu einem tätigen Leben bestimmt hat; denn auch solche braucht man in den Klöstern. Man beauftrage sie mit verschiedenen Ämtern und verliere dabei nie aus den Augen, daß sie nicht viel allein sein sollte, da sie sonst vollends die Gesundheit verlieren würde. Das wird für sie eine bittere Entsagung und Kasteiung bedeuten. An der Art, wie sie diesen Verzicht leistet, wird der Herr die Liebe erproben, die sie für ihn hegt. Und es mag ihm gefallen, ihr nach einiger Zeit die Kraft zurückzugeben. Tut er dies nicht, so werden das mündliche Gebet und der Gehorsam ihr Gewinn bringen, und sie wird sich so dieselben Verdienste erwerben wie auf andere Weise, vielleicht noch mehr.

Möglicherweise gibt es auch unter euch manche, wie ich einige gekannt habe, die einen so schwachen Kopf und eine so kränkliche Phantasie besitzen, daß sie alles zu sehen glauben, was sie denken. Das ist recht gefährlich. Da ich davon vielleicht später noch reden werde, sei dies genug für den

Augenblick. Ich habe mich in dieser Wohnung lange aufgehalten, weil hierher – nach meinem Eindruck – die meisten Seelen gelangen, und weil der Satan hier, wo das Natürliche und das Übernatürliche dicht beieinander sind, mehr Schaden stiften kann als in den nächsten, noch nicht geschilderten Wohnungen, wo Gott ihm nicht soviel Spielraum läßt. Der Herr sei gelobt in Ewigkeit, Amen.

Die fünfte Wohnung

ERSTES KAPITEL

O Schwestern! Wie könnte ich euch den Reichtum und die Schätze und Wonnen sagen, die es in der fünften Wohnung gibt? Ich glaube, es wäre besser, von allem Weiteren gar nichts zu sagen; denn es ist unmöglich, es auszudrücken, und der Verstand kann es nicht begreifen, und kein Vergleich reicht aus, es zu erklären, weil die Dinge der Erde dafür viel zu niedrig sind. Sende mir Licht vom Himmel, mein Herr, damit ich etwas davon diesen Deinen Dienerinnen mitteilen kann, da es Dir ja gefällt, daß einige von ihnen tagtäglich diese Wonnen erfahren. Gib, daß sie keinem Trug zum Opfer fallen, wenn der Satan sich in einen Engel des Lichts verwandelt; denn all ihr Wünschen gilt dem einen Ziel: Dich zu erfreuen.

Obwohl ich von »einigen« gesprochen habe, gibt es unter uns doch recht wenige, die nicht in diese Wohnung gelangen, von der ich jetzt reden möchte. Die einen dringen jedoch tiefer ein, die anderen weniger tief. Darum sage ich, daß die meisten hineingelangen. Manches, was in diesen Gemächern zu finden ist und wovon nun die Rede sein soll, erfahren freilich wohl nur wenige. Doch wenn man auch nur bis zur Türe gelangt, so ist dies schon ein Beweis von Gottes großem Erbarmen; denn viele sind berufen und wenige auserwählt. Obwohl wir alle, die wir dieses heilige Gewand vom Karmel tragen, zum Gebet und zur Kontemplation berufen sind – denn dies war unser Anfang, von diesem Stamme kommen wir, als Nachfahren jener heiligen Väter vom Berge Karmel, die in solch großer Einsamkeit und solcher Verachtung der Welt diesen Schatz suchten, diese kostbare Perle, von der wir sprechen –, sind es doch auch unter uns nur wenige, die sich dafür bereit machen, auf daß der Herr sie uns schauen lasse. Im Äußeren halten wir uns wohl an das, was zur Erlangung der Tugenden gefordert wird; doch um bis dorthin zu kommen, benötigen wir sehr, sehr viel. Wir dürfen uns dabei keine Lässigkeit erlauben. Deshalb, meine Schwestern, hört! Da wir in gewisser Weise den Himmel auf Erden genießen können, so laßt uns den Herrn darum bitten, daß er uns gnädig beistehe, damit wir es nicht durch eigene Schuld versäumen. Er möge uns den Weg weisen und unserer Seele Kräfte verleihen, so daß sie graben kann, bis sie diesen verborgenen Schatz findet, der wirklich und wahrhaftig in uns selber liegt. Dies möchte ich euch gern verständlich machen, falls es dem Herrn gefällt, mir die Fähigkeit zu schenken.

Ich habe von Kräften für die Seele gesprochen; denn ihr sollt verstehen, daß derjenige, dem Gott unser Herr keine körperlichen Kräfte schenkt, ihrer auch nicht bedarf. Er verwehrt es keinem, seine Reichtümer zu erwerben. Wenn jeder gibt, was er hat, so ist der Herr zufrieden. Gepriesen sei ein so großer Gott. Doch schaut, meine Töchter – für das, wovon wir reden, verlangt er, daß ihr nichts für euch zurückbehaltet. Sei es nun viel oder wenig – er will alles für sich. Und je nach dem Maße dessen, was ihr selber gegeben habt, werden euch größere oder kleinere Gnaden zuteil werden. Hieran läßt sich am genauesten prüfen, ob unser Gebet bis zur Vereinigung gelangt oder nicht. Ihr dürft nicht meinen, daß es sich dabei um etwas Traumhaftes handelt, wie auf der vorigen Stufe. Ich sage »Traumhaftes«, weil die Seele dort wie eingedämmert wirkt, so daß sie weder recht zu schlafen scheint noch sich wach fühlt. Hier dagegen ist sie völlig in tiefen Schlaf versunken, der sie den Dingen der Welt und sich selber gänzlich entrückt. Denn in der kurzen Zeit, die es dauert, ist sie wirklich wie ohne Besinnung, so daß sie nicht zu denken vermag, selbst wenn sie wollte. Hier bedarf es keiner künstlichen Bemühungen, um dem Denken Einhalt zu gebieten. Die Seele vermag nicht einmal zu verstehen, wie die Liebe, falls sie eine fühlt, entstanden ist, wem sie gilt oder nach was sie sich sehnt. Kurzum, es ist, als wäre sie gänzlich gestorben und aus der Welt geschieden, um noch mehr in Gott zu leben. Und deshalb ist es ein lieblicher Tod, gleichsam ein Entrissenwerden aus allem Tun, das die Seele ausüben mag, solange sie im Körper weilt; ein Hinscheiden, das voller Wonne ist, weil die Seele, obgleich sie in Wirklichkeit noch im Körper ist, ihn zu verlassen scheint, um besser in Gott zu sein, und zwar so, daß ich jetzt noch nicht weiß, ob dem Leib dabei noch genug Leben zum Atmen bleibt. (Eben habe ich darüber nachgedacht, und es scheint mir, als atme er dabei nicht; tut er es doch, so merkt die Seele es jedenfalls nicht.) Ihr ganzer Verstand möchte sich dafür einsetzen, etwas von dem zu verstehen, was sie empfindet. Und da seine Kräfte dazu nicht ausreichen, überkommt ihn erschrockenes Staunen, so daß er, wenn er sich nicht gänzlich verliert, doch »weder Hand noch Fuß bewegt« (wie wir hierzulande sagen, wenn jemand so ohnmächtig ist, daß wir meinen, er wäre tot).

O Geheimnisse Gottes! Ich wollte nicht müde werden, mich darum zu bemühen, sie verständlich zu machen, wenn ich dächte, ich könnte je dieses Ziel erreichen. Und darum werde ich tausend Ungereimtheiten sagen, um vielleicht einmal das Richtige zu treffen, damit wir den Herrn von Herzen loben.

Ich sagte, daß es kein Traumzustand ist. In der vorigen Wohnung wird sich nämlich die Seele, solange sie noch keine große Erfahrung hat, nicht darüber klar, was das nun eigentlich war, ob sie sich das nur eingebildet oder ob sie geschlafen hatte; ob es von Gott ihr eingegeben worden war oder ob der Satan sich in einen Engel des Lichts verwandelt hatte. Von tausend Zweifeln und argwöhnischen Gedanken wird sie bedrängt. Und das ist gut so, denn – wie gesagt – sogar unsere eigene Natur kann uns in jenem Stadium zuweilen täuschen. Obwohl das giftige Getier dort kaum mehr eindringen kann, so schlüpfen doch einige Eidechslein mit herein, die überall hineinwitschen, weil sie so schlank, flink und wendig sind. Richten sie auch keinen Schaden an (vor allem wenn man sich nicht viel um sie kümmert; denn es sind so kleine Gedankenregungen, die der Phantasie und den anderen genannten Ursachen entstammen), so werden sie einem doch oft lästig. Hier aber, in der fünften Wohnung, können die Eidechslein nicht hereinhuschen, trotz all ihrer Wendigkeit. Denn es gibt keine Phantasie, keine Erinnerung und keinen Verstand, der hier dem Heil im Wege sein könnte. Ja, ich wage zu behaupten: Wenn es wirklich eine Vereinigung mit Gott ist, so kann nicht einmal der Satan sich einschleichen und irgendeinen Schaden stiften. Seine Majestät ist da dem innersten Wesen der Seele so nahe und so mit ihr verbunden, daß der Böse sich nicht heranwagen wird. Er wird dieses Geheimnis wohl nicht einmal verstehen. Das liegt auf der Hand; denn es heißt ja, daß er unser Denken nicht verstehen kann. Etwas so Geheimes, das Gott nicht einmal unserem Verstand anvertraut, wird er dann noch weniger begreifen. Oh, welch ein Glück, sich dort aufzuhalten, wo dieser Verfluchte uns nicht schadet!

Der Seele wird also ein solch reicher Gewinn zuteil, weil Gott in ihr wirkt, ohne daß irgend jemand – nicht einmal wir selber – dies hinderte. Was wird er uns nicht schenken, er, der so ein Freund des Gebens ist und alles zu geben vermag, was er will?

Vielleicht habe ich euch nun verwirrt, indem ich sagte, »wenn es eine Vereinigung mit Gott ist«, was bedeutet, daß es auch noch eine andere gibt. Und ob es sie gibt! Auch der Satan kann einen entrücken, freilich zu nichtigen Dingen, wenn man diese heftig liebt. Doch er tut es nicht auf dieselbe Weise wie Gott, nicht mit der Wonne und Befriedigung für die Seele, nicht mit diesem Frieden und dieser Freude. Die Vereinigung mit Gott übersteigt alle Lust der Erde, all ihre Wonnen und Freuden. Und man braucht nicht danach zu schauen, wo diese Freuden und wo die irdischen ihren Ursprung haben; die Art, wie man sie fühlt, ist völlig verschieden. Das habt ihr wohl selber schon erfahren. Ich sagte einmal, daß es so ist, als fühlte man es bald außen auf der Haut, bald bis ins Mark. Das ist ein treffender Vergleich. Ich weiß nicht, wie ich es besser sagen könnte.

Es scheint mir aber, als hätte ich euch damit noch nicht beruhigt. Ihr meint, ihr könntet euch täuschen, weil solch innerliche Erscheinungen schwer zu prüfen sind. Und obwohl das Gesagte für den, der es selber erlebt hat, ausreicht, weil der Unterschied zwischen beiden Erscheinungen groß ist, will ich euch doch noch ein deutliches Merkmal nennen, das euch vor Täuschung bewahrt, so daß ihr nicht zu zweifeln braucht, ob euer Erlebnis von Gott gekommen ist. Seine Majestät hat mich heute an dieses Kennzeichen erinnert, das mir zuverlässig zu sein scheint. – Immer, wenn es um schwierige Dinge geht, gebrauche ich die Wendung »mir scheint«, obwohl ich den Eindruck habe, daß ich es weiß und die Wahrheit sage; denn falls ich im Irrtum sein sollte, bin ich jederzeit bereit, das zu glauben, was diejenigen sagen, die eine hohe Gelehrsamkeit besitzen. Auch wenn sie diese Dinge nicht selbst erlebt haben, so verfügen große Gelehrte doch über etwas Besonderes. Da Gott sie als Licht seiner Kirche aufgestellt hat, schenkt er ihnen, wenn es um eine Wahrheit geht, die Einsicht, auf daß diese Wahrheit anerkannt werde. Und wenn sie sich nicht Zerstreuungen überlassen, sondern Diener Gottes sind, so werden sie nie erschrecken vor der Größe seiner Taten; denn sie wissen wohl, daß er noch viel, viel mehr vermag. Und obwohl manche Erscheinung nicht so recht geklärt ist, werden sie doch in der Schrift allerlei finden, aus dem sie ersehen, daß derlei Dinge möglich sind.

Das habe ich sehr oft erlebt. Jedoch habe ich auch mit ängstlichen Halbgelehrten meine Erfahrungen gemacht, die mir sehr teuer zu stehen kamen. Ich glaube jedenfalls, daß der sich die Tür zum Empfang solcher Gnaden verschließt, der nicht daran glaubt, daß Gott noch viel mehr vermag, und daran zweifelt, daß er es für gut gehalten hat und für gut hält, sie zuweilen seinen Geschöpfen mitzuteilen. Darum verfallet nie in diese Haltung, Schwestern. Glaubet aber, daß der Herr noch viel, viel mehr vermag, und richtet euer Augenmerk nicht darauf, ob diejenigen, denen er diese Gnaden erweist, nun böse oder gut sind. Denn – wie gesagt – Seine Majestät weiß es. Und wir brauchen uns da nicht einzumischen, sondern sollen dem Herrn einfältigen Herzens und in Demut dienen und ihn preisen um seiner Werke und seiner Wunder willen.

Sprechen wir jedoch wieder von dem Zeichen, von dem ich euch sagte, daß es die Wahrheit verbürge. Ihr seht, wie Gott diese Seele völlig dumm gemacht hat, um ihr die wahre Weisheit besser einzuprägen. Sie sieht nichts, sie hört nichts und versteht nichts, solange dieser Zustand anhält, der immer nur von kurzer Dauer ist (und ihr noch viel kürzer erscheint, als er wohl in Wirklichkeit ist). Dabei verbindet sich Gott selber mit dem Inneren dieser Seele, so daß sie, wenn sie wieder zu sich kommt, keinesfalls daran zweifeln kann, daß sie in Gott war und Gott in ihr. Mit solcher Gewißheit verbleibt ihr diese Wahrheit, daß sie, selbst wenn Jahre vergingen, ohne daß Gott ihr nochmals solch eine Gnade erwiese, sie dies nicht vergessen und nicht daran zweifeln könnte, daß er es war. Die Wirkungen, die dieses Erleben bei ihr hinterläßt, wollen wir jetzt noch nicht betrachten. Davon will ich später sprechen, denn es ist sehr wichtig.

Ihr werdet mich jedoch fragen: »Wie hat es die Seele denn gesehen oder wie hat sie es verstanden, wenn sie dabei doch weder sieht noch etwas versteht?« Ich behaupte nicht, daß sie es im betreffenden Augenblick sieht, sondern daß sie es hinterher klar erkennt; und zwar nicht, weil sie es als Vision erschaut, sondern als eine Gewißheit empfängt, die in der Seele verbleibt als eine Sicherheit, die nur Gott ihr eingeben kann. Ich weiß von einer Person, die niemals etwas davon gehört hatte, daß Gott in allen Dingen ist als gegenwärtige Macht und Wesenheit, und die durch eine derartige Gunst, welche Gott ihr erwies, zu diesem Glauben gelangte. Darum hatte sie die Wahrheit so sicher inne, daß sie, als sie einen der genannten Halbgelehrten fragte, wie Gott in ihr sein könne (er wußte es sowenig wie sie, ehe Gott es ihr zu verstehen gab), und dieser ihr antwortete, daß er es nur als Gnade sei, ihm keinen Glauben schenkte und andere danach fragte, die ihr dann die Wahrheit sagten, was ihr ein großer Trost war.

Ihr dürft euch nicht täuschen und meinen, daß diese Gewißheit einem in körperlicher Form zuteil werde, so wie der Leib unseres Herrn Jesu Christi uns im Allerheiligsten Sakrament gegeben wird, obgleich wir ihn nicht sehen. Denn hier schenkt er sich uns nicht auf diese Weise, sondern allein in seiner Göttlichkeit. Wie erfassen wir dann das, was wir nicht sehen, mit solcher Sicherheit? Das weiß ich nicht. Es ist sein Werk. Doch ich weiß, daß ich die Wahrheit sage. Und wenn jemand danach nicht diese Sicherheit hat, so würde ich sagen, daß es keine Vereinigung der ganzen Seele mit Gott gewesen ist, sondern nur die einer einzelnen Seelenkraft, also eine der vielen anderen Arten von Gnaden, die Gott der Seele erweist. Bei alldem müssen wir darauf verzichten, erkennen zu wollen, wie eines aus dem andern sich ergab. Denn unser Verstand reicht nicht aus, dies zu erfassen. Wozu wollen wir uns vergeblich anstrengen? Es genügt, wenn wir sehen, daß es der Allmächtige ist, der dies tut. Und da keineswegs wir diejenigen sind, die es bewirken – so eifrig wir uns auch bemühen, es zu erlangen –, sondern Gott es ist, der es vollbringt, so sollten wir auch nicht diejenigen sein wollen, die es verstehen.

Jetzt, wo ich sage, daß nicht wir es sind, die es vollbringen, erinnere ich mich daran, daß ihr schon die Worte gehört habt, welche die Braut im Hohenlied sagt: »Der König führte mich in den Weinkeller« (oder »brachte mich hinein«, wie es, glaube ich, heißt). Es wird also nicht gesagt, daß sie von sich aus hineingegangen sei. Und es heißt auch, daß sie überall nach ihrem Geliebten gesucht habe. Hier nun ist – so verstehe ich es – der Weinkeller, in den der Herr uns bringen will, wann er will und wie er will. Doch durch eigene Anstrengungen können wir nicht hineinkommen. Seine Majestät muß uns hineinbringen. Er muß in die Mitte unserer Seele eindringen. Und um seine Wunder uns besser zeigen zu können, will er, daß wir nur mit dem Willen beteiligt sind, der sich ihm völlig ergeben hat, und daß wir ihm nicht die Tür der Seelenkräfte und Sinne öffnen, die alle schlafen. Ganz von sich aus will er in die Mitte der Seele eintreten, so wie er zu seinen Jüngern hereintrat, als er sagte: »Pax vobis«, nachdem er das Grab verlassen hatte, ohne den Stein zu heben. Später werdet ihr sehen, wie sehr Seine Majestät es wünscht, daß die Seele sich seiner in ihrem eigenen Inneren erfreut – in der letzten Wohnung noch sehr viel mehr als hier.

O Töchter, wieviel werden wir schauen, wenn wir nichts anderes schauen wollen als unsere Niedrigkeit und unser Elend und allein erkennen wollen, daß wir nicht würdig sind, Dienerinnen eines so großen Herrn zu sein, und nicht fähig, seine Wunder zu fassen! Er sei gelobt in Ewigkeit, Amen.

ZWEITES KAPITEL

Es wird euch so vorkommen, als sei schon alles gesagt, was in dieser Wohnung zu schauen ist. Doch es fehlt noch viel; denn – wie gesagt – der eine sieht viel, der andere weniger. Im Blick auf die Vereinigung glaube ich nicht mehr sagen zu können. Aber wenn die Seele, der Gott diese Gnaden erweist, sich bereit macht, so gibt es viele Dinge, die der Herr in ihr bewirkt und wovon es noch zu reden gilt. Einige davon will ich nennen und auch den Zustand beschreiben, in dem die Seele sich danach befindet. Um es verständlicher zu machen, will ich dazu ein passendes Gleichnis benutzen, mit dem auch verdeutlicht werden soll, wieviel wir schon dadurch, daß wir uns bereit machen, dazu beitragen können, daß Seine Majestät uns diese Gnade erweist, auch wenn wir bei dem Werk, das der Herr in uns vollbringt, nichts weiter tun können.

Ihr werdet wohl schon von den göttlichen Wundern gehört haben, die sich bei der Seidenzucht offenbaren. Nur Er konnte so etwas erfinden. In einem Samenkorn, das wie ein kleines Pfefferkörnchen aussieht (ich habe es nie gesehen, sondern nur davon gehört; sollte also etwas verdreht sein, so ist es nicht meine Schuld) – in diesem Samenkorn also beginnt, sobald es warm wird und die Maulbeerbäume die ersten Blätter treiben, sich Leben zu regen. Ehe die Speise, von der es sich nährt, nicht da ist, ist es tot. Man zieht das winzige Wesen mit den Blättern des Maulbeerbaumes auf. Wenn es dann groß geworden ist, legt man ihm Zweiglein hin, und daran spinnt es, aus sich selber heraus, mit dem Mäulchen die Seide und macht eine dichte Hülle, worin es sich selber einschließt. Die Raupe, die nun groß und häßlich ist, stirbt, und aus der gleichen Hülle schlüpft ein kleiner weißer, wunderhübscher Schmetterling hervor. Wenn man das aber nicht sehen könnte, sondern nur als Kunde aus fernen Zeiten hörte – wer könnte es glauben, und durch welche Überlegungen könnten wir darauf kommen, daß ein so unvernünftiges Wesen wie eine Raupe oder eine Biene so emsig zu unserem Vorteil arbeitet, mit solchem Eifer, daß das arme Räuplein dafür das eigene Leben aufs Spiel setzt? Das ist genug, Schwestern, um eine Weile darüber nachzusinnen. Auch wenn ich nicht mehr darüber sage, könnt ihr an diesem Beispiel die Wunderkraft und Weisheit unseres Gottes betrachten. Wie wäre es erst, wenn wir die Beschaffenheit aller Dinge wüßten? Es ist sehr nützlich, diese Wunderwerke zu bedenken und uns darüber zu freuen, daß wir Bräute eines so weisen und mächtigen Königs sind.

Kehren wir jedoch zu dem vorhin Gesagten zurück. Diese Raupe nimmt Leben an, sobald sie in der Wärme des Heiligen Geistes sich der Hilfe zu bedienen anfängt, die Gott uns allen gemeinhin gibt; sobald sie beginnt, die Mittel zu gebrauchen, die er in seiner Kirche hinterlassen hat. (Regelmäßig zu beichten oder gute Bücher zu lesen und Predigten zu hören – das sind Heilmittel für eine Seele, die in Sorglosigkeit und Sünde erstorben ist, umringt von den Gelegenheiten zum Bösen.) Benutzt sie diese Mittel, so beginnt sie zu leben und nährt sich von diesen und den guten Meditationen, bis sie herangewachsen ist. Nur darauf kommt es mir an. Das andere ist unwichtig.

Ist diese Raupe nun ausgewachsen, so fängt sie an, die Seide zu spinnen und das Haus zu verfertigen, in dem sie sterben soll. Dieses Haus will ich hier als Christus verstanden wissen. Ich meine, irgendwo gelesen oder gehört zu haben, daß unser Leben in Christus oder in Gott – beide sind eines – verborgen sei, oder daß unser Leben Christus ist. Heiße es nun so oder anders – darauf kommt es in diesem Zusammenhang nicht an.

Denn ihr seht hier, Töchter, was wir mit Gottes Gunst zu tun vermögen: daß Seine Majestät selbst unsere Wohnung sei – wie in diesem Gebet der Vereinigung –, die wir doch selber herstellen. Es scheint, als wollte ich sagen, wir könnten von Gott etwas nehmen und etwas in ihn hineintun, weil ich sage, daß er die Wohnung ist und daß wir sie erbauen können, um uns hineinzusetzen. Als ob wir von Gott etwas nehmen oder ihm etwas hinzufügen könnten! Wir können nur von uns selber etwas nehmen und dazutun, wie es diese Räuplein machen. Denn wir werden mit dem, was wir tun können, noch nicht ganz fertig sein, da vereint Gott dieses armselige Machwerk – das nichts ist – mit seiner Größe und verleiht ihm einen so großen Wert, daß der Herr selbst der Lohn dieser Arbeit ist. Und wie er es gewesen ist, der die meisten Kosten auf sich genommen hat, so will er auch unsere dürftigen Werke vereinen mit dem großen Leiden, das Seine Majestät ertragen hat, auf daß alles eins werde.

Also auf, meine Töchter, schnell an die Arbeit, daß wir diese Hülle weben und uns dabei unserer Eigenliebe und unseres Willens entledigen, uns von der Bindung an irgendwelche irdischen Dinge lösen, indem wir Buße tun, beten, uns abtöten, Gehorsam üben und alle anderen Pflichten, die ihr kennt. Wirken wir denn so gut wir können und wie es uns als unsere Aufgabe gelehrt worden ist! Sie sterbe, sie sterbe, diese Raupe, so wie sie stirbt, wenn sie das beendet hat, wozu sie aufgezogen worden ist. Und ihr werdet gewahren, daß wir Gott schauen und uns von seiner Größe so umschlossen sehen, wie es das Räuplein in seiner Hülle ist. Beachtet, daß ich sage: »Gott schauen«; denn ich habe ja gesagt, daß Gott bei dieser Art der Vereinigung sich so zu fühlen gibt.

Sehen wir also zu, was aus dieser Raupe wird (deswegen habe ich nämlich alles übrige gesagt). Wenn sie in diesem Gebet ist – völlig gestorben für die Welt –, so schlüpft ein weißer kleiner Schmetterling hervor. O Herrlichkeit Gottes! Und wie geht eine Seele daraus hervor, wenn sie hier eine kleine Weile – die meinem Eindruck nach niemals auch nur eine halbe Stunde dauert – versenkt ist in Gottes Größe und ihm so nahe ist! Ich sage euch in Wahrheit, daß die Seele sich selber nicht mehr kennt; denn schaut, derselbe Unterschied, der zwischen einer häßlichen Raupe und einem weißen Schmetterling besteht, ist auch hier vorhanden. Die Seele weiß nicht, wodurch sie soviel Glück verdienen konnte (wodurch es ihr zufallen konnte, wollte ich sagen; denn sie weiß wohl, daß sie es nicht verdient). Sie sieht sich von einem solchen Verlangen erfüllt, den Herrn zu loben, daß sie am liebsten vergehen und tausendmal für ihn sterben möchte. Dann überkommt sie eine unwiderstehliche Sehnsucht, schwere Leiden auf sich zu nehmen, ein brennendes Verlangen nach Buße, Einsamkeit, und der Wunsch steigt in ihr auf, daß alle Gott erkennen möchten.

Daraus aber erwächst ihr großer Kummer, wenn sie sieht, daß er beleidigt wird. In der nächsten Wohnung wird davon noch mehr die Rede sein; denn obwohl das, was hier in dieser Wohnung zu finden ist, beinahe dasselbe ist wie dort, so ist doch die Stärke der Wirkungen sehr verschieden. Wie gesagt: Nachdem Gott zu ihr gekommen ist, wird die Seele, wenn sie sich hier darum bemüht, weiter voranzukommen, noch große Dinge schauen.

Oh, das ruhlose Umherflattern dieses kleinen Schmetterlings zu sehen, der doch niemals in seinem Leben eine größere Ruhe, einen tieferen Frieden gefunden hat, ist ein Anblick, der zum Lobe Gottes zwingt. Der Falter weiß nämlich nicht, wo er sich niederlassen und ausruhen soll; denn nachdem er einmal solch einen Ruheort hatte, befriedigt ihn nichts, was er auf Erden sieht, vor allem wenn Gott ihm oft von diesem Wein zu kosten gibt. Fast mit jedem Mal wird ihm daraus neuer Gewinn zuteil. Nun betrachtet er das, was er als Raupe getan hat – Stückchen um Stückchen die Hülle zu weben –, als nichts. Flügel sind ihm gewachsen – wie könnte er sich jetzt, wo er fliegen kann, damit zufriedengeben, langsam Schritt vor Schritt zu gehen? Verglichen mit ihrem Verlangen, ist der Seele nun alles, was sie für Gott tun kann, zu gering. Sie empfindet keine besondere Bewunderung mehr für das, was die Heiligen durchgestanden haben, da sie nun aus Erfahrung weiß, wie der Herr hilft und eine Seele verwandelt, so daß sie innerlich und äußerlich nicht mehr sich selber gleicht. Denn die Schwäche, die sie früher bei den Bußübungen an sich wahrzunehmen glaubte, findet sie nun in Stärke verwandelt. Die Bindung an Verwandte, Freunde oder Besitz (die sie einstens weder durch Taten noch durch Entschlüsse oder durch das Verlangen, sich davon frei zu machen, abschütteln konnte, weil sie sich danach nur noch mehr verhaftet fühlte) hat sich so verändert, daß ihr die Verpflichtungen, denen sie, wenn sie nicht gegen Gottes Gebot verstoßen will, nachkommen muß, eine Last sind. Alles ermüdet sie, denn sie hat erfahren, daß die Geschöpfe ihr nicht die wahre Ruhe geben können.

Es scheint, als ob ich weitschweifig würde, und doch könnte ich noch viel mehr sagen. Wem diese Gnade von Gott zuteil geworden ist, der wird sehen, daß ich nur unzureichend davon gesprochen habe. Es ist also nicht verwunderlich, daß dieser kleine Schmetterling erneut einen Ruheort sucht, sobald er sich als Fremdling unter den irdischen Dingen wiederfindet. Doch wohin soll der Arme? Dahin zurückkehren, woher er gekommen ist – das kann er nicht; denn – wie gesagt – es liegt nicht in unserer Hand, so viel wir auch tun mögen, ehe es Gott nicht gefällt, uns von neuem diese Gnade zu erweisen. O Herr, und wieviel neue Leiden beginnen für diese Seele! Wer hätte das gedacht, nach einer so hohen Gnade? Auf die eine oder andere Weise müssen wir eben das Kreuz tragen, solange wir leben. Und sollte jemand behaupten, er fühle sich, seitdem er auf diese Stufe gekommen sei, immer in Ruhe und Annehmlichkeit – von dem würde ich sagen, daß er niemals so weit gekommen ist; daß er aber vielleicht, falls er bis in die vorige Wohnung gelangt ist, irgendeine Wonne erlebt hat, begünstigt durch natürliche Schwäche und möglicherweise sogar vom Satan, welcher der Seele Frieden einflößt, um sie danach desto heftiger zu bekriegen.

Ich will nicht sagen, daß diejenigen, welche in diese Wohnung kommen, keinen Frieden haben; denn sie haben ihn wirklich und in reichem Maße, da gerade diese Leiden, so schlimm sie sein mögen, doch von so hohem Wert und so guten Ursprungs sind, daß aus ihnen selber der Friede und die Freude kommen. Eben aus der Unzufriedenheit, welche die Seelen angesichts der irdischen Dinge empfinden, erwächst ein Verlangen, der Welt zu entrinnen, eine so schmerzliche Sehnsucht, die allenfalls nur der eine Gedanke lindern kann: Gott will es, daß wir in dieser Verbannung leben. Und nicht einmal dieser Trost genügt; denn noch ist die Seele, trotz allem, was sie gewonnen hat, nicht so in

Gottes Willen ergeben, wie dies später zu sehen ist, obgleich sie unablässig danach strebt, sich ihm anzugleichen. Doch dies geschieht unter großem Schmerz und vielen Tränen. Sie kann nicht anders, weil ihr nicht mehr gegeben ist. Bei jedem Gebet ist dies ihr Kummer. Vielleicht kommt es auch von der großen Pein, die es ihr bereitet, wenn sie sieht, daß Gott beleidigt und wenig geachtet wird in dieser Welt, und wenn sie an die vielen Seelen denkt, die verlorengehen, seien es nun Ketzer oder Mauren. Doch am meisten ist es ihr leid um die Seelen der Christen; denn obwohl sie die Größe von Gottes Erbarmen sieht und obwohl sie weiß, daß jene Seelen – so übel sie auch dahinleben – sich bessern und retten können, fürchtet sie doch, daß viele verdammt werden.

O Herrlichkeit Gottes! Noch vor wenigen Jahren, ja vielleicht noch vor wenigen Tagen dachte diese Seele an nichts anderes als an sich selbst. Wer hat sie in solch schmerzliche Sorgen gestürzt? Denn so schmerzlich, wie diese Seele das jetzt empfindet, könnten wir es nicht fühlen, selbst wenn wir uns viele Jahre der Meditation hierüber widmen würden. Gott steh mir bei! Wenn ich viele Tage und Jahre mich darum bemühe, mich darin übe, es zu erfassen, welch großes Übel es bedeutet, wenn man Gott beleidigt; und wenn ich bedenke, daß die, welche verdammt werden, seine Kinder und meine Brüder sind; wenn ich mir vor Augen halte, von welchen Gefahren umringt wir leben und wie gut es für uns ist, aus diesem erbärmlichen Leben zu scheiden – dies alles wäre also nicht genug? Nein, Töchter. Der Schmerz, den man hier in dieser Wohnung empfindet, ist anders als der, den wir früher, durch Gottes Hilfe, wenn wir viel darüber nachsannen, vielleicht empfinden konnten. Es drang nicht bis ins innerste Eingeweide wie hier, wo es die Seele zu zerstückeln und zu zermalmen scheint, ohne daß sie etwas dazugetan hat, ja manchmal, ohne daß sie es will. Was ist das nur? Woher kommt das? Ich will es euch sagen.

Habt ihr nicht gehört, daß Gott die Braut in den Weinkeller führte, wo die Liebe über ihr war als sein Panier? (Ich habe es hier schon ein andermal gesagt, wenn auch nicht in diesem Zusammenhang.) Daher kommt es nämlich. Weil jene Seele sich schon seinen Händen überläßt und die große Liebe sie dazu drängt, sich so weit hinzugeben, daß sie nichts anderes weiß und wünscht, als daß Gott mit ihr mache, was er will. Denn Gott wird – meines Erachtens – diese Gnade niemals einer Seele erweisen, die er nicht schon sehr als sein Eigentum betrachtet. Er will, daß sie, ohne zu wissen, wie ihr geschieht, geprägt von seinem Siegel daraus hervorgehe. Denn wahrlich, die Seele vollbringt dort nicht mehr als das Wachs, wenn jemand ihm das Siegel aufdrückt. Das Wachs drückt es sich nicht selber auf, es ist nur bereit, die Prägung zu empfangen, das heißt: weich; und um dieser Bereitschaft willen macht es sich auch nicht noch weicher, sondern ist ruhig und läßt es geschehen! O Güte Gottes, daß alles zu Deinen Lasten gehen muß! Du willst nur unseren Willen und wünschst nichts weiter, als daß das Wachs gefügig sei.

Ihr seht also, Schwestern, was unser Gott hier tut, damit die Seele sich bereits als sein Eigentum erkennt. Er gibt von dem, was er hat; von dem, was sein Sohn in diesem Leben hatte. Er kann uns keine größere Gnade erweisen. Wer hätte wohl sehnlicher gewünscht, dieses Leben zu verlassen? Deshalb sagte Seine Majestät beim Abendmahl: »Mich hat herzlich verlangt …«

»Aber wie, Herr! Schreckt Dich denn nicht der qualvolle, furchtbare Tod, den Du erleiden sollst?«

»Nein. Denn meine Liebe zu den Seelen und meine Sehnsucht nach ihrer Erlösung ist unvergleichlich viel stärker als diese Schmerzen. Und die entsetzlichen Qualen, die ich litt und leide, seitdem ich auf der Welt bin, sind schlimm genug, um die kommenden Leiden daneben für nichts zu achten.«

Oft habe ich so darüber nachgedacht. Und ich kenne die Qual, die eine Seele, welche mir vertraut ist, aussteht und ausgestanden hat, weil sie sieht, wie unser Herr beleidigt wird. Diese Marter ist so unerträglich, daß man viel lieber sterben möchte, als dies weiterhin erdulden. Und empfindet schon eine Seele mit einer Liebe, die im Vergleich zur Liebe Christi so kümmerlich ist, daß man sagen kann, sie sei daneben fast überhaupt nicht vorhanden, diese Marter als so unerträglich – was empfand dann erst unser Herr Jesus Christus, und was für ein Leben hatte er durchzustehen, er, dem alle Dinge gegenwärtig waren und der ständig die schweren Beleidigungen erblickte, die man seinem Vater zufügte? Ich glaube fest, daß diese Schmerzen sehr viel größer waren als die, welche er in seiner heiligsten Passion erduldete. Denn da gewahrte er schon das Ende dieser Qualen. Dies und die Genugtuung, uns durch seinen Tod erlöst zu sehen, sowie die Freude, seine Liebe zum Vater dadurch zu erzeigen, daß er so viel litt um seinetwillen, linderten ihm wohl die Schmerzen. So geht es ja hier auch denen, die mit der Kraft der Liebe schwere Bußdienste auf sich nehmen: sie fühlen es beinahe nicht, wollen eher mehr und immer mehr ertragen, und alles wird ihnen leicht. Was mußte es da für Seine Majestät bedeuten, solch eine Gelegenheit vor sich zu haben, wo er seinem Vater zeigen konnte, wie getreu er die Pflicht des Gehorsams und der Nächstenliebe erfüllte? O selige Lust, zu leiden, indem man Gottes Willen tut! Doch immer mit ansehen zu müssen, wie Seine Majestät ständig beleidigt wird und wie so viele Seelen der Hölle entgegengehen, das halte ich für etwas so Bitteres und Schmerzliches, daß nach meiner Meinung ein Tag solcher Qual ausgereicht hätte, seinem Leben vielmals ein Ende zu bereiten, nicht nur einmal, wäre er nicht mehr als ein Mensch gewesen.

Kehren wir denn zu unserem kleinen Falter zurück und betrachten wir einige der Gaben, die Gott in diesem Stadium gewährt. Immer – das versteht sich – muß die Seele bestrebt sein, voranzukommen im Dienst unseres Herrn und in der Selbsterkenntnis; denn wenn sie nichts weiter tut, als diese Gnade anzunehmen, wenn sie sich ihrer Sache so sicher glaubt, daß sie sorglos wird in ihrem Lebenswandel und abkommt vom Weg zum Himmel – das heißt: von den Geboten –, so wird es ihr ergehen wie dem Falter, der aus einer Raupe hervorgegangen ist und seinen Samen weitergibt, damit andere daraus entstehen, während er selber stirbt für immer. Ich sage, daß er seinen Samen weitergibt, weil es nach meiner Meinung Gottes Wille ist, daß eine so große Gnade nicht vergebens erteilt wurde, sondern anderen zum Nutzen gereicht, wenn schon die Seele sie nicht für sich selber nutzt. Bleibt sie dem Verlangen, vorwärts zu kommen, treu und hegt sie die genannten Tugenden, so nützt sie immer, solange sie im Guten verharrt, auch anderen Seelen und erwärmt sie durch ihre Wärme; und selbst wenn diese einem schon verlorengegangen ist, so fühlt man doch noch den Wunsch, andere möchten davon einen Nutzen haben, und mit Freuden tut man die Gnaden kund, die Gott dem erweist, der ihn liebt und ihm dient.

Ich habe eine Person gekannt, die es an sich erfuhr, daß sie, obwohl sie selber tief in der Verlorenheit war, doch Freude daran fand, daß andere die Gnaden, die Gott ihr erwiesen hatte, sich zunutze machten. Und mit Freude zeigte sie denen, die ihn nicht wußten, den Weg des Gebets und war damit von großem, großem Nutzen. Später erleuchtete sie der Herr von neuem. Sie hatte damals freilich noch nicht die Wirkungen an sich erfahren, von denen wir vorhin gesprochen haben. Doch wie viele wird es geben, die der Herr zu seinen Jüngern beruft, gleich dem Judas, denen er sich mitteilt, die er zu Königen machen will, gleich dem

Saul, und die danach durch ihre eigene Schuld verlorengehen! Daraus ersehen wir, Schwestern, daß der einzig sichere Weg, uns mehr und mehr Verdienste zu erwerben und nicht verlorenzugehen wie jene, darin besteht, daß wir am Gehorsam festhalten und von Gottes Gesetz nicht abweichen. Das sage ich denen, die solche Gnaden erfahren, und ebenso allen anderen.

Es scheint mir, daß nach allem, was ich gesagt habe, diese Wohnung für euch noch immer etwas dunkel bleibt. Da es soviel Gewinn bringt, wenn man dorthin gelangt, wäre es nicht gut, wenn ich den Eindruck erweckte, als bestünde für die, denen der Herr nicht solch übernatürliche Dinge zuteil werden läßt, keine Hoffnung; denn die wahre Vereinigung kann man – mit Gottes Gunst – sehr wohl erlangen, wenn wir mit Eifer danach streben, auf unseren eigenen Willen verzichten und uns nur an das halten, was Gottes Wille ist. Oh, wie viele gibt es unter uns – ich habe es wohl schon einmal ausgesprochen –, die dies sagen und meinen, sie wollten nichts anderes und wären bereit, für diese Wahrheit zu sterben! Denn ich sage euch und werde es euch noch oft sagen: Wäre dies so, dann hättet ihr diese Gnade des Herrn bereits erlangt, und es würde euch nicht bekümmern, ob ihr jene andere herrliche Vereinigung erfahret oder nicht; denn das Wertvollste an jener ist, daß sie eben aus der Verbindung erwächst, von der ich gerade spreche, und daß man jene nicht erreichen kann, wenn diese Vereinigung (die darin besteht, daß unser Wollen sich dem Willen Gottes ergibt) noch nicht fest und sicher ist. Oh, wie begehrenswert ist diese Vereinigung! Glücklich die Seele, die sie erlangt hat; denn sie wird schon in diesem Leben voll Ruhe sein und im anderen auch. Kein irdisches Ereignis wird sie bedrücken, es sei denn, sie sähe sich in der Gefahr, Gott zu verlieren, oder sie erblickte, wie er beleidigt wird. Weder Krankheit noch Tod bekümmern sie, außer wenn ein Mensch dahingeht, der in der Kirche Gottes eine Lücke hinterläßt. Denn diese Seele sieht wohl, daß Er besser weiß, was Er tut, als sie weiß, was sie sich wünscht.

Ihr werdet sicher merken, daß dabei verschiedenerlei schmerzliche Empfindungen auftauchen. Die einen entspringen – genau wie die Freuden – jählings unserer Natur, die anderen erwachsen aus der mitleidenden Liebe zu den Nächsten – wie sie unser Herr empfand, als er den Lazarus erweckte. Doch diese Kümmernisse rauben uns nicht die Einigkeit mit dem Willen Gottes und verwirren die Seele auch nicht mit einer unruhigen, leidenschaftlichen Erregung, die lange anhält. Sie gehen schnell vorüber, denn sie dringen allem Anschein nach – wie ich dies schon von manchen Wonnen beim Gebet sagte – nicht bis in die Tiefe der Seele, sondern nur bis zu den Sinnen und Seelenkräften. Sie erscheinen nur in den Wohnungen, die wir bereits durchschritten haben, nicht aber in der, von welcher zuletzt die Rede sein muß. Hierfür ist nämlich das nötig, was von der Aufhebung der Seelenkräfte gesagt worden ist, obgleich der Herr die Macht hat, die Seelen auf vielerlei Wegen zu bereichern und in diese Wohnungen zu führen, nicht nur auf dem Abkürzungspfad, von dem wir sprachen.

Beachtet aber wohl, Töchter, daß die Raupe notwendigerweise sterben muß. Und das wird euch hier härter ankommen; denn dort fällt das Sterben viel leichter, weil die Seele sich bereits in einem völlig neuen Leben sieht. Hier jedoch ist es nötig, daß wir, solange wir noch mitten in diesem Leben sind, sie in uns töten. Ich gestehe euch, daß dies sehr viel beschwerlicher ist, doch ist es der Mühe wert, und der Lohn wird darum um so größer sein, wenn ihr siegreich daraus hervorgeht. Daß es aber möglich ist, daran ist nicht zu zweifeln, falls die Vereinigung mit dem Willen Gottes wirklich echt ist. Diese Einigkeit habe ich mein Leben lang ersehnt, und um sie bitte ich ständig unseren Herrn. Sie ist die klarste und sicherste.

Aber ach, wie wenige von uns werden sie erlangen, obwohl man meint, es sei alles getan, wenn man sich davor hütet, Gott zu beleidigen, und sich einem kirchlichen Leben weiht! Oh, es ist einiges Gewürm geblieben, das man erst bemerkt, wenn es – gleich jenem Wurm, der den Efeu des Jonas zernagte – die Tugenden angefressen hat durch Eigenliebe, Eigendünkel, Richten über die Nächsten (sei es auch nur in Kleinigkeiten), durch Mangel an Liebe zum anderen, den wir nicht so gern haben wie uns selbst. Wenn wir auch mühsam und schleppend der Pflicht nachkommen, nicht zu sündigen, so gelangen wir damit noch lange nicht so weit, daß wir völlig mit dem Willen Gottes vereint sein können.

Doch was, meine Töchter, wird wohl sein Wille sein? Daß wir vollkommen seien, um eins zu sein mit ihm und dem Vater – wie Seine Majestät es erbeten hat. Schaut, wieviel uns noch fehlt, um dahin zu gelangen. Ich sage euch, daß ich dies in tiefer Betrübnis schreibe, weil ich mich so weit davon entfernt sehe, und zwar nur durch meine eigene Schuld. Denn der Herr muß uns dazu keine großen Geschenke gewähren; es genügt, was er uns geschenkt hat, als er uns seinen Sohn gab, damit er uns den Weg weise. Denket nicht, es käme darauf an, daß ich, wenn mein Vater oder mein Bruder stirbt, so sehr mit Gottes Willen übereinstimme, daß ich dabei keinen Schmerz empfinde, und wenn Not und Krankheit über mich kommen, ich sie mit Freude erdulde. Gelingt uns das, so ist es gut, und zuweilen beruht es auf Klugheit; denn wir können nichts weiter tun und machen so aus der Not eine Tugend. Wie viele Beispiele solcher Haltung bieten uns die Philosophen; und erwiesen sie es nicht in genau dem gleichen Fall, so doch bei anderen Anlässen, die viel Weisheit erfordern. Hier aber verlangt der Herr nur zwei Dinge von uns: Liebe zu Seiner Majestät und zum Nächsten. Darum haben wir zu ringen. Bewahren wir sie ohne Fehl, so tun wir seinen Willen und sind dadurch eins mit ihm. Doch wie weit sind wir – wie gesagt – davon entfernt, dieses zweifache Gebot so zu halten, wie wir es einem solch großen Gotte schuldig sind! Möge es Seiner Majestät gefallen, uns die Gnade zu verleihen, daß wir es verdienen, auf diese Stufe zu gelangen. Wir haben es in der Hand, wenn wir wollen.

Das sicherste Merkmal dafür, daß wir diese zwei Gebote halten, ist meines Erachtens die treue Wahrung der Liebe zum Nächsten. Denn ob wir Gott lieben, kann man nicht wissen (obwohl es deutliche Anzeichen gibt, die es erkennen lassen); aber ob wir unseren Nächsten lieben, das merkt man. Und ihr dürft mir glauben: Je mehr ihr hierin Fortschritte macht, um so tiefer ist eure Liebe zu Gott; denn Seine Majestät liebt uns so sehr, daß er als Lohn für die Liebe, die wir dem Nächsten entgegenbringen, unsere Liebe zu Seiner Majestät tausendfältig wachsen läßt. Daran kann ich nicht zweifeln.

Es ist sehr wichtig, mit großer Aufmerksamkeit darauf zu achten, wie wir uns in dieser Hinsicht verhalten. Wenn wir es hierin zur Vollkommenheit bringen, so ist alles gewonnen. Ich glaube nämlich, daß unsere Liebe zum Nächsten, weil wir von Natur aus böse sind, sich nie zur Vollkommenheit entwickeln kann, wenn sie nicht aus der Wurzel unserer Liebe zu Gott erwächst. Da dies für uns so bedeutsam ist, so wollen wir danach trachten, daß wir uns selbst in den kleinsten Dingen verstehen und uns nichts aus den großartigen Taten machen, wie sie beim Gebet uns reichlich vorschweben, Taten, die wir für unsere Nächsten oder zum Heil einer einzigen Seele künftig zu vollbringen wähnen. Denn folgen darauf nicht die entsprechenden Werke, so besteht auch kein Anlaß zu glauben, daß wir sie verwirklichen. Dasselbe rate ich euch im Blick auf die Demut und alle anderen Tugenden. Groß ist die List und Tücke des Satans, der tausendmal die Hölle in Bewegung setzt, um uns glauben zu machen, wir hätten eine Tugend, die wir in Wirklichkeit nicht besitzen. Und er tut es mit gutem Grund; denn er richtet damit viel Schaden an, weil diese eingebildeten Tugenden – ihrer Herkunft entsprechend – stets von Ehrsucht begleitet sind, während die anderen, die Gott schenkt, frei sind von Dünkel und Hochmut.

Manchmal muß ich lächeln, wenn ich Seelen sehe, die beim Gebet den Wunsch in sich zu fühlen glauben, Gott zuliebe Erniedrigungen und öffentliche Anfeindungen zu erleiden, und die danach einen kleinen Fehler, den sie begangen haben oder den man ihnen nur anhängt, am liebsten verdecken würden, wenn sie es könnten. Gott bewahre uns! Wer das nicht ertragen kann, der hüte sich davor, den Entschlüssen, die er bei sich gefaßt zu haben scheint, irgendein Gewicht beizumessen; denn in Wirklichkeit waren dies keine Entschlüsse des Willens – handelt es sich tatsächlich um solche, so ist es etwas anderes –, sondern eine Ausgeburt der Einbildung. In der Phantasie vollführt nämlich der Satan seine Gaukeleien und trügerischen Kniffe, und uns Frauen oder dem unwissenden Volk kann er da allerlei vormachen, weil wir die Seelenkräfte und die Einbildungskraft nicht recht zu unterscheiden wissen und uns in tausenderlei anderen inneren Erscheinungen nicht auskennen. Oh, Schwestern, klar und deutlich ist es zu sehen, in wem von euch die Nächstenliebe in Wahrheit lebt und wo sie noch nicht so vollkommen ist! Wenn ihr verstündet, wie wichtig diese Tugend ist, so würdet ihr nichts anderem mehr nacheifern.

Wenn ich Seelen erblicke, die sich emsig bemühen, das Gebet zu erfassen, und mit niedergeschlagenen Augen und fest verschlossenem Gesicht darin verharren (so daß es scheint, als wagten sie nicht, sich zu rühren oder ihre Gedanken in Bewegung geraten zu lassen, damit ihnen ja kein bißchen Wonne und Andacht entgehe), so zeigt mir das, wie wenig sie von dem Weg wissen, auf dem man zur Vereinigung gelangt. Sie glauben, hierin bestehe die ganze Arbeit, die von ihnen erwartet wird. Nein, Schwestern, nein! Werke will der Herr! Und wenn du eine Kranke siehst, der du eine Linderung verschaffen kannst, sollst du dir nichts daraus machen, daß es dich deine Andacht kostet, sondern dich ihrer erbarmen. Hat sie einen Schmerz, so fühle du ihn, und wenn nötig, so verzichte auf die Speise, damit sie essen kann – nicht so sehr um ihretwillen, als weil du weißt, daß dies dein Herr von dir verlangt. Dies ist die wahre Vereinigung mit seinem Willen. Und wenn du hörst, daß jemand sehr gelobt wird, so freue dich darüber viel mehr, als wenn man dich lobte. Das ist wahrlich nicht schwer; denn wer Demut besitzt, dem wird es eher peinlich sein, wenn man ihm ein Lob spendet. Aber diese Freude über die Anerkennung, welche die Tugenden der Schwestern finden, ist etwas Großes, und ebenso die Fähigkeit, einen Fehler, den wir an irgend jemand gewahren, wie eine eigene Schwäche zu empfinden und ihn zu bedecken.

Hierüber habe ich an anderer Stelle viel gesagt, weil ich sehe, Schwestern, daß wir verloren sind, wenn wir hierin versagen. Möge es dem Herrn gefallen, daß dies nie geschehe. Sind wir aber zu dieser Haltung der Nächstenliebe fähig, so läßt euch der Herr gewiß – das sage ich euch – die Vereinigung zuteil werden, von der wir gesprochen haben. Wenn ihr jedoch in dieser Hinsicht noch Mängel an euch seht, glaubt es mir, dann seid ihr, auch wenn ihr Andacht empfindet und darin Annehmlichkeiten fühlt (so daß ihr meint, ihr hättet es erreicht) oder gar eine kleine Aufhebung im Gebet der Ruhe erlebt (so daß manche glauben, es sei geschafft) – glaubt mir, dann seid ihr noch nicht zu dieser Vereinigung gelangt, und bittet unseren Herrn, daß er euch die Vollkommenheit dieser Liebe zum Nächsten schenken möge. Und laßt Seine Majestät machen; denn er wird euch mehr schenken, als ihr euch wünschen könnt, wenn ihr euch mit allen Kräften hierum bemüht und euren Willen zwingt, völlig zum Willen eurer Schwestern zu werden, auch wenn ihr dabei etwas von eurem Recht verliert und euer eigenes Wohl dem der anderen zuliebe vergeßt. Und trachtet danach – auch wenn eure Natur dem noch so heftig widerstrebt –, dem Nächsten die Mühsal abzunehmen und sie euch selber aufzuladen, sooft sich eine Gelegenheit dazu bietet. Denkt nicht, daß ihr es umsonst bekommt und es euch fertig in den Schoß fällt. Schaut, was unseren Bräutigam die Liebe zu uns gekostet hat. Um uns vom Tode zu befreien, starb er den qualvollen Tod am Kreuz.

VIERTES KAPITEL

Ich glaube, ihr werdet begierig sein, zu sehen, was aus dem kleinen Falter wird und wo er sich niederläßt; denn wir haben ja erkannt, daß er weder in geistlichen Wonnen noch in irdischen Freuden ausruht. Höher hinauf führt sein Flug, und ich kann euch diese Begierde nicht befriedigen, bevor wir nicht zur letzten Wohnung gelangen. Wolle Gott, daß ich mich daran erinnere und Gelegenheit finde, davon zu schreiben. Denn es sind schon fast fünf Monate vergangen, seitdem ich hiermit begonnen habe, und mein Kopf ist nicht in dem Zustand, daß ich es nochmals durchlesen könnte, so daß wohl alles recht verworren ist und das eine oder andere vielleicht doppelt gesagt wurde. Da es für meine Schwestern ist, macht es wenig aus.

Ich will euch noch eingehender erklären, was nach meiner Ansicht dieses Gebet der Vereinigung ist. Meiner Geistesart entsprechend werde ich mich dazu eines Gleichnisses bedienen. Später werden wir mehr von diesem kleinen Falter reden, der nicht rastet (obwohl er unablässig wirkt für die Frucht, indem er sich selbst und anderen Seelen Gutes tut), weil er nicht zu seiner wahren Ruhe findet.

Ihr habt sicherlich schon oft gehört, daß Gott sich mit den Seelen geistlich verlobt. Gepriesen sei sein Erbarmen, das sich so tief erniedrigen will. Und mag dieser Vergleich auch plump sein – ich finde keinen anderen, der das, was ich ausdrücken möchte, verständlicher machen könnte als das Sakrament der Ehe. Ist auch die Art der Verbindung anders (da es bei dem, wovon wir reden, nichts gibt, was nicht geistig wäre; das Körperliche ist sehr fern, und die geistigen Freuden, die der Herr gibt, sind tausend Meilen von den Wonnen entfernt, welche diejenigen wohl haben, die sich verloben), so ist es doch ganz gegenseitige Liebe, und ihre Wirkungen sind überaus rein und so zart und fein, daß es mit Worten nicht zu sagen ist. Doch der Herr vermag es, sie recht deutlich fühlen zu lassen.

Es scheint mir, daß die Vereinigung, die in dieser Wohnung sich vollzieht, noch nicht zur geistlichen Verlobung wird. Es geht hier vielmehr, wie bei irdischen Verhältnissen, wenn zwei heiraten sollen, zunächst darum, ob sie zueinander passen und daß beide die Verlobung wollen. Sie besuchen sich, um immer größeres Gefallen aneinander zu finden. So ist es auch hier – vorausgesetzt, daß die Übereinstimmung bereits zustande gekommen ist und die Seele sich sehr genau darüber im klaren befindet, welches Glück dies für sie bedeutet, sowie, daß sie entschlossen ist, in allem den Willen ihres Bräutigams zu tun, auf jede nur erdenkliche Weise, die ihm Freude macht. Die göttliche Majestät, die es wohl erkennt, wenn dies der Entschluß der Seele ist, begegnet ihr in derselben Weise. Und darum wünscht der Herr in seiner Barmherzigkeit, daß die Seele ihn noch mehr erkenne, daß sie – wie man so sagt – Auge in Auge einander begegnen, und vereint sich mit ihr. Wir können sagen, daß dies so ist, weil es nur sehr kurze Zeit währt. Hier gibt es kein anderes Geben und Nehmen als dies, daß die Seele auf eine geheimnisvolle Weise sieht, wer dieser Bräutigam ist, den sie nehmen soll. Denn mit ihren Sinnen und Geisteskräften könnte sie in tausend Jahren nicht begreifen, was sie hier in kürzester Zeit erfaßt. Das Wesen dieses Bräutigams aber macht es, daß allein dieser Anblick sie dessen würdiger werden läßt, daß sie sich gleichsam die Hände reichen. Denn die Seele wird so von Liebe erfaßt, daß sie von sich aus tut, was sie kann, damit diese göttliche Verlobung nicht entzweigehe. Doch wenn die Seele achtlos wird und ihre Zuneigung auf etwas anderes richtet, so geht ihr alles verloren. Und die Schwere dieses Verlustes ist so gewaltig wie es die Größe der Gnaden ist, die Er erweist und die weit über unser Lob erhaben sind.

Darum, ihr christlichen Seelen, die der Herr bis hierher geführt hat, bitte ich euch um seinetwillen, daß ihr nicht müde werdet in eurer Wachsamkeit, sondern euch fernhaltet von den Gelegenheiten zur Sünde; denn selbst in diesem Stande ist die Seele noch nicht so erstarkt, daß sie sich ihnen aussetzen könnte, wie sie es vermag, nachdem das Verlöbnis geschlossen ist. Dies geschieht in der Wohnung, von der wir anschließend reden. Denn die Verbindung bestand bisher sozusagen in nichts als einem Blick, und der Satan wird ständig darauf aus sein, die Seele anzufallen und die Verlobung zu hintertreiben. Später aber, wenn er sieht, wie die Seele dem Bräutigam ganz ergeben ist, wagt er nicht mehr soviel, da er sie fürchtet und aus Erfahrung weiß, daß er, wenn er sich darauf einließe, mit einer schweren Niederlage abziehen müßte, während sie mit Gewinn bestünde.

Ich sage euch, Töchter, daß ich manche gekannt habe, die sehr hoch standen, die bis zu dieser Stufe gelangt waren und die der Satan mit seiner großen List und Tücke wieder für sich zu gewinnen verstand. Er bietet dazu wohl die ganze Hölle auf, da ihm sonst – wie ich schon oft gesagt habe – nicht nur eine Seele, sondern eine ganze Menge verlorengeht. Er hat darin bereits Erfahrung. Bedenken wir, wie viele Seelen Gott mit Hilfe einer einzigen zu sich zieht, so müssen wir ihn rühmen und preisen ob der Tausende, welche durch die Märtyrer oder durch eine Jungfrau wie Sankt Ursula bekehrt worden sind, und ob all der anderen, die der Teufel durch den heiligen Dominikus, den heiligen Franziskus und andere Ordensstifter verloren hat und noch jetzt durch den Pater Ignatius, den Gründer der Gesellschaft Jesu, verliert! Sie alle haben offensichtlich – wie wir es ja auch lesen – ähnliche Gnaden von Gott empfangen. Was heißt das anderes, als daß sie sich darum bemühten, nicht durch eigene Schuld solch eine göttliche Verlobung zu verspielen? Oh, meine Töchter! Dieser Herr ist heute wie eh und je bereit, uns Gnaden zu erweisen, ja in gewissem Sinn ist er heute mehr darauf angewiesen, daß wir diese empfangen wollen, weil es – im Vergleich zu früher – nur noch wenige gibt, die sich um seine Ehre kümmern. Wir haben eine große Liebe zu uns selber und wachen mit scharfsinniger Klugheit darüber, daß wir nichts von unserem Recht einbüßen. Oh, was für ein schwerer Selbstbetrug! Der Herr erleuchte uns mit seiner Barmherzigkeit, daß wir nicht in solche Finsternis fallen.

Bei zwei Punkten werdet ihr mir vielleicht Fragen stellen oder Zweifel hegen. Erstens: Wie kann die Seele sich selbst betrügen, wenn sie so mit Gottes Willen übereinstimmt (wie gesagt worden ist), daß sie in nichts ihrer eigenen Neigung folgen will? Zweitens: Auf welchen Wegen kann dem Teufel ein so gefährlicher Einbruch gelingen, daß eure Seele noch da verlorengeht, wo sie so abgesondert ist von der Welt und so nahe den Sakramenten, ja, wir können sagen, in Gesellschaft von Engeln weilt? Denn durch die Güte des Herrn bringt keine der Seelen ein anderes Verlangen mit, als ihm in allen Stücken zu dienen und ihm zu gefallen. Daß jene, die mitten in den irdischen Gelegenheiten zur Sünde stehen, dem Satan zum Opfer fallen, ist ja nicht verwunderlich. Ich sage euch: Eure Fragen sind berechtigt; denn Gott hat uns viel Barmherzigkeit erwiesen. Doch wenn ich – wie gesagt – sehe, daß Judas zur Gemeinschaft der Jünger gehörte und ständig mit Gott selber umging und seine Worte hörte, so erkenne ich, daß dies keine Sicherheit bedeutet.

Auf die erste Frage antworte ich: Würde sich diese Seele stets fest an Gottes Willen halten, so könnte sie auch nicht verlorengehen, das ist klar. Doch der Satan schleicht sich arglistig an sie heran, verleitet sie unterm Deckmantel der Rechtschaffenheit dazu, in Kleinigkeiten davon ein bißchen abzuweichen und sich in Dinge einzulassen, die er ihr als harmlos vorstellt, umnebelt ihr allmählich den Verstand, lullt ihren Willen ein und läßt die Eigenliebe in ihr aufkeimen, bis sie mehr und mehr sich von Gottes Willen entfernt und sich dem seinen nähert. Damit ist auch bereits die Antwort auf die zweite Frage gegeben; denn es gibt keine noch so dichte Klausur, in die er nicht einzudringen vermöchte, und keine noch so abgelegene Wüste, wo er nicht hinkäme. Und überdies möchte ich euch sagen: Vielleicht erlaubt ihm das der Herr, um zu sehen, wie sich die Seele verhält, welche er zum Licht für andere machen will; denn wenn sie in Verderbnis gerät, so ist es besser, dies geschieht am Anfang, als dann, wenn sie vielen zum Unheil wird.

Was mir am meisten Sicherheit zu bieten scheint (außer der ständigen Bitte an Gott im Gebet, er möge uns an seiner Hand halten, und der stets gegenwärtigen Vorstellung, wie wir, wenn er uns ließe, in den Abgrund stürzten – was auch wirklich geschähe –, sowie dem immer wachen Mißtrauen gegen uns selber; denn alles andere wäre Torheit), das ist die Bemühung, uns mit besonderer Vorsicht und Besonnenheit zu bewegen, stets darauf achtend, wie wir den Weg der Tugend gehen: ob wir ein Stückchen vorankommen oder Rückschritte machen (vor allem in der Liebe, die wir füreinander empfinden). Wir müssen darüber wachen, daß es unser Wunsch ist, für die Geringste gehalten zu werden; auch dürfen wir unser Verhalten bei alltäglichen Dingen nicht aus den Augen lassen. Schauen wir darauf und bitten wir den Herrn, daß er uns erleuchte, so werden wir sehen, was uns Gewinn bringt und was Verlust. Ihr dürft nicht denken, Gott würde eine Seele, die er bis hierher geführt hat, so schnell von seiner Hand lassen, daß es den Satan keine große Mühe kostet. Es ist Seiner Majestät so leid um jede, die Er verliert, daß Er ihr vorher tausendfach die verschiedensten Warnungen innerlich zukommen läßt, damit ihr das Unheil nicht verborgen bleiben kann.

Zum Schluß sei darum gesagt: Laßt uns immer danach streben, daß wir vorankommen. Geschieht das nicht, so muß uns große Furcht erfüllen; denn sicher will uns dann der Satan irgendwie übertölpeln. Nachdem wir so weit gekommen sind, ist es unmöglich, daß wir in unserem Wachstum stehenbleiben; denn die Liebe ist nie müßig. Es wäre also ein recht schlimmes Zeichen. Eine Seele, die danach getrachtet hat, die Braut von keinem Geringeren als Gott selber zu werden, die schon mit ihm Umgang hatte und bis zu jener Höhe emporgestiegen ist, von der wir sprachen, darf sich nicht hinlegen und schlafen. Und damit ihr seht, Töchter, was er mit denen tut, die ihm schon verlobt sind, wollen wir beginnen, von der sechsten Wohnung zu reden. Ihr werdet dabei erkennen, wie wenig all das Dienen und Leiden und Wirken ist, dem wir uns hingeben können, um uns auf solch große Gnaden vorzubereiten. Vielleicht hat Gott es angeordnet, daß mir befohlen wurde, dies zu schreiben, damit wir, die Augen auf den Preis gerichtet und die Unermeßlichkeit seines Erbarmens schauend (daß er sich mit Gewürm verbinden und ihm sich offenbaren will!), unsere kleinen irdischen Freuden vergessen und, zu seiner Größe emporblickend, ihm entgegeneilen, entflammt von seiner Liebe.

Möge es ihm gefallen, daß es mir gelingt, solch schwierige Dinge ein wenig zu erklären. Denn wenn Seine Majestät und der Heilige Geist nicht die Feder führen, so ist es unmöglich, das weiß ich gewiß. Sollte es aber nicht zu eurem Nutzen sein, so flehe ich den Herrn an, daß es mir verwehrt sei, irgend etwas zu sagen; denn er weiß es, daß ich dabei keinen anderen Wunsch hege – soweit ich mich selber kenne –, als daß sein Name gelobt werde und daß wir uns Mühe geben, einem solchen Herrn zu dienen, der schon hier auf der Erde uns so reich belohnt, daß wir daraus erahnen können, was er uns im Himmel schenken wird, fern von den Drohungen, Leiden und Gefahren, die es hier auf diesem Meer der Stürme gibt. Wären wir nicht von der Gefahr bedroht, ihn zu verlieren und ihn zu beleidigen, so wäre es nur schön, wenn wir weiterleben würden bis zum Ende der Welt, um für einen so großen Gott und Herrn und Bräutigam zu arbeiten. Möge es Seiner Majestät gefallen, daß wir es verdienen, ihm einen Dienst erweisen zu können, ohne die vielen Mängel, die uns immer anhaften, selbst bei den guten Werken. Amen.

Die sechste Wohnung

ERSTES KAPITEL

Beginnen wir denn mit Hilfe des Heiligen Geistes von der sechsten Wohnung zu sprechen, wo die Seele schon verwundet ist von der Liebe des Bräutigams, wo sie noch mehr nach Einsamkeit strebt und – je nach ihrem Stande – sich möglichst all dessen zu entledigen sucht, was ihr diese Einsamkeit stören könnte. Der Anblick, den sie erhalten hat, ist der Seele so eingemeißelt, daß es ihr ganzes Begehren ist, ihn erneut genießen zu können.

Ich habe schon gesagt, daß man in diesem Gebet nichts derart sieht, daß man es ein Sehen der Augen oder der Phantasie nennen könnte. »Anblick« sage ich im Sinn des Vergleiches, den ich gebraucht habe. Die Seele ist bereits fest entschlossen, keinen anderen Gemahl zu nehmen. Doch der Bräutigam achtet nicht auf ihr brennendes Verlangen, schon jetzt die Hochzeit zu halten; denn er will, daß sie es noch mehr ersehne und daß es sie etwas koste, weil es das höchste aller Güter ist. Und obwohl alles, was sie dafür auf sich nehmen muß, gering ist im Vergleich zu einem solch herrlichen, unermeßlichen Gewinn, sage ich euch, Töchter, daß sie es nicht aushalten könnte, wenn sie nicht schon ein Pfand und einen Beweis dafür hätte. Oh, mein Gott, wieviel innere und äußere Mühsal muß sie erleiden, bevor sie in die siebte Wohnung eintritt!

Wahrlich, manchmal, wenn ich darüber nachdenke, fürchte ich, daß unsere schwache Natur, wenn man dies vorher wüßte, wohl kaum je sich zu dem Entschluß aufraffen würde, alles auf sich zu nehmen und willig zu erdulden, trotz noch so herrlicher Güter, die einem dafür in Aussicht gestellt werden – es sei denn, die Seele wäre schon in die siebte Wohnung gelangt. Denn dort ist man der Angst enthoben, daß die Seele nicht bereit sein könnte, sich rückhaltlos hinzuwerfen und es Gott zuliebe zu erleiden. Der Grund dafür ist, daß sie fast immer in der unmittelbaren Nähe Seiner Majestät weilt. Daher stammt ihre Kraft.

Ich glaube, es wird jedoch gut sein, wenn ich euch einige der Leiden nenne, von denen ich weiß, daß sie einem hier mit Sicherheit begegnen. Vielleicht werden nicht alle Seelen diesen Weg geführt; obwohl ich es sehr bezweifle, daß Seelen, die zuweilen so wirklich und wahrhaftig himmlische Dinge genießen, frei von jeglichem irdischen Leiden leben.

Obgleich es nicht meine Absicht war, hierüber zu reden, habe ich doch gedacht, daß es für eine Seele, die davon bedrückt wird, ein großer Trost sein müßte, wenn sie erfährt, was in denen vorgeht, welchen Gott ähnliche Gnaden erweist; denn es kommt einem da wirklich so vor, als wäre alles verloren. Ich werde diese Leiden aber nicht in der Reihenfolge anführen, wie sie einem begegnen, sondern wie sie mir gerade ins Gedächtnis kommen, und möchte mit den kleinsten beginnen. Zu diesen gehört ein Tratsch unter den Leuten, mit denen man zu tun hat, und auch unter solchen, die einem völlig fernstehen und von denen man nie vermutet hätte, sie könnten sich überhaupt an uns erinnern. Da heißt es dann: »Sie macht sich zur Heiligen; sie gibt sich überspannt, um die Leute zu täuschen und die anderen schlechtzumachen, die bessere Christen sind als sie, ohne solch ein feierliches Gehabe zur Schau zu stellen.« Dabei tut die Seele, von der die Rede ist, wohlgemerkt, nichts anderes, als daß sie sich darum bemüht, ihren Stand gewissenhaft zu wahren. Die einst ihre Freunde waren, trennen sich von ihr; und eben diese sind es, die ihr am ärgsten zusetzen. Von ihnen schmerzt es am meisten. Sie sagen: »Diese Seele ist verloren, sie ist offensichtlich irregeleitet; diese Dinge stammen vom Satan; es ergeht ihr bestimmt wie der und jener Seele, die zugrunde gegangen ist; sie ist daran schuld, daß die Tugend abnimmt, denn sie täuscht die Beichtväter.« Und dann gehen sie zu diesen, erzählen ihnen das gleiche und verweisen dabei auf Beispiele, wie es einigen ergangen sei, die auf diese Weise in ihr Verderben gelaufen seien. So wird tausenderlei Hohn und Tratsch verbreitet.

Ich weiß von einer Person, die ernstlich fürchtete, sie könnte niemanden finden, der – nach den Gerüchten, die umliefen – noch bereit wäre, ihr die Beichte abzunehmen. So viel wird da geredet, daß es keinen Sinn hat, sich weiter damit aufzuhalten. Und das Schlimme daran ist, daß diese Gerüchte nicht kommen und rasch wieder verschwinden, sondern sich das ganze Leben lang halten. Und eine warnt die andere, man möge sich davor hüten, mit derartigen Personen umzugehen.

Ihr werdet mir antworten, daß es auch solche gibt, die Gutes reden. O Töchter, wie wenige sind es, die daran glauben als an etwas Gutes, verglichen mit denen, die es schmähen! Und außerdem sind solche gutgemeinten Äußerungen eine weitere Pein, die noch schlimmer ist als die üble Nachrede; denn da die Seele klar erkennt, daß es ihr von Gott geschenkt ist, wenn etwas Gutes an ihr ist, und daß es keinesfalls von woanders kommen kann, weil sie sich kurz zuvor noch ganz verderbt in schweren Sünden befand. Darum ist ihr solch ein Lob eine unerträgliche Qual, zumindest am Anfang; später mindert sie sich aus verschiedenen Gründen. Erstens: Weil die Erfahrung ihr deutlich zu erkennen gibt, daß eine gute Nachrede so schnell entsteht wie eine üble, macht sie sich aus der einen nicht mehr als aus der anderen. Zweitens: Weil der Herr sie noch klarer gewahren läßt, daß nichts, was an ihr gut ist, ihr Eigentum darstellt, sondern ein Geschenk ist von Gott, vergißt sie, daß sie selber irgendwie daran beteiligt ist, und lobt Gott von neuem, als sähe sie das Gute an einer fremden Person. Drittens: Weil sie erlebt hat, daß der Anblick der Gnaden, welche Gott ihr erweist, einigen Menschen zum Nutzen geworden ist, denkt sie, Seine Majestät habe dieses Mittel – daß man sie für gut hält, wo sie es doch nicht ist – dazu gewählt, daß es anderen zum Heil gereiche. Viertens: Weil sie die Ehre Gottes mehr im Auge hat als den eigenen Ruhm, wird sie frei von der Anfechtung, die anfänglich mit der Furcht sie überkam, diese Lobsprüche würden sie ins Verderben stürzen, wie sie es bei einigen anderen gesehen hat. Und darum macht es ihr auch wenig aus, wenn man ihr die Ehre versagt, falls dafür ihre Person dann als Anlaß dient, daß Gott gepriesen wird, sei es auch nur ein einziges Mal. Möge daraus werden, was da will.

Diese und andere Überlegungen lindern die große Pein, welche solche Lobesworte über die eigene Person der Seele bereiten. Sie wird allerdings fast nie ganz frei von solch schmerzlichen Empfindungen, es sei denn, daß sie überhaupt nicht beachtet wird. Aber in der Öffentlichkeit so ohne jede Berechtigung als gut zu gelten bedrückt einen unvergleichlich mehr als alles Gerede. Wenn die Seele jedoch einmal so weit gekommen ist, daß sie solchen Lobsprüchen keine große Bedeutung mehr beimißt, so wird ihr das Geläster noch viel weniger gewichtig erscheinen, eher vergnügt es sie und klingt ihr wie eine sanfte Musik in den Ohren. Das ist eine wichtige Wahrheit. Es stärkt die Seele mehr, als daß es sie schwächt; denn die Erfahrung hat sie bereits gelehrt, welch großen Gewinn sie auf diesem Wege erhält, und sie ist nicht der Meinung, daß ihre Verfolger Gott beleidigen, sondern glaubt vielmehr, daß Seine Majestät ihnen die Erlaubnis zu ihrem Tun gegeben hat, damit sie dadurch einen großen Gewinn erlange. Und da sie dies mit aller Deutlichkeit fühlt, hegt sie für ihre Verleumder eine besonders innige Liebe; denn es scheint ihr, diese Menschen seien ihr die besseren Freunde und brächten ihr mehr Gewinn als die anderen, die gut von ihr reden.

Auch legt der Herr einem oft schwere Krankheiten auf. Das ist ein viel größeres Leiden, vor allem wenn starke

Schmerzen damit verbunden sind. Sind sie heftig, so ist dies meines Erachtens das Schlimmste, was einen auf Erden treffen kann (äußerlich, meine ich), so viel einem hier auch zustoßen mag – falls die Schmerzen wirklich entsetzlich sind. Denn das Innere und Äußere wird dadurch zerrüttet, und die Seele wird davon so bedrückt, daß sie nicht mehr aus noch ein weiß und viel lieber jede Art von Martyrium, die schnell zum Tode führt, auf sich nehmen würde als diese Schmerzen. Der äußerste Grad an Heftigkeit hält zwar nicht lange an (denn Gott legt uns schließlich nicht mehr auf, als wir ertragen können, und Seine Majestät schenkt uns zuerst die Geduld dazu), doch andere schwere Qualen und Krankheiten vielerlei Art begleiten uns oft Tag für Tag.

Ich kenne eine Person, die seit der Zeit, wo der Herr ihr die Gnade, von der wir gesprochen haben, zu erweisen begann – was vor vierzig Jahren geschah –, wirklich nicht mehr sagen kann, daß sie auch nur einen Tag ohne Schmerzen oder sonstige Leiden verlebt habe. Ich meine Mängel der körperlichen Gesundheit, ohne auf andere schwere Bedrängnisse anzuspielen. Es trifft freilich zu, daß diese Seele sehr verderbt gewesen war; und im Vergleich zur Hölle, die sie verdient hätte, erscheint ihr das alles unbedeutend. Andere, die unseren Herrn nicht so beleidigt haben, wird er einen anderen Weg führen. Ich würde jedoch immer den des Leidens wählen, schon um es unserem Herrn Jesus Christus nachzutun, wäre auch sonst kein besonderer Gewinn damit verbunden, der doch immer reichlich auf ihm zu finden ist.

Oh, wenn wir von den innerlichen Leiden reden, müssen – falls es gelingt, sie auszudrücken – die anderen unwesentlich erscheinen. Ihre Erscheinungsweisen zu erklären ist unmöglich. Beginnen wir mit der Qual, die es einer Seele bereitet, wenn sie auf einen Beichtvater stößt, der so zaghaft vorsichtig und so wenig erfahren ist, daß ihm überhaupt nichts als gewiß und sicher erscheint. Er fürchtet alles, setzt in alles seinen Zweifel, sobald er Dinge gewahrt, die nicht alltäglich sind; vor allem wenn er an der Seele, der sie widerfahren, irgendeine Unvollkommenheit entdeckt (denn solche Menschen meinen, es müßten Engel sein, denen Gott diese Gnaden erweist, und es könne einem so etwas unmöglich begegnen, solange man in diesem Leibe sei). Dann wird alles als Werk des Teufels oder der Melancholie verdammt. Und von der letzteren ist die Welt so voll, daß ich mich nicht darüber verwundere. So häufig tritt sie jetzt in Erscheinung, und der Teufel bewirkt durch sie so viele Übel, daß es sehr wohl berechtigt ist, wenn die Beichtväter sie fürchten und sehr genau auf sie achten. Doch die arme Seele, die von derselben Furcht erfüllt ist und zum Beichtvater wie zu einem Richter geht, wird durch seine Verdammung in eine solch große Qual und Verwirrung gestürzt, daß nur der, welcher es selbst erlebt hat, verstehen wird, wie schrecklich sie leidet.

Eine andere schwere Bedrängnis, von der diese Seelen gequält werden, vor allem wenn sie böse waren, ist nämlich der Gedanke, Gott könnte es wegen ihrer Sünden zulassen, daß sie getäuscht werden. Obwohl sie, solange Seine Majestät ihnen die Gnade erweist, ihrer Sache sicher sind und nicht glauben können, es sei ein anderer Geist am Werk als der Geist Gottes, so befällt sie doch später – weil die Gnadenerscheinung nicht lange währt, die Erinnerung an ihre Sünden sie aber nie verläßt und sie ständig Fehler an sich selber gewahren (denn an solchen mangelt es nie) – diese bohrende Qual. Ermutigt der Beichtvater die Seele, so legt sich ihre Angst, wenn sie auch bald von neuem erwacht. Doch wenn seine Hilfe darin besteht, daß er ihr noch mehr Furcht einflößt, so ist es unerträglich, vor allem wenn sie danach Zeiten der Dürre erlebt, so daß es nicht den Anschein hat, als habe sie sich irgendwann einmal an Gott erinnert oder als werde sie dies jemals tun, und daß es ihr vorkommt, als spreche man von einer Person, deren Namen sie von ferne einmal gehört habe, wenn sie vernimmt, daß von Seiner Majestät die Rede ist.

Das alles bedeutet nichts, falls nicht die weitere Qual hinzukommt, daß sie meint, sie könne sich den Beichtvätern nicht mitteilen und habe sie getäuscht. Mag sie noch soviel darüber nachdenken und feststellen, daß sie sogar jede erste Regung einer sündigen Anwandlung ihnen sagt, so hilft ihr das dennoch nicht, weil ihr Verstand so verdunkelt ist, daß er die Wahrheit nicht zu sehen vermag, sondern glaubt, was die Einbildung der Seele vorgaukelt. Denn nun hat diese die Herrschaft erlangt mit den Wahnbildern, die der Teufel der Seele vor Augen führen will. Ihm hat unser Herr wohl die Erlaubnis gegeben, die Seele zu prüfen, und ihm sogar gestattet, ihr den Gedanken einzuflößen, daß Gott sie verworfen habe. So vielerlei Anfechtungen sind es, die sie im Inneren mit solch unerträglicher Qual bedrängen, daß ich nicht weiß, mit wem sonst ich sie vergleichen könnte als mit denen, die in der Hölle schmachten. Denn keinerlei Tröstung wird in diesem rasenden Sturm gewährt. Will sie sich beim Beichtvater Trost holen, so scheint es, als seien die Teufel diesem zu Hilfe geeilt, damit er sie noch mehr martere. Einer Seele, die sich in diesem Sturm befand, gab ein Beichtvater, nachdem es vorüber war, einmal den Rat, sie möge es ihm mitteilen, wenn sie in diesen Zustand gerate (denn es erschien ihm bedrohlich, weil so viele Dinge gleichzeitig auf die Seele einstürmten). Doch es wurde nur schlimmer, so daß er schließlich zu der Einsicht kam, daß er nichts dagegen vermochte. Wollte die betroffene Person ein in ihrer Muttersprache geschriebenes Buch zur Hand nehmen, so geschah es ihr nämlich, daß sie – obwohl sie gut lesen konnte – nicht mehr davon verstand, als wenn sie die Buchstaben nie gelernt hätte; denn ihr Verstand hatte das Fassungsvermögen verloren.

Es bleibt einem in diesem Sturm nichts weiter übrig, als auf das Erbarmen Gottes zu warten, welches unversehens durch ein einziges Wort oder durch irgend etwas anderes alle Bedrängnis so rasch zerstreut, daß es scheint, als sei die Seele nie umwölkt gewesen. Von Sonne ist sie dann durchflutet und erfüllt von strahlenderem, reicherem Troste denn je zuvor. Und wie jemand, der siegreich aus einer gefahrvollen Schlacht hervorgegangen ist, lobt sie unseren Herrn; denn er ist es, der den Sieg errungen hat. Und die Seele weiß sehr genau, daß sie nicht gekämpft hat, weil sie alle Waffen, mit denen sie sich hätte verteidigen können, in den Händen ihres Gegners zu sehen glaubte. Darum erkennt sie klar ihre Armseligkeit und begreift, wie erbärmlich wenig wir von uns aus tun könnten, wenn der Herr uns im Stich ließe.

Um das zu verstehen, braucht sie – wie es scheint – keine Betrachtung mehr; denn die Erfahrung ihrer eigenen völligen Ohnmacht, die sie dabei machte, hat ihr unsere Nichtigkeit und Armseligkeit offenbart. Die Gnade – die dennoch sie nicht verlassen haben konnte, da sie trotz all diesem Sturm Gott nicht beleidigte noch um alles in der Welt beleidigt hätte – war so verborgen, daß sie meinte, sie könne nicht einmal einen winzigen Funken in sich gewahren, der ihr verriete, daß sie Gott liebe oder daß sie ihn überhaupt je geliebt habe. Hatte sie etwas Gutes getan oder hatte Gott ihr irgendeine Gnade erwiesen, so erschien ihr dies alles als Traumgebilde oder Vorspiegelung ihrer Phantasie. Von ihren Sünden dagegen wußte sie sicher, daß sie wirklich von ihr begangen worden waren.

O Jesus, welchen Anblick bietet eine Seele, die solch eine Verlassenheit erlebt! Und wie wenig nützt ihr – wie gesagt – aller irdische Trost! Darum, Schwestern, denkt nicht, wenn ihr euch einmal in dieser Lage befindet, die Reichen und all jene, die in Freiheit leben, hätten in solchen Fällen mehr Hilfsmittel zur Hand. Nein, gewiß nicht. Mir kommt dies vor, als böte man den Verdammten alle Genüsse der Erde dar, die ihnen doch keine Linderung verschaffen können, sondern eher ihre Qualen steigern. Dort wie hier muß die Hilfe von oben kommen, und irdische Dinge nützen uns nichts. Dieser große Gott will, daß wir ihn als den König erkennen und unser Elend begreifen. Das ist von großer Bedeutung für alles Weitere.

Was aber soll die arme Seele tun, wenn sie Tag für Tag sich in diesem Zustand befindet? Betet sie, so ist es, als bete sie nicht – das heißt: sie fühlt keinen Trost –; denn sie findet im Inneren kein Gehör. Sie versteht ja nicht einmal selber, was sie da betet, obwohl sie mit dem Munde betet, da es für das innerliche Gebet nun keineswegs die rechte Zeit ist. Ihre Seelenkräfte sind dazu nicht bereit. Die Einsamkeit kann ihr vielmehr äußerst schädlich werden. Es quält sie freilich andererseits auch, wenn sie nicht allein ist und man mit ihr redet. Deshalb geht sie, trotz aller Anstrengung, mit so verschlossener und verdrossener Miene umher, daß es einem anderen gleich in die Augen springt. Wie könnte sie sagen, was sie hat? Es ist unsagbar, denn es sind Bedrängnisse und Schmerzen im Geist, für die es keine Namen gibt. Das beste Mittel (nicht um davon befreit zu werden – denn so eines habe ich nicht gefunden –, sondern um es ertragen zu können) ist, sich guten praktischen Werken zu widmen und auf das Erbarmen Gottes zu warten, das keinem versagt bleibt, der auf ihn harrt. Er sei gepriesen in Ewigkeit, Amen.

Andere, äußere Leiden, die von den bösen Geistern verursacht werden, sind wohl nicht so häufig. Es ist daher nicht nötig, von ihnen zu reden. Sie sind auch meist nicht so peinigend; denn sosehr sie einem auch zusetzen, bringen sie es meines Erachtens doch nicht zuwege, daß sie die Seelenkräfte so sehr ihrer Fähigkeiten berauben oder die Seele so sehr verwirren, daß nicht am Ende doch noch genug Vernunft für den Gedanken da ist, daß ihre Macht nur so weit reicht, wie der Herr es zuläßt. Und solange diese Einsicht noch nicht verloren ist, ist alles unerheblich im Vergleich zu dem, was wir vorher nannten.

Von anderen inneren Leiden werden wir bei unserem Gang durch diese Wohnung sprechen, wenn wir von den Unterschieden im Gebet und bei den Gnaden des Herrn reden. Obwohl einige dieser Leiden noch härter und schmerzhafter sind als die vorigen – wie an ihrer Wirkung auf den Körper zu sehen ist –, verdienen sie dennoch nicht die Bezeichnung »Leiden«, und es ist ein Unrecht, wenn wir sie so nennen, da es große Gnaden des Herrn sind und die Seele mitten in der Heimsuchung begreift, daß sie dies sind und daß sie ein Geschenk darstellen, das weit, weit über das hinausgeht, was sie verdienen würde. Hier kommt schon die große Pein, die dem Eintritt in die siebente Wohnung vorausgeht und sich zusammen mit vielen anderen Leiden zeigt, von welchen ich nur einige nennen will; denn alle anzuführen oder gar ihre Eigenart zu beschreiben, wäre unmöglich. Sie sind von anderer, höherer Abkunft als die bisher genannten, und wenn ich schon von diesen, die doch von niedererem Stamme sind, nicht mehr erklären konnte als das, was ich gesagt habe, so werde ich es bei den anderen noch weniger können. Der Herr schenke mir zu allem seine Gunst, um der Verdienste seines Sohnes willen. Amen.

ZWEITES KAPITEL

Es scheint, als hätten wir den kleinen Falter weit hinter uns gelassen; doch es scheint nur so. Denn diese Leiden sind es, was ihn noch höher emporfliegen läßt. Reden wir denn davon, wie der Bräutigam sich zu der Seele verhält und wie er, bevor er sich ihr ganz zu eigen gibt, eine große Sehnsucht danach in ihr erweckt, auf so zarte Weise, daß die Seele es selber nicht versteht und ich nicht glaube, es so ausdrücken zu können, daß es jemand begreift, der es nicht erlebt hat. Denn es sind so zarte, feine Antriebe, die vom tiefsten Inneren der Seele ausgehen, daß ich keinen passenden Vergleich dafür nennen kann.

Es ist ganz anders als alles, was wir hier anstreben können, ja auch ganz anders als die Wonnen, von denen wir sprachen. Denn oftmals, wenn der Betreffende sich dessen gar nicht versieht und sich überhaupt nicht an Gott erinnert, erweckt ihn Seine Majestät wie durch den rasch vorüberhuschenden Lichtschweif eines Meteors oder einen Donnerschlag, obwohl kein Schall zu hören ist. Doch die Seele erfaßt genau, daß Gott sie gerufen hat, und so unzweifelhaft ist dieses Erkennen, daß sie zuweilen – vor allem am Anfang – davor erschauert und sogar jammert, ohne daß ihr etwas weh täte. Sie fühlt sich verwundet auf höchst wohltuende Weise, doch sie errät nicht, wie und durch was sie verwundet worden ist. Doch sie erkennt genau, daß dies etwas sehr Kostbares ist, und niemals wollte sie von jener Wunde geheilt sein. Mit Worten der Liebe klagt sie, sogar hörbar – denn sie kann nicht anders –, ihrem Bräutigam, weil sie weiß, daß er da ist, doch sich nicht so offenbaren will, daß sie sich an ihm erfreuen könnte. Das ist für sie eine heftige, aber dennoch angenehme und süße Qual. Und selbst wenn sie davon befreit sein wollte, könnte sie ihr nicht entrinnen. Doch niemals wollte sie dies. Es befriedigt sie noch viel mehr als die wonnevolle, schmerzlose Versunkenheit im Gebet der Ruhe.

Ich zerbreche mir den Kopf, Schwestern, um euch diese Wirkung der Liebe verständlich zu machen, und weiß nicht wie; denn es scheint sich zu widersprechen, wenn der Geliebte klar zu erkennen gibt, daß er bei der Seele ist, und doch zugleich sie anscheinend mit einem solch deutlichen, unverkennbaren Zeichen herbeiruft, sich ihr mit einem so durchdringenden Pfeifen kundgibt, daß sie es nicht überhören kann. Spricht der Bräutigam, der in der siebten Wohnung weilt, auf diese Weise – die keine geformte Rede ist –, so scheint es nämlich, als wagte alles Volk, das in den anderen Wohnungen ist, sich nicht zu rühren – weder die Sinne noch die Phantasie oder die Seelenkräfte. Oh, mein mächtiger Gott, wie groß sind Deine Geheimnisse und wie verschieden sind die Dinge des Geistes von allem, was auf Erden zu sehen und zu begreifen ist; denn mit nichts ist diese Gnade zu erklären, die doch so gering ist im Vergleich zu den großen Taten des Erbarmens, die Du in den Seelen bewirkst!

So gewaltig ist diese Wirkung, die er in der Seele hervorruft, daß diese sich vor Sehnsucht verzehrt und nicht weiß, um was sie bitten soll, weil es ihr klar erscheint, daß ihr Gott bei ihr ist. Ihr werdet mich fragen: »Ja, wenn sie dies merkt, was ersehnt sie dann und was bereitet ihr Pein? Was könnte sie sich Besseres wünschen?« Ich weiß es nicht. Ich weiß nur, daß diese Pein ihr tief ins Herz zu dringen scheint, so daß sie, wenn der, welcher sie verwundet hat, den Pfeil herauszieht, wirklich meint, er ziehe ihr Inneres mit heraus. So stark ist der Liebesschmerz, den sie empfindet.

Eben habe ich darüber nachgedacht, ob nicht vielleicht von diesem Feuer des glühenden Kohlenbeckens, das mein Gott ist, ein Funke heraussprang und in die Seele fiel, so daß sie jenes flammende Feuer in sich fühlte. Und da es nicht genug war, um sie zu verbrennen, und zugleich solche Wonne weckte, empfand sie jene Pein. Aus der Berührung mit jenem Feuer entsteht diese Wirkung. Das scheint mir der beste Vergleich zu sein, mit dem ich es auszudrükken vermag. Denn dieser lustvolle Schmerz – der kein Schmerz ist – dauert nicht in einem fort. Hält er auch zuweilen geraume Zeit an, so geht er doch sonst schnell vorbei, je nachdem, wie der Herr ihn mitteilen will. Es ist nämlich nichts, was auf irgendeinem menschlichen Weg sich beschaffen ließe. Aber selbst wo dieser Schmerz manchmal eine Weile anhält, verschwindet er bald und taucht bald wieder auf. Er ist also nie beständig vorhanden, und darum verzehrt er auch die Seele nicht bis auf den Grund. Kaum entzündet sie sich, so erstirbt der Funke, und die Seele sehnt sich danach, von neuem jenen Liebesschmerz, den er ihr verursacht, zu erleiden.

Hier braucht man sich nicht zu überlegen, ob es etwas sein könnte, das unserer eigenen Natur entstammt oder von der Melancholie hervorgerufen worden ist; ob es ein teuflischer Betrug oder die Vorspiegelung einer Laune ist. Denn es ist gut zu erkennen, daß die Bewegung von dort ausgeht, wo der Herr weilt, der unwandelbar ist. Und die Wirkungen sind nicht dieselben wie bei anderen Zuständen der Andacht, wo die tiefe Versunkenheit in der Wonne uns Zweifel erwecken kann. Hier schauen alle Sinne und Seelenkräfte, fern jeder Versunkenheit, was das sein kann, ohne – wie mir scheint – jene lustvolle Pein im geringsten zu stören und ohne sie steigern oder aufheben zu können. Wem unser Herr diese Gnade erweist, der wird es verstehen, wenn er dies liest. Und er danke Gott von ganzem Herzen dafür, daß er sich nicht darum ängstigen muß, ob es ein Trug ist. Er fürchte sich aber sehr davor, angesichts einer so großen Gnade undankbar zu sein, und strebe mit aller Kraft danach, Ihm zu dienen und sein ganzes Leben zu bessern, und er wird sehen, wohin er gelangt und wie er mehr und immer mehr empfängt. Eine Person, die diese Gnade erfuhr, verbrachte einige Jahre in diesem Zustand, doch war sie damit so sehr zufrieden, daß sie sich reich belohnt gefühlt hätte, auch wenn sie viele Jahre lang dem Herrn unter großen Leiden gedient hätte. Er sei gepriesen in alle Ewigkeit, Amen.

Vielleicht grübelt ihr nun darüber nach, inwiefern hier mehr Sicherheit herrsche als anderswo. Dafür sprechen meines Erachtens die folgenden Gründe. Erstens: Daß der Satan wohl nie einen solch lustvollen Schmerz wie diesen verursacht. Er kann zwar eine scheinbar geistige Annehmlichkeit und Lust verleihen, doch sie mit Pein zu verbinden, mit einer solch großen Pein, und der Seele dabei Ruhe und Wohlgefallen zu schenken – das ist nicht in seiner Macht. Denn seine Gewalt beschränkt sich auf das Äußere, und die Pein, die er verursacht, ist meines Erachtens niemals angenehm und friedvoll, sondern unruhig und voller Streit. – Als zweiter Grund spricht für diese Sicherheit, daß dieser wohltuende Sturm aus einem Bereich kommt, über den der Satan keine Herrschaft hat. Als dritter: Der große, vielfältige Nutzen, den dieses Erlebnis der Seele bringt. Dazu gehören für gewöhnlich auch der Entschluß, für Gott zu leiden, sowie der Wunsch, schwere Mühsal auf sich zu nehmen, und der sehr viel strengere Vorsatz, sich fernzuhalten von den Freuden und Vergnügungen der Welt.

Daß es sich hierbei um keine Einbildung handelt, ist völlig klar; denn selbst wenn man jene Empfindung ein andermal bewußt wieder in sich hervorrufen wollte, so gelänge einem dies nicht. Es ist etwas so Offenkundiges, daß man es sich in keiner Weise vorspiegeln kann; das heißt: man kann nicht meinen, es sei vorhanden, wenn es nicht da ist, noch seine Wirklichkeit bezweifeln, wenn man es erfährt. Bleibt es aber doch irgendwie zweifelhaft – ich meine: zweifelt man, ob man es erlebt hat oder nicht –, so möge man sich darüber im klaren sein, daß es nicht die wahren Triebkräfte sind; denn diese sind so deutlich wahrzunehmen, wie wenn das Ohr eine mächtige Stimme vernimmt. Die Befürchtung, daß es eine Ausgeburt der Melancholie sei, ist völlig abwegig, weil die Melancholie nur in der Phantasie ihre Bilder erzeugt, während die Erscheinung, von der wir reden, dem Inneren der Seele entstammt. Ich mag mich täuschen, doch solange ich keine anderen Argumente von jemandem vernommen habe, der darin Erfahrung hat, werde ich stets bei dieser Meinung bleiben. Ich weiß auch von einer Person, die sich vor derartigen Täuschungen sehr fürchtet, aber bei diesem Gebet eine solche Angst nie empfinden konnte.

Unser Herr pflegt auch noch auf manche andere Weise die Seele zu wecken. Unversehens, während sie mit dem Munde betet, ohne auf etwas Innerliches zu achten, ist es ihr, als flamme eine Wonne auf, als überwalle sie jählings ein starker Geruch, der durch alle Sinne sich ihr mitteilt (ich sage nicht, es sei ein Geruch, sondern gebrauche dies nur als Vergleich). Mit solchen und ähnlichen Erscheinungen will der Herr die Seele nur fühlen lassen, daß der Bräutigam zugegen ist. Er erregt in ihr eine so süße Sehnsucht, sich an seiner Seele zu erfreuen, daß sie bereit wird, große Taten für unseren Herrn zu vollbringen und ihn zu preisen. Der Ursprung dieser Gnade ist derselbe, dem die vorher genannte entstammt; doch hier ist nichts, was Schmerz bereitete, und selbst das Verlangen, sich am Herrn zu erfreuen, ist frei von Pein. Diese Sehnsucht ist es, was die Seele am häufigsten fühlt. Auch hier gibt es meines Erachtens nichts zu fürchten (aus verschiedenen Gründen, die ich schon genannt habe), vielmehr gilt es, darauf bedacht zu sein, diese Gnade in Dankbarkeit zu empfangen.

DRITTES KAPITEL

Gott kennt noch eine weitere Art, die Seelen zu wecken. Obwohl diese in gewisser Weise als eine größere Gnade denn die vorher genannten erscheint, kann sie doch gefährlicher sein, und deshalb will ich mich etwas länger dabei aufhalten. Es handelt sich um gewisse Anreden, welche die Seelen auf vielerlei Art vernehmen. Manche solcher Anreden scheinen von außen zu kommen, andere aus dem tiefsten Inneren der Seele, wieder andere aus deren oberer Zone, und manche widerfahren einem so äußerlich, daß man es mit den Ohren hört, weil sie als klare und deutliche Stimme wirken. Manchmal, ja oft kann es eine Täuschung sein, besonders bei Leuten mit kranker Phantasie oder bei Melancholikern (ich meine: bei solchen, die an besonders starker Schwermut leiden). Bei Menschen, die zu diesen beiden Gruppen gehören, darf man es meiner Meinung nach nicht ernst nehmen, auch wenn sie sagen, daß sie es sehen und hören und verstehen. Man sollte sie aber nicht dadurch beunruhigen, daß man sagt, es sei der Satan; sondern sie anhören, wie man Kranke anhört. Und die Äbtissin oder der Beichtvater, an die sie sich wenden, sollten ihnen sagen, daß sie dem keine Beachtung schenken müßten, daß sie dies nicht brauchten, um Gott dienen zu können, und daß der Satan schon viele damit betrogen habe, obgleich dies bei ihnen vielleicht nicht der Fall sei (um sie nicht noch bekümmerter zu machen, als sie es bei ihrer Gemütsart ohnehin schon sind; denn sagte man ihnen, daß dies von der Melancholie kommt, so würden sie in einem fort beschwören, daß sie es sehen und hören, weil es ihnen eben so vorkommt).

Es ist freilich unumgänglich, die Sache insofern zu beachten, als man der betreffenden Person das stumme Gebet untersagt und mit allen Kräften darauf hinwirkt, daß sie sich nichts daraus macht; denn der Satan pflegt kranke Seelen dieser Art zu seinem Vorteil zu gebrauchen – wenn nicht zu ihrem eigenen Schaden, so doch zu dem von anderen. Und bei den Kranken wie bei den Gesunden muß man angesichts solcher Dinge stets auf der Hut sein, bis man erkennt, wes Geistes diese Stimme ist. Und ich meine, daß es zunächst immer das Beste ist, nichts darauf zu geben; denn wenn es von Gott kommt, trägt dies um so mehr dazu bei, daß man vorwärts gelangt, und es nimmt eher zu, wenn es auf die Probe gestellt worden ist. Dies ist gewiß; aber man darf die Seele dabei nicht zu sehr bedrängen und sie nicht beunruhigen, denn sie kann wirklich nicht anders.

Kehren wir jedoch zu dem zurück, was ich von den Anreden an die Seele gesagt habe. Von welcher der genannten Arten sie auch sein mögen – sie können immer sowohl von Gott kommen wie auch vom Satan und von der eigenen Einbildung. Ich werde, falls es mir – mit der Gunst des Herrn – gelingt, die Zeichen nennen, woran man die Unterschiede erkennt, und sagen, in welchem Fall diese Anreden gefährlich sind. Denn unter den Menschen, die sich dem Gebet widmen, gibt es viele Seelen, die solche Stimmen vernehmen, und ich möchte nicht, Schwestern, daß ihr denkt, ihr tätet unrecht, wenn ihr ihnen keinen Glauben schenkt; ihr sollt aber auch nicht meinen, es sei böse, wenn ihr ihnen glaubt, falls sie nur euch selber erfreuen oder euch hinweisen auf Mängel, die euch anhaften, mögen sie nun kommen, von wem sie wollen, und sei es auch eine Täuschung – das wäre nicht so schlimm. Vor einem jedoch möchte ich euch warnen: auch wenn es von Gott kommt, solltet ihr nicht meinen, ihr wäret deshalb besser als die anderen; denn er hat viel zu den Pharisäern geredet, und alles Heil liegt darin, wie man diese Worte nützt. Und einem Wort, das nicht völlig mit der Heiligen Schrift übereinstimmt, solltet ihr nicht mehr Beachtung schenken, als wenn ihr es vom Satan selber hörtet. Mag es auch eurer kranken Phantasie entstammen, so müßt ihr es doch als eine Versuchung in Glaubensdingen ansehen und derlei Anreden widerstehen, damit ihr sie loswerdet. Und sie werden sicher von euch ablassen, weil sie wenig Kraft in sich haben.

Ungeachtet, ob sie – wie ich zu Beginn sagte – aus dem Inneren, aus der oberen Zone der Seele oder von außen kommen, können diese Anreden also alle von Gott sein. Die sichersten Kennzeichen, die man erhalten kann, sind meiner Meinung nach die folgenden.

Das erste und verläßlichste Merkmal ist die Macht, mit der sie auftreten, eine Macht, welche zugleich redet und wirkt. Ich will mich deutlicher ausdrücken. Eine Seele befindet sich in all der Drangsal und inneren Ruhelosigkeit, von der ich gesprochen habe, inmitten der Dunkelheit des Verstandes und in der Dürre; da genügt ein Wort, das nichts weiter besagt als: »Sei unbekümmert«, und sie ist gestillt und ledig aller Pein; ein großes Licht erfüllt sie, und hinweg ist all jene Qual, von der sie meinte, daß die ganze Welt und alle Weisen, wenn sie zusammenkämen, um die Seele mit Vernunftgründen auszurüsten, nichts dagegen ausrichten könnten, sosehr die Gelehrten sich auch darum bemühen würden, sie dieser Trübsal zu entreißen. Ein andermal ist die Seele bekümmert und voller Angst, weil der Beichtvater und andere ihr gesagt haben, der Geist des Satans sei in ihr. Und ein einziges Wort, das sie vernimmt: »Ich bin's, sei ohne Furcht«, befreit sie von allem und erfüllt sie mit innigstem Trost, so daß sie meint, es könnte keinem gelingen, sie an diesem Glauben irrezumachen. Wieder ein andermal ist die Seele wegen mancher schwierigen Geschäfte von schweren Sorgen gequält; denn sie weiß nicht, wie das noch enden soll. Da hört sie, daß sie ruhig sein möge, alles werde ein gutes Ende nehmen; Sicherheit durchdringt sie, und aller Gram ist gewichen. Und so geschieht es in vielen anderen Fällen.

Das zweite Kennzeichen ist eine große Ruhe, welche die Seele überkommt, eine andächtige und friedvolle Sammlung und die Bereitschaft zum Lobe Gottes. O Herr, wenn ein Wort, das Du durch einen Deiner Pagen zu uns gelangen läßt (denn angeblich spricht ja – wenigstens bei diesen Worten, in dieser Wohnung – nicht der Herr selber, sondern irgendein Engel), wenn ein solches Wort nun eine derartige Kraft besitzt – mit welcher Gewalt durchdringt es da erst die Seele, die in Liebe mit Dir verbunden ist, so wie Du mit ihr?

Das dritte Zeichen ist, daß diese Worte sehr lange nicht aus dem Gedächtnis schwinden und manche überhaupt nie, im Gegensatz zu dem, was wir hier vernehmen, ich meine: was wir von den Menschen hören. Mag es auch bedeutend und gelehrt sein, so bleibt es doch unserem Gedächtnis nicht so eingemeißelt; und bezieht es sich auf künftige Dinge, so glauben wir auch nicht so fest daran wie an diese Worte; denn sie hinterlassen eine überaus starke Gewißheit. Obwohl einen manchmal, wenn es sich um Dinge handelt, die nach unserer Meinung ziemlich unmöglich sind, Zweifel anwandeln, ob das sein kann oder nicht, und der Verstand etwas ins Wanken gerät, herrscht doch in der Seele selber eine Sicherheit, die nicht umzuwerfen ist, auch wenn es ihr selber vorkommt, als widerspreche alles den Worten, die sie vernommen hat. Und mögen auch Jahre darüber vergehen, so kann ihr dies nicht die Überzeugung rauben, daß Gott andere Wege sucht, welche die Menschen nicht begreifen, und daß es am Ende doch sich erfüllen muß – und so geschieht es auch. Freilich bleibt ihr – wie ich schon sagte – nicht erspart, darunter zu leiden, wenn sie vieles gewahrt, was dem widerspricht; denn da es schon lange her ist, daß sie die Stimme gehört hat, und die Vorgänge ebenso wie die im Gedächtnis hinterlassene Gewißheit, daß es Gott gewesen, schon weit zurückliegen, können derlei Zweifel aufkommen, so daß sie denkt, ob es nicht vielleicht doch der Satan war oder aus ihrer Einbildung kam. Aber keines dieser Bedenken kann sich bei ihr halten; sie ist vielmehr bereit, für die Wahrheit jener Worte zu sterben. All diese Hirngespinste gibt einem wohl der Satan ein, um die Seele zu quälen und sie feige zu machen. Vor allem wenn die Erfüllung der Worte, die man vernommen, reichen Gewinn für die Seelen bringen wird, zur hohen Ehre Gottes gereicht und einen Dienst für Ihn bedeutet, der mit großen Schwierigkeiten verbunden ist – was wird der Böse da nicht alles versuchen? Durch derlei Anwandlungen wird der Glaube also zumindest geschwächt; denn es ist ein schwerer Schade, wenn man nicht glaubt, daß Gott mächtig genug ist, Dinge zu vollbringen, die unser Verstand nicht begreifen kann.

Trotz all dieser Anfechtungen, und selbst wenn jemand da ist, der zu der betreffenden Person sagt, dies alles sei Unsinn (ich meine die Beichtväter, mit denen man über diese Dinge spricht), ja selbst wenn noch so viele üble Ereignisse eintreten, die zu beweisen scheinen, daß die Worte nicht in Erfüllung gehen können, so bleibt dennoch – ich weiß nicht wo – ein Funke lebendig, der ihr sagt, es werde doch geschehen. Mögen auch alle anderen Hoffnungen erstorben sein – selbst wenn sie es wollte, könnte sie es nicht verhindern, daß dieser Funke von Gewißheit am Leben bleibt. Schließlich aber erfüllt sich also das Wort des Herrn, und die Seele ist danach so befriedigt und fröhlich, daß sie nichts anderes tun möchte, als immerdar Seine Majestät zu preisen, nicht so sehr seiner Tat wegen – auch wenn ihr daran viel gelegen ist –, sondern vor allem, weil sie sieht, daß sich erfüllt hat, was ihr gesagt worden ist.

Ich weiß nicht, weshalb es der Seele derart wichtig ist, diese Worte möchten sich als wahr herausstellen. Es wäre ihr weniger schmerzlich, wenn man sie selbst der Lüge bezichtigte. Und wie könnte sie etwas anderes sagen, als was ihr gesagt worden ist! Unzählige Male dachte eine gewisse Person in dieser Lage an Jonas, den Propheten, und wie er fürchtete, Ninive könnte nicht zugrunde gehen. Da es der Geist Gottes ist, der hier spricht, so ist es nur recht und billig, daß man ihm die Treue hält und sehnlich wünscht, er möge nicht als Lügner erscheinen; denn er ist die höchste Wahrheit. Und so ist die Freude groß, wenn die Seele sieht, daß nach tausend Umwegen und unter den größten Schwierigkeiten dennoch sein Wort in Erfüllung gegangen ist. Mögen für sie selber auch große Leiden daraus erwachsen, so will sie doch lieber noch mehr erdulden, als daß nicht Wahrheit wird, was der Herr – so glaubt sie fest – zu ihr gesagt hat. Vielleicht haben nicht alle diese Schwäche – falls es eine Schwäche ist. Ich jedenfalls kann es nicht als etwas Böses verurteilen.

Entstammen jene Stimmen aber der Einbildung, so ist keines dieser Zeichen zu gewahren, weder Gewißheit noch Friede oder innere Freude. Allerdings kann es vorkommen – und ich weiß sogar von einigen Personen, denen es widerfahren ist –, daß manche, während sie tief im Gebet der Ruhe und im geistlichen Schlaf versunken sind, körperlich und in ihrem Verstand so geschwächt sind, daß sie aus diesem oder einem anderen, mir unbekannten Grund sich bei dieser großen Sammlung dermaßen außer sich befinden, daß sie sich nicht mehr in der Erdenwelt fühlen. Alle Sinne sind da so eingelullt, daß es diesen Menschen wie einem Schlafenden – und vielleicht sind sie auch tatsächlich eingedämmert – traumhaft vorkommt, als spräche man zu ihnen; und obwohl sie etwas sehen und meinen, es komme von Gott, so bleiben doch am Ende die Wirkungen aus, wie bei einem Traum. Und ebenso kann es sein, daß sie, wenn sie Gott herzlich um etwas bitten, das zu hören meinen, was sie sich wünschen – auch das kommt zuweilen vor. Doch wer es oft erfahren hat, wie Gott zu der Seele redet, der kann meines Erachtens dabei nicht durch die Einbildung getäuscht werden.

Vor dem Satan dagegen muß man mehr auf der Hut sein. Doch wenn die genannten Zeichen zu erkennen sind, so kann man recht sicher sein, daß das Vernommene von Gott kommt. Trotzdem sollte man, falls es sich auf etwas Schwerwiegendes bezieht und einen Auftrag darstellt, den man von sich aus zu verwirklichen hat, oder wenn es eine Sache angeht, die von entscheidender Bedeutung für die Geschäfte dritter Personen ist, niemals etwas unternehmen oder sich auch nur seine Gedanken darüber machen, ohne die Meinung eines gelehrten und klugen Beichtvaters, der ein Diener Gottes ist, dazu eingeholt zu haben; selbst wenn man mehr und mehr erkennt und es einem ganz klar erscheint, daß es von Gott kommt. Denn so will es Seine Majestät, und wir dürfen nicht versäumen, seinem Befehl zu gehorchen. Er hat uns geboten, den Beichtvater als seinen Stellvertreter anzuhören, und darum ist auch nicht daran zu zweifeln, daß es Gottes Worte sind, die wir durch diesen vernehmen. Diese Worte aber tragen dazu bei, daß wir Mut schöpfen, wenn es sich um eine schwierige Aufgabe handelt, und unser Herr wird den Beichtvater bestimmen und ihm den Glauben eingeben, daß die Erscheinung, die uns begegnete, von Seinem Geiste ist, falls er dies will. Wenn nicht, so sind wir aller weiteren Verpflichtung ledig. Sollte jemand anders handeln und hierbei seinem eigenen Gutdünken folgen, so halte ich dies für sehr gefährlich. Und darum, Schwestern, ermahne ich euch im Namen unseres Herrn, niemals dergleichen zu tun.

Noch eine andere Weise gibt es, in welcher der Herr zu der Seele redet und von der ich glaube, daß sie ganz gewiß von Gott stammt. Es ist eine Schau des Verstandes, die ich im folgenden beschreiben werde. Sie ereignet sich so tief im Inneren der Seele, und so klar meint man jene Worte mit den Ohren der Seele vom Herrn selber zu hören, so im geheimen, daß eben die Art, wie man die Worte vernimmt, zusammen mit den Vorgängen, die durch diese Vision selber ausgelöst werden, einem die Gewißheit verleiht, daß hieran der Satan nicht beteiligt ist. Dieses Erlebnis hinterläßt starke Wirkungen, die für eine solche Überzeugung sprechen; zumindest hat man die Sicherheit, daß es nicht aus der Einbildung stammt. Und die Seele kann diese Gewißheit immer haben, wenn sie auf die folgenden Beweisgründe achtet. Erstens: Die Worte müssen sich durch eine besondere Klarheit auszeichnen; denn sie sind so deutlich zu vernehmen, daß die Seele sich an jede einzelne Silbe erinnert, die sie vernommen hat. Ebenso bleibt es ihr im Gedächtnis, ob es in diesem oder jenem Stil gesagt worden ist, obgleich der Sinn ein und derselbe sein mag. Bei den Vorspiegelungen der Einbildung wird die Sprache nicht so klar und die Worte werden nicht so unverwechselbar sein, alles wird vielmehr halb wie geträumt erscheinen. Zweitens: Redet Gott zu der Seele, so geschieht es oft, daß sie die Worte hört, ohne daß sie an derlei gedacht hat; ich meine: es kommt überraschend, ja manchmal, während man sich im Gespräch mit anderen befindet. Freilich beziehen sich die Worte häufig auf etwas, das einem geschwind durch den Kopf geht oder das man früher gedacht hatte. Aber oft geht es um etwas, von dem man keine Ahnung hatte und von dem man nicht einmal dachte, daß dies überhaupt möglich wäre. Darum kann es wohl nicht die Einbildung hervorgerufen haben, als eine Selbsttäuschung der Seele, die sich damit etwas vorspiegeln würde, was sie nie ersehnt oder gewollt hat und was ihr nie in den Kopf gekommen ist. – Drittens: In dem einen Fall verhält sich der Angeredete wie jemand, der hört. Ist es aber ein Werk der Einbildung, so verhält sich der Betreffende wie jemand, der nach und nach das ersinnt, was er selber gesagt bekommen will. – Viertens: Die Worte Gottes sind ganz anders als alles, was wir zu hören gewohnt sind, und ein einziges von ihnen enthält vieles, was unser Verstand nicht so schnell zusammenbrächte. – Fünftens: Mit den Worten, die Gott zur Seele sagt, wird einem oft – ich kann nicht sagen, auf welche Weise – viel mehr zu verstehen gegeben, als die Worte selber sagen.

Von dieser Art des Verstehens, die etwas sehr Feines ist und einen zum Lobe Gottes drängt, werde ich an anderer Stelle noch mehr reden; denn schon viele Menschen sind wegen dieser Wahrnehmungsweise und ihrer Besonderheit in große Zweifel geraten, vor allem eine Person, der es selber widerfahren ist. Und es wird noch mehrere geben, die sich darüber nicht recht klargeworden sind. Ich weiß, daß die genannte Person diese Erscheinung mit großer Aufmerksamkeit beobachtete (denn der Herr verlieh ihr sehr oft diese Gnade) und daß ihr Hauptzweifel anfänglich in dem Verdacht bestand, ob sie sich nicht selber etwas vormache. Steckt der Satan dahinter, so merkt man es nämlich schneller, obwohl er so viele Finten weiß, daß er es durchaus versteht, den Geist des Lichtes nachzuäffen. Meines Erachtens kann er das aber nur, indem er sich sehr klar in Worten ausdrückt, so daß man genausowenig daran zweifeln kann, daß man sie vernommen hat, wie wenn sie vom Geist der Wahrheit kommen. Doch es wird dem Satan unmöglich sein, die Wirkungen, von denen wir sprachen, nachzuahmen: diesen Frieden in der Seele zu hinterlassen, dieses Licht. Eher läßt er Unruhe und lärmende Verwirrung zurück. Aber er kann nur geringen oder gar keinen Schaden anrichten, falls die Seele demütig ist und tut, was ich gesagt habe: nämlich nicht eigenmächtig irgend etwas beginnt, was die Worte, die sie vernahm, ihr aufgetragen haben.

Sind es Gunstbeweise und Geschenke des Herrn, so achte die Seele sorgsam darauf, daß sie sich deswegen nicht für besser hält. Ist sie nicht um so verwirrter und beschämter, je größer das Gnadenwort ist, das ihr zuteil wurde, so glaube sie ja nicht, daß es vom Geiste Gottes kam. Denn es ist ganz gewiß, daß die Seele, wenn wirklich Gott zu ihr spricht, sich selber für um so geringer und erbärmlicher hält, je größer die Gnade ist, die er ihr erweist; und um so mehr ist sie sich ihrer Sünden bewußt, um so weniger denkt sie an ihr Verdienst. Ihr Wille und ihr Bewußtsein aber sind immer mehr von dem Wunsch erfüllt, daß Gott allein geehrt werde. Sie denkt nicht an den eigenen Nutzen, ist ängstlicher darauf bedacht, in keinem Fall von seinem Willen abzuweichen, und weiß sicherer denn je, daß sie niemals diese Gnaden verdient hat, sondern die Hölle. Wenn diese Wirkungen durch all die Dinge und Gnaden, die der Seele im Gebet begegnen, hervorgerufen werden, so sollte sie deshalb nicht in Schrecken und Mutlosigkeit verfallen, sondern auf das Erbarmen des Herrn vertrauen, der treu ist und es nicht zulassen wird, daß der Satan sie betrüge, obgleich es immer gut ist, in Furcht zu wandeln.

Es mag sein, daß diejenigen, die der Herr nicht auf diesem Wege führt, nun meinen, die Seelen könnten die an sie gerichteten Worte überhören und sie hätten – falls die Worte in ihrem Inneren ertönen – die Möglichkeit, sich so abzulenken, daß sie dieselben nicht aufnehmen und so diesen Gefahren entgehen. Darauf antworte ich: Das ist unmöglich. Ich spreche nicht von denen, die an Einbildungen leiden; denn sie können sich helfen, indem sie sich bemühen, nicht mit solcher Begierde etwas zu ersehnen und ihren Phantasien keine Bedeutung beizumessen. Bei den anderen Worten aber, die man im Inneren vernimmt, gibt es kein Ausweichen; denn derselbe Geist, der da redet, bewirkt mit solcher Macht ein Innehalten aller übrigen Gedanken und eine Aufmerksamkeit für die Worte, daß es mir gleichsam vorkommt – und ich glaube, es ist wirklich so –, als könne eher einer, der aus vollem Halse ruft, von einem anderen, der sehr gut hört, nicht vernommen werden, weil der Angerufene es möglicherweise nicht beachtet und seine Gedanken auf etwas anderes richtet. Doch in dem Fall, von dem wir reden, ist das ausgeschlossen: Es gibt da keine Ohren, die man sich zuhalten könnte, und man hat keinerlei Macht, an irgend etwas anderes zu denken als eben an das, was einem gesagt wird; denn der, welcher auf die Bitte von Josua (er war es, glaube ich) den Lauf der Sonne aufzuhalten vermochte, kann die Seelenkräfte und alles, was in uns ist, zum Einhalten bringen, und die Seele sieht dabei sehr genau, daß ein anderer Herr, der größer ist als sie, diese Burg regiert. Dies erregt in ihr tiefe Andacht und Demut. Es gibt also kein Mittel zur Ausflucht. Möge die göttliche Majestät uns die Gnade schenken, daß wir darauf achten, wie wir Ihn erfreuen können, und uns selber vergessen. Amen. Er gewähre mir auch, daß ich verständlich machen kann, was ich hier darlegen wollte, und daß es für diejenigen, die in diese Lage kommen, einen Hinweis bedeutet, der ihnen etwas nützt.

VIERTES KAPITEL

Bei diesen Leiden und Schwierigkeiten, wie ich sie hier erwähnte, und all den übrigen – was für eine Ruhe kann es da für den armen, kleinen Falter geben? Alles trägt dazu bei, daß die Seele sich noch mehr danach sehnt, sich des Bräutigams zu erfreuen. Und die göttliche Majestät, die unsere Schwachheit kennt, macht sie auf diese Weise und mit noch anderen Mitteln dazu bereit, daß sie den Mut faßt, sich mit einem so großen Herrn zu vereinen und ihn zum Bräutigam zu nehmen.

Ihr werdet darüber lachen, daß ich dies sage, und es wird euch unsinnig erscheinen; denn jede von euch wird meinen, daß es dazu keines Mutes bedarf und daß es kein noch so niederes Weib gibt, das nicht kühn genug wäre, sich mit dem König zu verloben. Sicher ist es so bei dem irdischen König, das glaube ich auch. Aber bei dem Himmelskönig, das sage ich euch, ist dazu mehr Mut erforderlich, als ihr meint; denn unsere Natur ist für ein so großes Unterfangen viel zu furchtsam und niedrig, und ich bin fest davon überzeugt, daß wir – obwohl ihr genau erkennt, wieviel Gutes diese Verbindung uns bringt – doch nicht dazu imstande wären, wenn nicht Gott uns diesen Mut schenkte. Und da werdet ihr sehen, was Seine Majestät tut, um diese Verlobung zustande zu bringen. Soweit ich es verstehe, geschieht dies wohl dann, wenn er der Seele Verzückungen schenkt, wodurch er sie ihren Sinnen entreißt. Sähe sie sich nämlich mit ihren Sinnen so nahe dieser großen Majestät, so könnte sie wohl kaum am Leben bleiben. Ich meine wirkliche Verzückungen, keine Weiberschwächen, wie sie bei uns vorkommen und die wir in Bausch und Bogen für Verzückungen und Ekstasen halten. Es gibt ja, wie ich wohl schon gesagt habe, Menschen von so schwacher Konstitution, daß sie bei einem Gebet der Ruhe sterben.

Hier will ich nun einige Arten der Verzückung darstellen, die ich durch den Umgang mit so vielen Menschen, die dem geistlichen Leben sich widmeten, erfahren habe; doch weiß ich nicht, ob es mir so gelingen wird wie an anderer Stelle, wo ich hierüber und von einigen anderen Dingen, die dazugehören, geschrieben habe. Aus mancherlei Gründen scheint es mir nicht unnötig, noch einmal davon zu reden, schon deshalb, weil hier die Wohnungen alle im Zusammenhang dargestellt werden.

Es gibt eine Art der Verzückung, wo es scheint, als lasse Seine Majestät, während die Seele sich angerührt fühlt von einem Worte Gottes (dessen sie sich erinnert oder das sie hört, sei es auch nicht im Gebet), den erwähnten Funken aus dem Inneren der Seele zur Flamme wachsen, getrieben vom Erbarmen, weil er sie so lange leiden sah aus Sehnsucht nach ihm. Vom Feuer völlig verzehrt, ersteht sie neu, wie ein Vogel Phönix, befreit von ihren Sünden, die ihr – wie man in frommer Demut glauben darf – vergeben worden sind. Und mit der so Geläuterten vereinigt er sich, ohne daß es, selbst hier, irgend jemand gewahrte außer den beiden. Nicht einmal die Seele selber erfaßt es so, daß sie es danach sagen könnte, obwohl sie nicht ohne inneres Bewußtsein ist; denn es ist nicht so, wie wenn jemand eine Ohnmacht oder einen Paroxysmus erleidet, wo man weder innerlich noch äußerlich irgend etwas gewahrt. Nach meiner Erfahrung ist die Seele in diesem Zustand wacher und aufgeschlossener denn je für die Dinge Gottes, und nie zuvor war sie so erfüllt von dem mächtigen Licht und der tiefen Erkenntnis Seiner Majestät.

Das mag unmöglich erscheinen, weil die Seelenkräfte oder Fähigkeiten so hingerissen sind, daß man sagen kann, sie seien tot, genau wie die Sinne. Wie soll man da verstehen, daß die Seele dieses Geheimnis erfaßt? Ich weiß es nicht, und vielleicht ist das keinem Geschöpf bekannt, sondern nur dem Schöpfer selber, wie vieles andere auch, was auf dieser Stufe, ich meine: in diesen beiden Wohnungen geschieht; denn die sechste und die letzte könnte man gut als eine nehmen, da es zwischen ihnen keine verschlossene Türe gibt. Weil es jedoch in der letzten Wohnung Dinge gibt, die sich denen nicht offenbart haben, die noch nicht bis dorthin gelangt sind, schien es mir besser, sie getrennt darzustellen.

Hält es der Herr für gut, der Seele, während sie in diesem Zustand der Entrücktheit ist, einige Geheimnisse zu offenbaren, etwa gewisse himmlische Dinge und bildhafte Visionen, so kann sie dies nachher berichten, und es bleibt so tief ihrem Gedächtnis eingeprägt, daß sie es nie wieder vergißt. Sind es aber Verstandesgesichte – intellektuelle Visionen –, so kann sie dies nicht schildern; denn es gibt in solchen Augenblicken wohl mancherlei derart erhabene Visionen, die nicht dazu bestimmt sind, von denen, die auf der Erde leben, so erfaßt zu werden, daß man es mit Worten wiedergeben könnte. Von den Verstandesgesichten jedoch, welche die Seele empfängt, solange sie im Besitz ihrer Sinne ist, sind viele mitteilbar. Vielleicht verstehen manche von euch nicht, was eine Vision ist, und vor allem nicht, was die Verstandesgesichte sind. Ich werde es zu gegebener Zeit erklären; denn es ist mir aufgetragen von dem, der das Recht dazu hat; und obgleich es vermessen erscheinen mag, gereicht es doch vielleicht einigen Seelen zum Nutzen.

Ihr werdet mir sagen: »Wenn man sich danach an diese so erhabenen Gnaden nicht erinnert, die der Herr in jenem Zustand der Seele erweist – was für einen Nutzen können sie ihr da bringen?« O Töchter! Er ist so groß, daß er gar nicht hoch genug gerühmt werden kann. Läßt es sich auch nicht mit Worten sagen, so bleiben diese Gnaden doch dem tiefsten Inneren der Seele sorgsam eingeschrieben und geraten nie in Vergessenheit. Aber wenn sie keine bildhafte Erscheinung haben und auch von den Seelenkräften nicht wahrgenommen werden – wie kann man sich da an sie erinnern? Auch ich verstehe das nicht; aber ich verstehe, daß einige Einsichten in die Wahrheit der Größe Gottes so fest in der Seele haften, daß diese, auch wenn sie nicht den Glauben besäße, der ihr sagt, wer er ist, und der sie lehrt, daß sie verpflichtet ist, an ihn zu glauben als an Gott, ihn doch als solchen anbeten würde von jenem Zeitpunkt an, wie Jakob es tat, als er die Leiter erblickte. Sicher hat er dabei noch andere Geheimnisse erfahren, die er nicht in Worte fassen konnte; denn wenn er nur eine Leiter gesehen hätte, an der Engel auf und nieder gingen, und ihm kein stärkeres Licht im Inneren entzündet worden wäre, hätte er solch große Mysterien nicht verstanden.

Ich weiß nicht, ob ich mit dem, was ich sage, das Richtige treffe; denn ich habe es zwar gehört, weiß aber nicht, ob ich mich genau erinnere. Auch Moses war nicht imstande, alles zu sagen, was er im Dornbusch gesehen hatte, sondern nur das, von dem Gott wollte, daß er es sagte. Aber hätte Gott nicht tatsächlich seiner Seele Geheimnisse offenbart, so gewiß, daß er sah und glaubte, daß es Gott war, dann hätte er nicht so viele und große Mühen auf sich genommen. Er muß in den Dornen jenes Brombeerstrauches so große Dinge wahrgenommen haben, daß ihm daraus der Mut erwuchs, das zu tun, was er für das Volk Israel vollbrachte. Wir sollten also, Schwestern, bei den verborgenen Dingen Gottes nicht nach Gründen suchen, um sie zu verstehen. Da wir glauben, daß er mächtig ist, so ist es ja klar, daß ein Wurm, dessen Kraft so bescheiden ist wie die unsrige, seine Größe nicht erfassen kann. Loben wir ihn also von Herzen dafür, daß er die Güte hat, uns einiges davon begreifen zu lassen.

Ich wollte, ich könnte einen treffenden Vergleich anführen, um euch damit vielleicht etwas von dem verständlich zu machen, was ich nun sagen möchte; doch ich glaube, daß es keinen gibt, der passend wäre. Aber gebrauchen wir einmal den folgenden. Ihr tretet in das Gemach eines Königs oder eines großen Herrn ein – »Camarín« heißt man es, glaube ich –, wo zahllose Arten von Gläsern, feiner Keramik und viele andere Dinge so aufgestellt sind, daß man fast alle beim Eintreten erblickt. Einmal führte man mich in ein solches Zimmer im Hause der Herzogin Alba (wo ich auf der Durchreise, unterm Zwang des Gehorsams, weil jene Dame hartnäckig meine Vorgesetzten darum gebeten hatte, Aufenthalt machte). Ich war verblüfft, als ich hineinkam, und überlegte mir, wozu ein solches Kunterbunt von Dingen gut sein könnte. Und ich sah, daß man angesichts einer solchen Vielfalt von Dingen Gott loben darf, und es freut mich jetzt, daß ich dies hier verwenden kann. Ich war zwar eine ganze Weile dort, doch gab es so viel zu schauen, daß ich danach alles vergaß und mir von all jenen Gegenständen nicht mehr im Gedächtnis blieb, als wenn ich sie nie gesehen hätte, so daß ich nicht einmal sagen kann, welche Form und Gestalt sie hatten. So ist es auch hier, wenn die Seele so mit Gott eins geworden ist, während sie in diesem herrscherlichen Himmelsgemach weilt, das wir wohl im Inneren unserer Seele haben; denn es ist ja klar: Da Gott in ihr ist, hat er eine dieser Wohnungen inne. Und obwohl der Herr nicht immer, solange die Seele so in der Ekstase ist, die Absicht hat, daß sie diese Geheimnisse sieht, weil sie so vertieft ist in die Lust an ihm, daß sie volle Genüge hat an einem solch großen Gut, so gefällt es ihm doch manchmal, daß sie aus der Versunkenheit erwacht und plötzlich sieht, was in jenem Gemache ist. Und darum kann sie, wenn sie wieder zu sich gekommen ist, die Herrlichkeiten sich vorstellen, die sie sah; doch kann sie nichts davon mit Worten wiedergeben, und ihre Natur ist auch nicht fähig, mehr von dem Übernatürlichen zu schauen, als Gott sie sehen lassen wollte.

Also gebe ich zu, daß es ein Sehen war, daß es eine bildhafte Vision ist! Das möchte ich hiermit nicht sagen; denn davon ist jetzt nicht die Rede, sondern von der intellektuellen Vision. Da ich ungebildet bin, verstehe ich es in meiner Unwissenheit nicht, mich auszudrücken. Soweit nämlich das, was ich bisher von diesem Gebet gesagt habe, gut ist, bin nicht ich es – das begreife ich klar –, der es gesagt hat. Wenn die Seele, der solches widerfährt, manchmal diese Geheimnisse in den Verzückungen nicht erfaßt, so meine ich, daß es keine Verzückungen sind, sondern irgendeine natürliche Schwäche; denn bei Menschen von schwacher Konstitution – zu denen wir Frauen gehören – kann es vorkommen, daß eine geistige Kraft die Natur überwältigt und sie so in Versunkenheit bleiben, wie ich es, glaube ich, beim Gebet der Ruhe dargelegt habe. Solche Anwandlungen haben nichts mit Verzückung oder Entrückung zu tun; denn ist es wirklich eine solche, glaubt mir, so raubt sich Gott die ganze Seele und zeigt ihr, die nunmehr sein Eigentum und bereits seine Braut geworden ist, ein Stücklein des Königreichs, das sie gewonnen hat durch diese Verbindung. Mag dieses Stück auch noch so klein sein – alles, was dieser große Gott in sich schließt, birgt eine Fülle. Und er will, daß niemand dabei stört, weder die Fähigkeiten noch die Sinne. Darum befiehlt er, geschwind die Türen all dieser Wohnungen zu schließen, und nur der Raum, wo er weilt, bleibt offen, damit wir eintreten können. Gepriesen sei so viel Barmherzigkeit, und mit Recht werden die verdammt sein, die sie verschmähen und diesen Herrn verlieren.

O meine Schwestern! Was wir aufgegeben haben, ist nichts, alles ist nichts, was wir auch tun oder tun könnten für einen Gott, der sich so einem Wurme mitteilen möchte! Und da wir Hoffnung haben, noch in diesem Leben dieses Gut zu genießen – was tun wir? Womit halten wir uns noch auf? Was kann uns dazu nötigen, auch nur einen Augenblick noch zu warten, bevor wir diesen Herrn suchen, wie die Braut des Hohenliedes ihn suchte auf Straßen und Plätzen?

Oh, Tand und Gaukelwerk ist alles, was die Welt uns bietet, wenn es uns nicht dahin bringt, uns nicht dazu verhilft, selbst wenn ihre Genüsse, ihre Reichtümer und alle erdenklichen Wonnen, die sie uns verschaffen mag, ewig währten! Denn alles ist Ekel und Unrat, verglichen mit diesen Schätzen, deren Genuß ohne Ende sein wird; und selbst diese sind nichts neben dem, was es bedeutet, daß wir den Herrn all dieser Schätze, des Himmels und der Erde zu eigen haben.

O menschliche Blindheit! Wann endlich, wann wird dieser Erdenstaub von unseren Augen gewischt? Obwohl es den Anschein hat, als ob wir nicht in der Gefahr stünden, daß er uns völlig blind macht, sehe ich doch einige Splitterchen und Sandkörnlein, die uns großen Schaden antun können, wenn wir zulassen, daß sie sich vermehren. Nutzen wir vielmehr, Schwestern, um der Liebe Gottes willen, diese Mängel zur Erkenntnis unseres Elends, damit sie unseren Blick schärfen und uns so zum Heil werden, wie es der Schlamm für den Blinden wurde, den unser Bräutigam heilte. Wenn wir uns so unvollkommen sehen, wollen wir noch dringlicher ihn bitten, daß er etwas Gutes aus unserer Erbärmlichkeit mache, damit wir Seine Majestät in allem erfreuen.

Ich bin weit abgeschweift, ohne es zu merken. Verzeiht mir, Schwestern, und glaubt, daß ich, sobald ich zu diesen Herrlichkeiten Gottes gelange – ich meine: sobald ich darauf zu sprechen komme –, nicht umhinkann, es bitter zu beklagen, daß ich sehe, wieviel wir durch eigene Schuld verlieren. Denn obwohl es wahr ist, daß dies Dinge sind, die der Herr gibt, wem er will, so würde er doch, wenn wir Seine Majestät liebten, wie er uns liebt, sie jedem geben. Er sehnt sich nach nichts anderem, als daß er jemanden hat, dem er es geben kann; denn seine Reichtümer werden dadurch nicht geringer.

Doch kehren wir zu dem zurück, was ich gesagt habe: Der

Bräutigam befiehlt, die Türen der Wohnungen zu schließen, auch die Tore der Burg und ihrer Ringmauern; denn in seinem Wunsch, die Seele mit sich zu reißen, entzieht er ihr so den Atem, daß sie – auch wenn zuweilen die anderen Sinne noch ein wenig länger tätig sind – völlig außerstande ist zu reden. Ein andermal freilich wird alles zugleich und in einem Nu entrückt, und die Hände erkalten, ja der ganze Leib, und zwar so, daß man meint, er berge keine Seele mehr, und man zuweilen überhaupt nicht mehr merkt, ob er atmet. Dieser Zustand hält nur eine kurze Weile an (ich meine: ohne Unterbrechung); denn sobald diese große Entrücktheit ein wenig nachläßt, scheint es, als komme der Körper wieder etwas zu sich, als hole er Luft, um erneut zu sterben und der Seele ein größeres Leben zu gewähren. So hält bei alledem diese große Ekstase nicht lange an.

Aber es kommt vor, daß der Wille, obwohl die Verzückung nachläßt, so versunken bleibt und der Verstand so außer sich verharrt, einen ganzen Tag, ja mehrere Tage lang, daß es scheint, als seien sie unfähig, etwas anderes wahrzunehmen, als was den Willen zur Liebe erweckt; denn dafür ist er hellwach, während er zugleich schläft und nicht bereit ist, irgendein Geschöpf ins Auge zu fassen oder sich mit ihm einzulassen.

Oh, wenn die Seele wieder völlig zu sich kommt, wie verwirrt ist sie da und wie übermächtig das Verlangen, sich Gott zu widmen, für ihn zu wirken, auf welche Weise auch immer er sich ihrer bedienen will! Wenn schon die früheren Gebete solche Wirkungen hinterließen, wie wir es beschrieben – was wird da erst die Folge einer so großen Gnade sein, wie wir sie hier erfahren? Tausend Leben wollte die Seele haben, um sie alle Gott hinzugeben, und sie wünschte, alle Dinge, die es auf Erden gibt, wären Zungen, die ihn lobten in ihrem Namen. Die Sehnsucht, Buße zu tun, ist übermächtig, und indem sie diese vollzieht, tut die Seele nichts Großes; denn erfüllt von der Kraft der Liebe, leidet sie wenig, soviel sie auch vollbringt, und sie erkennt klar, daß die Märtyrer in den Qualen, die sie erlitten, nichts Besonderes taten, da es leichtfällt, wenn einem diese Hilfe des Herrn zuteil wird. Und darum beklagen sich diese Seelen bei Seiner Majestät, wenn sich ihnen keine Gelegenheit zum Leiden bietet.

Wird ihnen diese Gnade insgeheim erwiesen, so schätzen sie das als ein großes Geschenk; denn ereignet es sich vor anderen, ist die Scham und Verwirrung, welche die Seele danach fühlt, so groß, daß sie dem seligen Genuß, in den sie versunken war, irgendwie entzogen wird durch den Kummer und die Sorge, die ihr erwachsen, wenn sie überlegt, was die anderen, die es gesehen haben, davon denken mögen. Denn solche Seelen kennen die Bosheit der Welt und wissen, daß man es vielleicht nicht als das auslegt, was es ist, sondern daß man das, wofür man den Herrn rühmen müßte, vielleicht zum Anlaß nimmt, um zu hecheln und zu verurteilen. In gewisser Weise erscheinen mir dieser Kummer und diese Scham als ein Mangel an Demut; doch die Seele kann nicht anders. Denn wenn die betreffende Person sich Schmach und Beschimpfung wünscht – was kann es ihr da anhaben? Jemand, der in dieser Betrübnis war, vernahm von unserem Herrn die Worte: »Sei unbekümmert; denn entweder müssen sie mich loben oder über dich lästern, und in beiden Fällen ist es dein Gewinn.« Später erfuhr ich, daß die betreffende Person durch diese Worte sehr erquickt und getröstet wurde. Für den Fall, daß eine von euch sich in derselben Bedrängnis sieht, habe ich sie hier für euch wiedergegeben. Anscheinend ist es der Wunsch unseres Herrn, alle möchten erkennen, daß jene Seele schon ihm gehört und daß niemand an sie rühren soll. Wohl kann man ihrem Leib, ihrer Ehre, ihrem Hab und Gut Schaden antun, weil all dies zum Ruhm Seiner Majestät gereichen wird. Doch der Seele darf nichts geschehen; denn solange sie sich nicht frevelhaft und vermessen von ihrem Bräutigam trennt, wird er sie verteidigen wider die ganze Welt, ja gegen die ganze Hölle.

Ich weiß nicht, ob ich damit ein bißchen verständlich gemacht habe, was eine Verzückung ist; denn – wie gesagt – es ist unmöglich, dies vollkommen faßbar darzustellen. Ich glaube nicht, daß es irgendwie abträglich ist, davon zu reden, so daß man erkennt, wie sehr die echten Verzückungen sich von den vorgeblichen unterscheiden. Ich spreche nicht von »vorgeblichen«, weil die davon heimgesuchte Person betrügen will, sondern weil sie selbst die Betrogene ist; und weil die Zeichen und Wirkungen nicht mit einer solch großen Gnade übereinstimmen, gerät sie so sehr in Schmach und Schande, daß man danach, nicht ohne Grund, auch solchen, denen Gott diese Gnade wirklich erweist, mit Unglauben begegnet. Er sei gelobt und gepriesen in Ewigkeit. Amen, Amen.

FÜNFTES KAPITEL

Eine weitere Art der Verzückung gibt es – ich nenne sie Geistesflug –, die man im Inneren völlig anders empfindet, obwohl ihr Wesen ein und dasselbe ist wie bei allen übrigen. Urplötzlich fühlt man nämlich zuweilen eine so rasche Regung der Seele, daß es scheint, als werde der Geist mit einer Schnelligkeit hingerissen, die einem heftige Furcht einjagt, besonders am Anfang. Darum sagte ich euch, daß derjenige, dem Gott diese Gnade erweist, großen Mut braucht, außerdem Glaube, Vertrauen und die hingebungsvolle Bereitschaft, unseren Herrn mit der Seele machen zu lassen, was er will. Meint ihr, man erschrecke nicht, wenn man hellwach bei Sinnen ist und merkt, wie einem die Seele (und bei manchen – wie wir gelesen haben – zugleich der Körper) fortgerissen wird, ohne daß man weiß, wohin und von wem und auf welche Weise sie entführt wird? Denn zu Beginn dieser jähen Bewegung ist man sich nicht so gewiß, daß es Gott ist.

Aber gibt es denn kein Mittel, um dem widerstehen zu

können? Nein, keineswegs. Widerstrebt man, so wird es eher noch schlimmer – das weiß ich von einer gewissen Person –; denn es scheint, als wolle Gott der Seele, nachdem sie sich so oft und mit solcher Ernsthaftigkeit in seine Hände gelegt und so mit ganzem Willen ihm alles dargeboten hat, zu verstehen geben, daß sie keinen Anteil mehr an sich selber habe, und sie wird mit spürbar heftigerer Bewegung hingerissen. Und die betreffende Person nahm sich vor, nichts weiter zu tun, als was ein Strohhalm tut, wenn der Bernstein ihn zu sich emporzieht (falls ihr das schon beobachtet habt), und sich den Händen dessen zu überlassen, der so mächtig ist, daß sie erkennt: das beste ist es, aus der Notwendigkeit eine Tugend zu machen. Und weil ich vom Strohhalm gesprochen habe – es ist gewißlich so, daß ebenso leicht, wie ein kräftiger Bursche einen Strohhalm fortraffen kann, dieser gewaltige Riese den Geist hinwegrafft.

Wir sprachen von einem Brunnenbecken (ich glaube, in der vierten Wohnung, falls die Erinnerung mich nicht täuscht), das so sanft und gelinde – ich meine: ohne irgendeine Bewegung – sich füllt. Hier nun scheint es nicht anders, als habe dieser große Gott, der die Quellen der Gewässer in Händen hat und das Meer nicht über seine Grenzen fluten läßt, die Quellen, aus denen dieser Brunnen gespeist wird, aller Fesseln entledigt, und mit einer großen Wucht schießt eine so gewaltige Woge empor, daß das Schifflein unserer Seele in die Höhe getragen wird. Und genauso wie ein Steuermann und alle, die ein Schiff lenken, nicht die Macht haben, ihr Fahrzeug dort zu halten, wo sie wollen, wenn die Wogen wütend anstürmen, genausowenig, ja noch viel weniger kann das Innere der Seele dort verharren, wo es will, oder ihre Sinne und Kräfte dazu zwingen, etwas anderes zu tun, als was ihnen befohlen ist. Äußerlicher Widerstand ist hier ohnehin sinnlos.

Wirklich, Schwestern, allein indem ich davon schreibe, erschaudere ich davor, wie sich hier die gewaltige Macht dieses großen Königs und Herrschers zeigt. Wie wird es erst dem ergehen, der es erlebt? Ich glaube, daß die Menschen, die in tiefer Verderbnis auf dieser Erde wandeln, wenn nicht aus Liebe, so doch aus Furcht es nicht mehr wagen würden, Seine Majestät zu beleidigen, wenn er sich ihnen so offenbarte wie diesen Seelen. Oh, welch hohe Verpflichtung haben darum diejenigen, welche auf so erhabenem Wege die Warnung erhielten, mit allen Kräften danach zu streben, daß wir diesen Herrn nicht erzürnen! Um seinetwillen, Schwestern, flehe ich euch, denen Seine Majestät diese oder ähnliche Gnaden vielleicht schon erwiesen hat, darum an, nicht so achtlos zu sein, daß ihr euch damit begnügt, sie zu empfangen. Bedenkt, daß viel bezahlen muß, wer viel schuldet.

Dazu bedarf es auch eines großen Mutes; denn es ist eine Aufgabe, vor der man verzagen möchte, und wenn unser Herr einem nicht die nötige Kühnheit gäbe, würde man stets in Angst und Kummer leben. Wenn nämlich die Seele sieht, was Seine Majestät mit ihr tut, und dagegen an sich selber gewahrt, wie wenig sie leistet im Vergleich zu dem, wozu sie verpflichtet ist, und daß das bißchen, was sie tut, voller Fehler, Gebrechen und Schwachheit ist, so meint sie, um nicht immer an die Unvollkommenheit ihrer guten Werke erinnert zu werden (falls sie solche vollbringt), sei es das beste, wenn sie dieselben zu vergessen sucht, sich ihre Sünden ins Gedächtnis ruft und sich der Barmherzigkeit Gottes anheimgibt, da sie ja nichts hat, mit dem sie bezahlen könnte. Und sie bittet: Möge sein Mitleid und Erbarmen, das er immer den Sündern bewies, für alles aufkommen.

Vielleicht wird er da der Seele dasselbe zur Antwort geben, was er einer gewissen Person erwiderte, die tieftraurig vor einem Kruzifix stand, in dem Gedanken, daß sie noch nie etwas besessen habe, was sie Gott hätte geben oder auf das sie um seinetwillen hätte verzichten können. Tröstend sprach der Gekreuzigte selber zu ihr, er schenke ihr alle Schmerzen und Leiden, die er in seiner Passion erlitten, damit sie ihr eigen seien und sie dieselben seinem Vater darbringe. So getröstet fühlte sich dadurch jene Seele und so reich – wie ich von ihr erfahren habe –, daß sie es nicht vergessen kann, sondern vielmehr jedesmal, wenn sie sich so elend fühlt, in der Erinnerung daran Aufmunterung und Tröstung findet. Einige Beispiele dieser Art könnte ich hier erzählen; denn da ich so vielen heiligen und dem Gebet ergebenen Menschen begegnet bin, sind mir nicht wenige bekannt; damit ihr jedoch nicht denkt, es handle sich um mich, unterlasse ich es. Das hier geschilderte Erlebnis scheint mir von großem Nutzen zu sein, weil es euch erfahren läßt, wie es unseren Herrn freut, wenn wir uns selbst erkennen und uns darum bemühen, immer aufs neue unsere Armut, unser Elend zu sehen und zu begreifen, daß wir nichts besitzen, was wir nicht empfangen haben. Darum, meine Schwestern, bedarf es des Mutes, hier und bei vielem anderen, was einer Seele widerfährt, die der Herr schon bis zu dieser Stufe geführt hat. Ganz besonders viel Mut braucht man aber – wie ich glaube – für das eben Geschilderte, falls es der Seele nicht an Demut fehlt. Möge der Herr sie uns verleihen.

Doch kehren wir zurück zu diesem jähen Hingerissensein des Geistes. Es scheint dabei wirklich so, als verlasse er den Leib, wobei es andererseits keinen Zweifel gibt, daß die betreffende Person nicht tot ist; zumindest einige Augenblicke lang aber kann sie selber nicht sagen, ob sie im Körper ist oder nicht. Es scheint ihr, als sei sie mit ihrem ganzen Wesen in einer fremden Region gewesen, die ganz anders ist als die, in der wir leben. Dort zeigt sich ihr ein anderes Licht, das so verschieden von dem hiesigen ist, daß es ihr unmöglich wäre, auch wenn sie sich ihr ganzes Leben lang darum bemühte, es sich mit all den anderen Dingen auszudenken. In einem Augenblick wird ihr da eine solche Unzahl von Dingen gezeigt, daß sie in vielen Jahren der Mühe mit ihrer Phantasie und ihrem Denken nicht ein Tausendstel davon zusammenbrächte. Dies ist keine Vision des Verstandes, sondern eine bildhafte Schau, die man mit den

Augen der Seele viel besser aufnehmen kann, als wir hier mit denen des Körpers sehen; und ohne Worte werden ihr da mancherlei Dinge klar. Sieht sie etwa irgendwelche Heilige, so erkennt sie diese, als sei sie ihnen schon oft begegnet.

Bei anderen Gelegenheiten erscheinen ihr neben dem, was sie mit den Augen der Seele gewahrt, in einer Verstandesschau noch andere Dinge, vor allem Scharen von Engeln mit ihrem Herrn. Und ohne daß sie irgend etwas mit den Augen des Leibes oder der Seele sieht, gewahrt sie – in einer wunderbaren Einsicht, die ich nicht ausdrücken kann – das Gesagte und viele andere Dinge mehr, die nicht in Worte zu fassen sind. Wer das schon erlebt hat und befähigter ist als ich, kann sie vielleicht verständlich machen, was mir freilich schwierig erscheint. Ob dies alles geschieht, während die Seele im Körper oder außerhalb des Leibes ist, kann ich nicht sagen; zumindest möchte ich nicht beschwören, daß sie sich dabei im Körper befinde, und genausowenig, daß der Körper dabei ohne Seele sei.

Oft habe ich gedacht, ob es nicht so ist wie bei der Sonne. Sie steht am Himmel, ihre Strahlen aber haben eine solche Kraft, daß sie schnell herab zur Erde dringen, ohne daß die Sonne sich von ihrem Platze rührt. Die Seele und der Geist sind ein und dasselbe, genau wie die Sonne und ihre Strahlen. Kann da nicht, während sie an ihrem Platz verweilt, mit der Kraft der Wärme, die sie von der wahren Sonne der Gerechtigkeit empfängt, irgendein höherer Teil über sich selbst hinausdringen? Aber ich weiß nicht, was ich sage. Wahr ist auf jeden Fall, daß so geschwind, wie eine Kugel die Büchse verläßt, wenn man Feuer gibt, im Innern der Seele etwas auffliegt – ich kann es nicht anders nennen; denn obwohl es ganz lautlos geschieht, läßt es doch so deutlich eine Bewegung entstehen, daß es keineswegs eine Einbildung sein kann. Und wenn sie ganz außer sich ist – soweit sie das zu begreifen vermag –, zeigen sich ihr große Dinge. Fühlt sie sich wieder in sich selber, dann empfindet sie sich so bereichert und schätzt alle Dinge der Erde so gering im Vergleich zu dem, was sie geschaut hat, daß sie ihr als Unrat erscheinen. Von da an lebt sie auf dieser Erde in großer Qual, und nichts von dem, was sie einst für gut und schön hielt, besitzt in ihren Augen jetzt noch einen Wert. Es scheint, als habe der Herr ihr etwas von dem Lande zeigen wollen, in das sie gelangen soll, so wie die Kundschafter des Volkes Israel, die ins Land der Verheißung vorausgeschickt worden waren, Zeichen mitbrachten dem Volk, damit es die Mühsale dieses Leidensweges erdulde in dem Wissen, wo es zur Ruhe finden wird.

Auch wenn ihr vielleicht meint, daß etwas, das so rasch vorübergeht, von keinem großen Nutzen sei, ist doch der Wert, den es in der Seele hinterläßt, so groß, daß er nur von dem zu erfassen ist, der es erlebt hat. Daraus ist klar zu ersehen, daß es kein Werk des Satans ist. Weder die eigene Einbildung noch der Teufel könnten einem Dinge vor Augen führen, die eine solche Wirkung, solchen Frieden, solche Ruhe und soviel Gewinn in der Seele hinterlassen, vor allem aber drei Dinge in reichem Maße: Erkenntnis der Größe Gottes (denn je mehr wir davon sehen, um so mehr begreifen wir sie); Selbsterkenntnis und Demut (durch den Eindruck, wie ein Wesen, das so niedrig ist im Vergleich zum Schöpfer so vieler Herrlichkeiten, es gewagt hat, ihn zu beleidigen, und noch immer wagt, zu ihm aufzublicken); und als dritte Frucht: eine Geringachtung aller Dinge dieser Erde, außer denen, die sie im Dienst für einen so großen Gott gebrauchen kann.

Dies sind die Kleinode, die der Bräutigam seiner Braut zu schenken beginnt, und sie sind von so hohem Wert, daß die Braut sie mit Sorgfalt bewahrt. Diese Gesichte bleiben nämlich dem Gedächtnis so eingemeißelt, daß es mir unmöglich scheint, sie könnten jemals der Erinnerung verlorengehen, bis zu jener Zeit, wo die Seele sich auf ewig daran erfreut. Geschähe es dennoch, so wäre es für sie ein schrecklicher Schade. Doch der Bräutigam, der ihr diese Geschenke macht, ist mächtig genug, ihr auch die Gnade zu verleihen, daß sie dieselben nicht verliert.

Was aber den Mut angeht, dessen es hier bedarf – glaubt ihr, daß der so leicht zu haben sei? Denn es scheint wirklich so, als trennte sich die Seele vom Leib; man merkt, daß einem die Sinne schwinden, und versteht nicht, wozu. Da ist es nötig, daß er diesen Mut uns verleiht, er, der auch alles übrige uns schenkt. Ihr werdet sagen: Diese Angst wird reichlich belohnt. Dasselbe sage auch ich. Ewig sei er gerühmt, der so viel zu geben vermag. Möge Seine Majestät uns die Gnade verleihen, daß wir würdig sind, ihm zu dienen. Amen.

SECHSTES KAPITEL

Diese Gnaden hinterlassen in der Seele ein so großes Verlangen, sich dessen, der dies alles für sie tut, ganz zu erfreuen, daß sie in heftiger und doch lustvoller Qual lebt. Eine unbändige Sehnsucht nach dem Tode erfüllt sie, und deshalb fleht sie, meist unter Tränen, Gott darum an, sie wegzunehmen aus dieser Verbannung. Alles ödet sie an, was sie hier erblickt. Ist sie allein, fühlt sie eine gewisse Erleichterung, aber dann stellt sich aufs neue dieser Schmerz ein, von dem sie niemals frei ist. Kurz gesagt: der kleine Falter kann keinen Platz finden, wo er dauernd ruhen könnte. Da die Seele von einer so innigen Liebe getrieben ist, drängt vielmehr alles, was dieses Feuer noch mehr entfacht, sie zum Weiterfliegen. Und deshalb folgt in dieser Wohnung eine Verzückung der anderen, wovor es kein Ausweichen gibt, selbst in der Öffentlichkeit nicht. Verfolgungen und böse Nachrede lassen nicht auf sich warten. Die Seele will zwar furchtlos bleiben, aber man erlaubt es ihr nicht. Viele Leute flößen ihr da Ängste ein, vor allem die Beichtväter. Und obwohl sie einerseits, vor allem wenn sie mit Gott allein ist, in ihrem Inneren eine große Sicherheit zu fühlen glaubt, ist sie andererseits doch sehr gequält, weil sie fürchtet, der Satan könnte sie vielleicht derart täuschen, daß sie damit den kränkt, den sie so innig liebt. Das Gerede kümmert sie wenig, es sei denn, daß der Beichtvater selber ihr so zusetzt, als ob sie etwas daran ändern könnte.

In diesem Fall bittet sie nur alle anderen, für sie zu beten, und fleht Seine Majestät an, sie einen anderen Weg zu führen; denn dazu rät man ihr, weil dieser Weg sehr gefährlich ist. Aber nachdem sie auf ihm so viel für ihr Heil gefunden hat, daß sie von der Ansicht nicht abzubringen ist, dies sei, auch nach allem, was sie gelesen, gehört und durch die Gebote Gottes erfahren habe, der Weg, der zum Himmel führt, bringt sie es nicht über sich, selbst wenn sie es wollte, einen anderen Wunsch zu fühlen, als seinen Händen sich zu überlassen. Aber daß sie den Wunsch nach einem anderen Weg sich nicht zu eigen machen kann, schmerzt sie ebenfalls, weil es ihr scheint, als werde sie damit dem Beichtvater gegenüber ungehorsam. Im Gehorsam und in der Sorge, unseren Herrn nicht zu kränken, scheint ihr aber das einzige Heilmittel zu bestehen, das sie vor Trug und Täuschung schützen kann. Deshalb würde sie wissentlich niemals auch nur eine läßliche Sünde begehen und ließe sich – davon ist sie überzeugt – lieber in Stücke hauen. Aber es bekümmert sie sehr, wenn sie sieht, daß sie es nicht vermeiden kann, vielfach zu sündigen, ohne daß sie es merkt.

Gott gibt diesen Seelen ein so übermächtiges Verlangen ein, ihm durch nichts zu mißfallen – auch nicht durch eine noch so geringe Kleinigkeit – und sich niemals unvollkommen zu erweisen, wenn sie dies irgend vermögen. Und schon deshalb, geschehe es auch aus keinem anderen Grund, möchte sie den Leuten entfliehen und beneidet sehr die Einsiedler, die in den Wüsten lebten oder noch heute dort leben. Aber auf der anderen Seite möchte sie am liebsten mitten in die Welt gehen, um zu sehen, ob sie nicht etwas dazu beitragen kann, daß auch nur eine Seele Gott inniger lobe. Handelt es sich um eine Frau, so ist sie traurig über die Fesseln, die ihre Natur ihr auferlegt und die ihr nicht erlauben, dies zu tun, und heftig beneidet sie diejenigen, die die Freiheit haben, es laut hinauszurufen und aller Welt zu verkünden, wer dieser große Gott der Heerscharen ist.

Oh, armer kleiner Falter, festgehalten von soviel Fesseln, die dich nicht fliegen lassen, wohin du willst! Hab Mitleid mit ihm, mein Gott. Gebrauche Deine Macht, damit er ein wenig seiner Sehnsucht folgen kann, zu Deiner Ehre und Deinem Ruhm. Denk nicht daran, wie wenig er dies verdient und von welch niederer Natur er ist. Du hast die Gewalt, Herr, das große Meer und die Fluten des Jordans zurückweichen zu lassen, so daß die Kinder Israels hindurchziehen können. Hab kein Mitleid mit der Seele; denn mit Hilfe Deiner Stärke kann sie viel Mühsal bestehen. Sie ist bereit dazu und will es erleiden. Strecke Deinen mächtigen Arm aus, Herr, laß sie ihr Leben nicht mit so niederen Dingen zubringen. Deine Größe erweise sich an einem so niederen weiblichen Wesen, damit die Welt, wenn sie erkennt, daß dies etwas ist, was ein Weib nicht aus sich selber hat, Dich loben möge. Das wünscht sich Deine Magd, koste es, was es wolle. Und tausend Leben wollte sie hingeben, wenn sie so viele hätte, damit eine einzige Seele Dich auch nur ein bißchen inniger lobe. Und sie täte es in der Überzeugung, ihre Zeit gut angewandt zu haben. Dabei ist sie sich freilich klar bewußt, daß sie nicht würdig ist, für Dich auch nur eine ganz kleine Mühsal zu erdulden, geschweige denn zu sterben.

Ich weiß nicht, Schwestern, warum ich das gesagt habe und wozu; denn ich verstehe mich selber nicht recht. Wir müssen erkennen: dies sind die Wirkungen der Erhebungen oder Ekstasen. Es ist nämlich keine Sehnsucht, die vorbeigeht, sondern eine, die ständig anhält, und wenn sich irgendeine Gelegenheit bietet, wo sie sich erweisen kann, so zeigt es sich, daß es keine Einbildung war. Warum sage ich »ständig«? Manchmal fühlt sich die Seele verzagt, und zwar bei den geringsten Dingen; sie ist verängstigt und hat so wenig

Mut, daß es ihr unmöglich scheint, sich zu irgend etwas aufzuschwingen. Meiner Ansicht nach überläßt der Herr sie da ihrer eigenen Natur, zu ihrem noch viel größeren Nutzen und Heil; denn da sieht sie, daß der Mut, den sie vielleicht einmal für irgend etwas aufgebracht hat, ihr von Seiner Majestät eingegeben wurde. Sie erkennt dies in einer Klarheit, die sie selber vernichtet und sie noch deutlicher das Erbarmen Gottes erfahren läßt und seine Größe, die er an einem so niederen Wesen erweisen wollte. Meist herrscht jedoch in der Seele die Sehnsucht, von der ich vorhin gesprochen habe.

Eines müßt ihr euch merken, Schwestern: Diese heftigen Regungen der Sehnsucht, unseren Herrn zu sehen, bedrängen einen manchmal so sehr, daß man sie nicht noch unterstützen darf. Ihr müßt euch da vielmehr ablenken, wenn ihr es könnt. Bei anderen Aufwallungen des Verlangens, von denen ich noch reden werde, ist das völlig ausgeschlossen, wie ihr sehen werdet. Bei den ersteren ist es jedoch manchmal durchaus möglich; denn da ist die Vernunft stark genug, um sich in den Willen Gottes zu fügen und das zu sagen, was der heilige Martin sprach. Auch kann man den Gegenstand der Betrachtung wechseln, wenn die Sehnsucht allzu bedrängend wird; denn weil dies anscheinend ein Verlangen ist, das sich allein bei Menschen regt, die schon weit fortgeschritten sind, könnte es ja sein, daß der Satan den Antrieb dazu gibt, damit wir meinen, wir seien der Vollkommenheit schon so nahe. Es ist immer gut, in Furcht zu wandeln. Ich für mein Teil glaube jedoch, daß der Böse nicht die Ruhe und den Frieden stiften kann, welche diese Pein der Seele einflößt, sondern daß er dabei eine Leidenschaft erregt, wie wir sie empfinden, wenn wir irdischer Dinge wegen Kummer leiden. Wer aber nicht in beidem erfahren ist, der wird es nicht begreifen, und da er denkt, es sei etwas Großes, wird er mit allen Kräften nachhelfen und dadurch seiner Gesundheit großen Schaden zufügen; denn diese Pein hält ständig an oder ist jedenfalls die meiste Zeit zu spüren.

Auch müßt ihr bedenken, daß eine schwache körperliche Verfassung oftmals die Ursache derartigen Kummers ist, vor allem bei manchen zarten Personen, die wegen jeder Kleinigkeit weinen. Solchen Menschen wird der Satan tausendmal den Gedanken einflößen, sie weinten aus Liebe zu Gott, auch wo dies gar nicht der Fall ist. Ja, es kann sogar vorkommen, wenn die Tränen in Strömen fließen und man bei jedem Wörtchen, das man über Gott hört oder denkt, ihnen nicht widerstehen kann, daß irgendeine Stimmung das Herz überkommt, die mehr als die Liebe zu Gott daran beteiligt ist, daß man in ein Weinen ausbricht, das nicht mehr aufzuhören scheint. Und da die betreffenden Menschen schon erfahren haben, daß Tränen etwas Gutes sind, wehren sie sich nicht dagegen, wünschen sich gar nichts anderes und fördern sie, so gut sie können. Der Satan verfolgt dabei die Absicht, sie auf diese Weise zu schwächen, so daß sie nachher nicht einmal fähig sind, zu beten oder die Regel einzuhalten.

Ich glaube euch vor mir zu sehen, wie ihr fragt, was ihr nun eigentlich tun sollt, wenn ich überall eine Gefahr wittere und selbst bei einem so guten Zeichen wie den Tränen die Möglichkeit einer Täuschung argwöhne; und ich meine zu hören, wie ihr sagt, ich selber sei die Getäuschte. Das kann wohl sein, aber glaubt mir: Ich würde das nicht sagen, wenn ich es nicht schon an manchen Personen beobachtet hätte, freilich nicht an mir; denn ich bin keineswegs zart, sondern habe vielmehr ein so zähes Herz, daß es mich manchmal bekümmert. Aber mag das Herz auch noch so hart sein – es träufelt wie aus einem Destillierkolben, wenn das innerliche Feuer groß ist. Und ihr werdet es deutlich merken, daß die Tränen, wenn sie in dieser Weise kommen, eher stärken und beruhigen als aufwühlen und daß sie selten schaden. Falls es aber eine Täuschung ist, so hat doch bloß der Leib den Schaden zu tragen und nicht die Seele, wenn nur die nötige Demut da ist. Fehlt aber diese, so hat man guten Grund, um die Seele zu bangen.

Wir dürfen nicht meinen, wir hätten es geschafft, wenn wir viel weinen. Nein, laßt uns tatkräftig Hand ans Werk legen und die Tugenden erringen – denn darauf kommt es an –, und die Tränen mögen fließen, wenn Gott sie schickt, ohne daß wir uns darum bemühen. Solche Tränen werden diese ausgetrocknete Erde netzen und viel dazu beitragen, daß sie Frucht bringt. Je weniger wir uns darum kümmern, desto besser; denn es ist Wasser, das vom Himmel fällt. Das andere, nach dem wir mühsam graben, um es dann heraufzuholen, ist damit nicht zu vergleichen; denn oftmals graben wir bis zur völligen Erschöpfung und finden nicht einmal eine Pfütze, geschweige denn eine Quelle. Deshalb, Schwestern, halte ich es für besser, daß wir uns vor den Herrn begeben und seine Barmherzigkeit und Größe betrachten und unsere eigene Niedrigkeit. Er gebe uns, was er will, sei es Wasser oder Dürre. Er weiß besser, was gut für uns ist. Denken wir so, dann werden wir sorglos unseren Weg gehen, und der Satan hat weniger Gelegenheit, uns durch Blendwerk in eine Falle zu locken.

Neben diesen Qualen, die zugleich Wonnen sind, schenkt unser Herr der Seele zuweilen auch ein Frohlocken und ein Gebet, die so ungewöhnlich sind, daß sie es nicht zu fassen vermag. Ich erwähne dies hier, damit ihr wißt, daß dergleichen geschehen kann, und ihr Gott von Herzen rühmt, wenn er euch diese Gnade erweisen sollte. Es ist nach meiner Meinung eine große Vereinigung der Seelenkräfte, nur läßt unser Herr ihnen dabei genauso wie den Sinnen die Freiheit, diese Wonne zu genießen, ohne daß sie begreifen, was sie eigentlich genießen und wie sie es genießen. Das klingt wie ein wirres, unverständliches Gerede, und doch ist es so und nicht anders. Es ist eine solch überschwengliche Lust der Seele, daß sie es nicht allein genießen, sondern allen sagen möchte, damit sie gemeinsam mit ihr unseren Herrn preisen; denn dazu drängt ihr ganzes Gefühl. Oh, was für Feste würde sie feiern, wenn sie könnte, und es allem Volk verkünden, damit jedermann ihre Wonne verstünde. Es ist, als habe sie sich selber gefunden und als wollte sie, wie der Vater des verlorenen Sohnes, alle Welt einladen und große Freudenfeste bereiten, weil sie ihre Seele an einem Orte sieht, von dem sie mit Gewißheit glaubt, daß sie hier in Sicherheit ist, wenigstens in diesem Augenblick. Und ich glaube, sie hat recht damit; denn soviel Wonne im tiefsten Inneren der Seele, bei solchem Frieden und wo all ihre Freude sie drängt zum Lobe Gottes – das kann unmöglich der Satan eingeben.

Steigt die Freude mit so stürmischer Gewalt empor, dann fällt das Schweigen recht schwer, und sie zu verheimlichen ist keine geringe Qual. So hat es wohl der heilige Franziskus empfunden, als die Räuber ihm begegneten und er laut rufend übers Feld ging und ihnen sagte, er sei der Herold des großen Königs; ebenso andere Heilige, die in die Einöde gehen, um gleich Franziskus diesen Lobpreis Gottes laut und offen ausrufen zu können. Ich kannte selber einen solchen Heiligen namens Bruder Pedro de Alcántara (nach seiner Lebensweise halte ich ihn wirklich für einen Heiligen). Er tat dasselbe, und die Leute, die ihn gelegentlich hörten, hielten ihn für verrückt. Oh, welch gute Verrücktheit, Schwestern. Würde Gott sie doch uns allen schenken! Und wieviel Gnade hat er euch damit erwiesen, daß ihr an einem Orte lebt, wo man, auch wenn der Herr euch dies zuteil werden läßt und ihr es zu erkennen gebt, euch eher dabei helfen wird, als daß man euch zum Gegenstand von üblem Gerede macht, wie es euch erginge, wenn ihr im weltlichen Leben stündet. Dieses öffentliche Verkündigen ist man so wenig gewohnt, und es geschieht so selten, daß es gar nicht verwunderlich ist, wenn darüber gelästert wird.

Oh, unselige Zeiten und erbärmliches Leben, das wir jetzt führen. Glücklich jene, denen das gute Los zugefallen ist, davon befreit zu sein! Manchmal ist es mir eine besondere Freude, wenn ich die Schwestern beisammen sehe und gewahre, wie sie von einem so großen inneren Glück erfüllt sind, daß sie miteinander wetteifern, von Herzen unseren

Herrn dafür zu preisen, daß sie im Kloster leben. Denn man sieht es klar und deutlich, daß diese Lobpreisungen tief aus der Seele kommen. Ich wünschte mir, Schwestern, daß ihr dies oftmals tut und daß eine, die den Anfang macht, die anderen dazu erweckt. Wozu könntet ihr eure Zunge auch besser gebrauchen, wenn ihr beisammen seid, als zum Lobe Gottes, dem wir so viel zu danken haben?

Möge es Seiner Majestät gefallen, daß er uns oft dieses Gebet schenkt; denn es ist so sicher und bringt soviel Gewinn. Wir von uns aus können es nicht erlangen, weil es etwas ganz Übernatürliches ist. Und es kommt vor, daß es einen vollen Tag anhält und die Seele umhergeht wie jemand, der viel getrunken hat, aber doch nicht so viel, daß er von Sinnen ist, oder wie ein Melancholiker, der zwar den Verstand nicht völlig verloren hat, aber stets an *einer* Sache haftet, die sich in seiner Vorstellung festgesetzt hat und von der ihn auch niemand abbringen kann. Das sind recht grobe Vergleiche für etwas so Kostbares, doch mein Geist ist nicht fähig, andere zu finden. Es ist nämlich wirklich so, daß die Seele über dieser Freude sich selber und alle Dinge derart vergißt, daß sie gar nichts anderes mehr bemerkt und nichts anderes auszudrücken vermag, als was ihrer Freude entquillt, als den Lobpreis Gottes. Laßt uns alle dieser Seele dabei helfen, meine Töchter. Warum wollen wir vernünftiger sein? Was kann uns größere Freude schenken? Und alle Geschöpfe mögen mit uns einstimmen zur Ehre des Herrn und für alle Ewigkeit. Amen, Amen, Amen.

SIEBTES KAPITEL

Vielleicht meint ihr, Schwestern – vor allem diejenigen unter euch, die nicht diese Gnaden erlangt haben –, daß die Seelen, denen sich der Herr auf so besondere Weise mitteilt, schon so sicher seien, immer sich seiner zu erfreuen, daß sie nichts mehr zu fürchten hätten und ihre Sünden nicht mehr beweinen müßten. Das wäre ein schlimmer Irrtum; denn die Sünden schmerzen nur um so mehr, je mehr uns von Gott geschenkt wird. Wer wirklich ein solches Geschenk von Gott empfangen hat, wird mir das bestätigen. Und ich bin überzeugt, daß der Schmerz nicht aufhören wird, bis wir dort sind, wo uns nichts mehr ein Leid zufügen kann.

Es stimmt, daß die Pein manchmal quälender ist als sonst und auch von anderer Art; denn die Seele denkt da nicht mehr an die Qual, die ihr die Sünden bereiten, sondern daran, wie undankbar sie gegen den war, dem sie so viel schuldet und der wohl würdig ist, daß man ihm dient. Durch die Herrlichkeiten, die er der Seele mitteilt, erkennt sie nämlich viel klarer die Größe Gottes. Es erschreckt sie, wie sie so vermessen sein konnte; sie beweint ihre geringe Ehrfurcht, und so irrwitzig erscheint ihr die eigene Torheit, daß sie es nie genug beklagen kann, wenn sie daran denkt, daß sie eine solch erhabene Majestät so niedriger Dinge wegen je verließ. Damit sind ihre Gedanken viel mehr beschäftigt als mit den Gnaden, die sie empfängt, auch wenn diese so groß sind wie die, von denen noch die Rede sein wird. Es scheint, als würden sie jeweils von einem gewaltigen Strom herangeschwemmt und wieder fortgerissen. Die Sünden aber sind wie der Schlamm auf dem Grund einer Lache; denn immer wieder werden sie von der Erinnerung aufgewühlt. Und das ist eine schreckliche Qual.

Ich weiß von einer Person, die nicht nur sterben wollte, um Gott zu schauen, sondern sich auch nach ihrem Ende sehnte, um nicht ständig von dem Gedanken gequält zu werden, wie undankbar sie gegen den gewesen war, dem sie immer soviel verdankte und noch verdanken sollte. Darum glaubte sie auch, die Schlechtigkeit keines anderen Menschen könnte der ihrigen gleichkommen; denn sie sah ein, daß es wohl niemanden geben könne, den Gott mit solcher Langmut ertragen und dem er zugleich so viele Gnaden erwiesen hat. Was aber die Angst vor der Hölle angeht – solche Seelen fühlen sie überhaupt nicht; nur manchmal bedrängt sie heftig die Furcht, sie könnten Gott verlieren, aber das geschieht recht selten. Sie befürchten einzig und allein, Gott könnte sie von seiner Hand lassen, so daß sie ihn beleidigen könnten und sich wieder in jenem elenden Zustande sähen wie einst. Um die eigene Pein oder Seligkeit kümmern sie sich nicht; und wenn sie den Wunsch haben, nicht lange im Fegefeuer zu bleiben, so mehr aus der Sorge, nicht so lange von Gott getrennt zu sein, als aus Furcht vor den Qualen, die sie dort zu erdulden haben.

Ich hielte es für gefährlich, wenn eine Seele – sei sie auch noch so sehr von Gott begnadet worden – es vergäße, daß sie sich einmal in einem elenden Zustand befand; denn so qualvoll solch eine Erinnerung ist, so nützlich ist sie in vieler Hinsicht. Vielleicht meine ich das, weil ich selbst so verderbt gewesen bin, und deshalb habe ich es auch immer im Gedächtnis. Diejenigen, die gut gewesen sind, werden es wohl nicht empfinden, obgleich es immer Brüche gibt, solange wir in unserem sterblichen Leibe leben. Bei dieser Pein bringt der Gedanke, daß unser Herr die Sünden schon vergeben und vergessen hat, keine Erleichterung, eher steigert es die Pein, wenn man soviel Güte erfährt und sieht, daß all die Gnaden jemandem zuteil werden, der nichts als die Hölle verdiente. Ich glaube, daß dies für den heiligen Petrus und die Magdalena ein großes Martyrium war; denn da ihre Liebe so hoch entflammt war, da sie so viele Gnaden empfangen und die Größe und Majestät Gottes erkannt hatten, mußte die Erinnerung an ihre Sünden sie wohl bitter schmerzen und die schärfste Reue in ihnen wecken.

Ihr meint vielleicht auch, daß jemand, der sich solch hoher Dinge erfreut, nicht mehr über die Geheimnisse der allerheiligsten Menschlichkeit unseres Herrn Jesus Christus meditieren wird, weil einer solchen Seele sich alles in Liebe verwandelt hat. Das ist eine Frage, über die ich anderswo ausführlich geschrieben habe, und obgleich man mir damals widersprochen und gesagt hat, ich verstünde es nicht (denn das seien Wege, auf denen Gott unser Herr die Seelen führe, und sobald man die Anfänge hinter sich habe, sei es besser, sich mit göttlichen Dingen zu befassen und das Körperliche zu fliehen), wird man mich nicht zu dem Bekenntnis bringen, dies sei ein guter Weg. Es mag schon sein, daß ich mich täusche und daß wir alle ein und dasselbe meinen; doch ich habe gesehen, daß der Satan mich eben damit betrügen wollte, und dies hat mich so abgeschreckt, daß ich – auch wenn ich es schon oft gesagt habe – es euch hier noch einmal sagen möchte, dabei doch ja recht wachsam zu sein. Und schaut, ich wage zu sagen, daß ihr niemand glauben sollt, der euch darüber etwas anderes sagt. Ich werde mich auch darum bemühen, mich noch deutlicher auszudrücken, als ich es früher tat; denn vielleicht hätte derjenige, den ich vorhin meinte, das Richtige gesagt, wenn er es ausführlicher erklärt hätte; aber so in Bausch und Bogen gesprochen, zu uns, die wir nicht so klar verstehen, kann es viel Unheil anrichten.

Manche Seelen meinen wohl auch, sie könnten nicht mehr an die Passion denken. Noch weniger werden sie also an die heiligste Jungfrau oder das Leben der Heiligen denken können – Erinnerungen, die uns soviel nützen, uns so ermutigen. Ich kann mir nicht vorstellen, an was sie überhaupt denken; denn von allem Körperlichen getrennt sein, bedeutet für engelhafte Geister, immer in Liebe entflammt zu sein; doch wir, die wir in einem sterblichen Leibe leben, sind darauf angewiesen, von jenen zu reden, an jene zu denken und uns in das Geleite derer zu begeben, die in eben diesem leiblichen Dasein so große Taten für Gott vollbrachten. Noch weniger begreife ich, wie man sich absichtlich von dem entfernen kann, der unser ganzes Heil und unsere Rettung ist – von der heiligsten Menschlichkeit unseres Herrn Jesus Christus. Ich kann nicht glauben, daß sie das tun, sondern meine, daß sie sich selber nicht verstehen; und so schaden sie sich und anderen. Zumindest versichere ich ihnen, daß sie nicht in diese beiden letzten Wohnungen gelangen. Wenn sie nämlich den Führer verlieren, den guten Jesus, so werden sie den Weg nicht finden, und es wäre schon reichlich viel, wenn sie sich in den anderen Wohnungen sicher fühlen könnten. Denn der Herr selber sagt, er sei der Weg. Und er fährt fort: »Ich bin das Licht; niemand kommt zum Vater denn durch mich, und wer mich sieht, der sieht meinen Vater.« Man wird mir entgegnen, diese Worte seien anders zu verstehen. Ich erkenne keinen anderen Sinn. Mit diesem Sinn aber, den meine Seele stets als die Wahrheit empfindet, bin ich sehr gut gefahren.

Es gibt manche Seelen (und ziemlich viele haben mit mir darüber gesprochen), welchen der Herr die vollkommene Beschauung schenkt und die deshalb am liebsten immer in diesem Zustand verharren würden. Und das ist unmöglich. Aber wenn sie diese Gnade des Herrn erfahren haben, können sie danach nicht mehr so wie früher an die Passion und an das Leben Christi denken. Ich weiß nicht, was die Ursache ist; doch es geschieht recht häufig, daß der Verstand hernach weniger zur Meditation befähigt ist. Ich glaube, das kommt wohl daher, daß bei der Meditation alles ein Suchen nach Gott ist und daß die Seele, wenn sie einmal Gott gefunden hat und daran gewöhnt ist, ihn immer aufs neue mit Hilfe des Willens zu suchen, nun sich nicht mehr mit dem Verstand ermüden möchte. Und es scheint mir auch, als wolle der Wille, diese großmütige Seelenkraft, da er schon entflammt ist, jene andere Fähigkeit nicht in Anspruch nehmen, wenn es nicht unumgänglich ist. Damit handelt er nicht böse; doch er kann nicht auf das Denken verzichten, vor allem nicht, bevor er in diese letzten Wohnungen gelangt; er wird sonst nur Zeit verlieren, denn oft bedarf es der Hilfe des Verstandes, damit der Wille entflammt wird.

Achtet auf diesen Punkt, Schwestern, denn er ist wichtig, und ich will ihn deshalb noch genauer erklären. Die Seele ist voll der Sehnsucht, sich ganz der Liebe hinzugeben, und möchte nichts anderes mehr gewahren. Doch das ist unmöglich, auch wenn sie dies will; denn der Wille ist zwar nicht tot, aber das Feuer, das ihn entbrennen läßt, ist immer am Erlöschen, und es braucht einen, der hineinbläst, damit es Hitze aussprüht. Wäre es gut, wenn die Seele in dieser Dürre verharrte und wie unser Vater Elia darauf warten würde, daß Feuer vom Himmel fällt und dieses Opfer in Brand setzt, welches sie mit dem eigenen Wesen Gott darbringen will? Nein, gewiß nicht. Wir dürfen nicht auf Wunder warten. Der Herr wird sie der Seele schenken, wenn es ihm beliebt, wie schon gesagt worden ist und noch gesagt werden muß. Nach dem Willen des Herrn sollen wir uns vielmehr als verderbt ansehen, als unwürdig einer solchen Gnade, so daß wir alle Hilfsmittel benützen, über die wir selber verfügen. Und es ist meine Überzeugung, daß wir, solange wir nicht gestorben sind, darauf nicht verzichten können, so hoch wir auch im Gebet emporgestiegen sein mögen.

Freilich, diejenigen, die der Herr schon in die siebte Wohnung geführt hat, bedürfen dieser Mühe nur noch in seltenen Fällen oder fast nie. Weshalb sie das entbehren können, werde ich zu gegebener Zeit sagen, falls ich daran denke; aber dort sind sie fast ununterbrochen in wunderbarer Weise bei Christus unserem Herrn, der, göttlich und menschlich zugleich, sie immerfort geleitet. Wenn also das Feuer, von dem wir sprachen, im Willen nicht entzündet ist und man die Gegenwart Gottes nicht fühlt, so ist es nötig, daß wir sie suchen. Seine Majestät will, daß wir es machen wie die Braut im Hohenlied und daß wir – wie der heilige Augustin es sagte, ich glaube, in seinen Meditationen oder Bekenntnissen – die Geschöpfe fragen, wer sie erschaffen hat. Wir sollten nicht wie Toren die Zeit verlieren, indem wir darauf warten, daß uns nochmals gegeben wird, was uns schon einmal geschenkt wurde; denn anfänglich kann es sein, daß ein Jahr oder gar viele Jahre vergehen, ohne daß uns der Herr das wieder gewährt. Seine Majestät weiß warum. Wir sollten nicht danach verlangen, den Grund zu wissen. Wozu auch? Wir wissen ja durch die Gebote und Sprüche den Weg, wie wir Gott erfreuen können. Auf ihm wollen wir eifrig weitergehen, indem wir seines Lebens und seines Todes gedenken und uns erinnern, wieviel wir ihm verdanken. Das übrige mag kommen, wann der Herr will.

Doch es wird einem entgegnet, man dürfe sich nicht mit diesen Dingen aufhalten. Und nach dem früher Gesagten ist ein solcher Einwand in gewisser Weise sogar berechtigt. Ihr wißt ja, daß es nicht dasselbe ist, ob man mit dem Verstand sich etwas erdenkt oder ob die Erinnerung dem Verstand Wahrheiten vergegenwärtigt. Ihr sagt vielleicht, ihr verstündet mich nicht, und es kann wirklich sein, daß ich selber es nicht genügend verstehe, um es ausdrücken zu können; doch ich werde es in Worte fassen, so gut ich kann. »Meditation« nenne ich ein langes Nachsinnen mit dem Verstand, das folgendermaßen vor sich geht: Wir beginnen an die Gnade zu denken, die uns Gott erwies, indem er uns seinen einzigen Sohn gab, und bleiben dabei nicht stehen, sondern gehen weiter zu den Geheimnissen seines ganzen glorreichen Lebens; oder wir beginnen beim Gebet am Ölberg, und der Verstand hält nicht eher inne, bis er ans Kreuz gelangt ist; oder wir erwählen einen Ausschnitt der Leidensgeschichte, etwa die Gefangennahme, und dringen in dieses Geheimnis ein, indem wir genau die einzelnen Erscheinungen betrachten, die es da zu bedenken und nachzuempfinden gibt, so den Verrat des Judas, die Flucht der Jünger und alles andere. Das ist ein bewundernswertes, sehr verdienstvolles Gebet.

Dieses Gebet meine ich, wenn ich sage, daß diejenigen, die Gott zu übernatürlichen Dingen und zur vollkommenen Beschauung geführt hat, wohl recht haben, wenn sie sagen, sie könnten es nicht mehr so ausüben wie früher. Warum – das weiß ich nicht. Jedenfalls sind sie meistens dazu nicht imstande. Doch sie haben nicht recht, wenn sie sagen, daß sie sich mit diesen Geheimnissen absichtlich nicht befassen und nicht oft daran denken. Das ist unrecht, besonders dann, wenn die katholische Kirche diese Geheimnisse feiert. Auch ist es unmöglich, daß die Seele, die soviel von Gott empfangen hat, solch kostbare Liebesbeweise aus der Erinnerung verliert; denn es sind lebendige Funken, die sie noch mehr entflammen lassen in der Liebe, die sie für unseren Herrn empfindet. Nur versteht die Seele sich selber nicht, weil sie diese Geheimnisse in vollkommenerer Weise versteht. Der Verstand stellt sich nämlich diese Geheimnisse vor, und sie prägen sich derart der Erinnerung ein, daß es genügt, wenn die Seele nur den Herrn schaut, wie er niedergeworfen, mit jenem schrecklichen Schweiß bedeckt, am Ölberg kniet, um sie nicht nur eine Stunde, sondern viele Tage lang mit einem einfachen Blick erkennen zu lassen, wer er ist und wie undankbar wir gegenüber einem solch großen Leiden gewesen sind. Dann eilt der Wille herbei – auch wenn man keine Rührung dabei empfindet –, voller Verlangen, für solch eine große Gnade mit irgendeinem Dienst zu danken, und voll Sehnsucht, etwas für den zu erleiden, der soviel litt. Mit solchen und ähnlichen Wünschen beschäftigt der Wille das Gedächtnis und den Verstand. Und ich glaube, daß dies der Grund ist, weshalb die Seele nicht mehr über die Passion nachsinnen kann; und so kommt sie zu der Meinung, daß sie überhaupt nicht mehr daran denken könne.

Denkt sie wirklich nicht daran, so ist es gut, wenn sie sich darum bemüht; denn ich weiß, daß auch das erhabenste Gebet sie daran nicht hindert. Und ich halte es für schlecht, wenn sie sich darin nicht häufig übt. Enthebt der Herr sie dieser Andacht, nun gut; denn selbst wenn die Seele dem widerstreben würde, müßte sie doch das aufgeben, mit dem sie beschäftigt ist. Ein solches Verhalten ist nach meiner Meinung kein Hindernis, sondern eine große Hilfe bei allem Guten. Ein Hindernis wäre es nur, wenn die Seele sich mit Nachdenken abquälen würde, wie ich zu Beginn gesagt habe, und ich glaube, daß dies einem, der schon weiter gelangt ist, gar nicht möglich sein wird. Es mag schon sein, daß es dennoch geschieht; denn auf vielen Wegen führt Gott die Seelen. Doch man sollte diejenigen nicht verdammen, die den Weg des Nachsinnens nicht gehen können, noch sollte man von ihnen denken, sie seien unfähig zum Erleben solch großer Güter, wie die Geheimnisse unseres guten Jesus sie bergen. Keiner wird mich davon überzeugen können – möge er im geistlichen Leben noch so erfahren sein –, daß man auf gutem Wege ist, wenn man diese Güter nicht achtet.

Manchen Seelen, die eben erst zum Gebet der Ruhe gelangen und sich der Tröstungen und Wonnen zu erfreuen beginnen, die der Herr dort schenkt, scheint es, als sei es etwas sehr Großes, dort in ewigem Genusse zu verweilen. Sie mögen mir glauben und sich nicht zu sehr damit durchtränken – wie ich schon anderswo gesagt habe –; denn das Leben ist lang, und viele Mühsale gibt es in ihm, und wir müssen auf Christus, unser Vorbild, schauen, wie er sie ertrug, müssen auf seine Apostel und Heiligen sehen, um die Leiden in Vollkommenheit zu erdulden. An Jesus haben wir einen sehr guten Gefährten. Nie sollten wir uns von ihm und seiner heiligsten Mutter trennen. Und es freut ihn sehr, wenn wir seine Schmerzen nachfühlen, obwohl uns das zuweilen um unsere eigene Freude und Wonne bringt. Überdies, Töchter, wird das Geschenk solcher Wonnen im Gebet uns ja nicht als etwas so Alltägliches gewährt, daß uns keine Zeit für anderes mehr bliebe. Sollte jemand sagen, er erfahre es so anhaltend, daß er das, wovon wir sprachen, niemals tun könne, so würde mir dies verdächtig erscheinen. Ihr solltet dem auch nicht trauen. Sorgt dafür, daß ihr diesem Selbstbetrug entgeht, und strengt alle Kräfte an, um euch aus solcher Versunkenheit zu befreien. Reichen die Kräfte dazu nicht aus, so sagt es der Priorin, damit sie euch ein Amt gibt, das euch so sehr in Anspruch nimmt, daß diese Gefahr sich verflüchtigt, die zumindest für Kopf und Verstand sehr bedrohlich ist, falls dieser Zustand lange dauert.

Ich glaube, damit ist hinreichend verständlich gemacht, weshalb keiner – so vergeistigt er auch sein mag – die körperlichen Dinge so sehr meiden sollte, daß ihm selbst die allerheiligste Menschlichkeit noch als schädlich erscheint. Man führt als Begründung an, daß der Herr zu seinen Jüngern sagte, es sei gut für sie, daß er fortgehe. Diese Auslegung kann ich nicht hinnehmen. Bekanntlich hat er das nicht zu seiner heiligsten Mutter gesagt; denn sie war fest im Glauben, sie wußte, daß er Gott und Mensch war. Und obgleich sie ihn noch mehr liebte als die Jünger, war ihre Liebe doch so vollkommen, daß seine Gegenwart ihr eher hilfreich war. Die Jünger waren damals wohl nicht so fest im Glauben, wie sie es später waren und wie wir es jetzt mit gutem Grund sein sollten. Ich sage euch, Töchter, daß ich das für einen gefährlichen Weg halte. Der Satan könnte uns auf diese Weise noch die Verehrung des allerheiligsten Sakraments verderben.

Die Täuschung, in der ich mich – nach meiner Meinung – selbst befand, ging nicht so weit, sondern bewirkte nur, daß ich nicht mehr mit der gleichen Freude an unseren Herrn Jesus Christus dachte, vielmehr der Versunkenheit mich hingab, um auf das Geschenk jener Wonnen zu warten. Und ich sah klar, daß ich nicht auf dem rechten Wege war; denn da ich diese Gnade nicht immer erfahren konnte, gingen die Gedanken hin und her, und die Seele flatterte im Kreis herum wie ein Vogel, der nicht weiß, wo er sich niederlassen soll. Viel Zeit verlor ich so, ohne daß ich an Tugend gewonnen hätte oder im Gebet weitergekommen wäre. Ich begriff die Ursache nicht und hätte sie wohl auch nie begriffen, wenn nicht ein Diener Gottes, mit dem ich über meine Gebetsweise sprach, mich darauf hingewiesen hätte. Ich selber meinte nämlich, was ich tat, sei recht und gut. Daraufhin erkannte ich jedoch klar, wie sehr ich abgeirrt war, und es tut mir ewig leid, daß ich jemals glauben konnte, ich würde etwas gewinnen durch einen solch großen Verlust. Selbst wenn dies möglich wäre, wollte ich nichts gewinnen, was ich nicht durch den erlange, dem wir alle Güter verdanken. Er sei gelobt in Ewigkeit. Amen.

ACHTES KAPITEL

Damit ihr noch klarer seht, Schwestern, daß es wirklich so ist, wie ich euch gesagt habe, und daß eine Seele um so beständiger von dem guten Jesus begleitet wird, je weiter sie vorwärts geht, wird es gut sein, davon zu reden, daß wir – wenn Seine Majestät es so will – gar nicht anders können, als immer mit ihm zu gehen. Das ist deutlich an den Formen zu erkennen, in welchen Seine Majestät sich uns mitteilt und die Liebe zeigt, die er für uns empfindet, durch mancherlei Erscheinungen und solch erstaunliche Visionen. Damit es euch nicht erschreckt, wenn der Herr euch eine dieser Gnaden erweist, möchte ich euch – falls es dem Herrn beliebt, daß mir dies gelingt – in Kürze etwas davon sagen, auf daß wir ihn von Herzen loben, auch wenn er uns dies nicht selbst erfahren läßt, allein schon deshalb, weil er, der doch so erhaben und gewaltig ist, sich auf solche Weise mit einem Geschöpf verbinden will.

Es kann geschehen, daß die Seele, während sie mit keinem Gedanken daran denkt, ihr könnte eine solche Gnade widerfahren, ja sogar wenn sie niemals der Meinung war, eine solche zu verdienen, plötzlich Jesus Christus unseren Herrn an ihrer Seite fühlt, obgleich sie ihn nicht sieht, weder mit den Augen des Leibes noch mit denen der Seele. Diese Gnade nennt man intellektuelle Vision, ich weiß nicht warum. Ich habe es erlebt, wie jene Person, der Gott diese Gnade erwies – neben anderen, von denen ich noch reden werde –, anfänglich ganz zermürbt wurde; denn es war ihr unbegreiflich, was das sein mochte, da sie nichts sah. Und doch erkannte sie so gewiß, daß es Jesus Christus unser Herr war, der sich ihr auf solche Weise zeigte, daß sie es nicht begreifen konnte – ich meine: daß jene Vision da war. Freilich war sie noch ängstlich, ob es von Gott kam oder nicht, obwohl es große Wirkungen mit sich brachte, an denen dies zu erkennen war. Noch nie hatte sie etwas gehört von einer intellektuellen Vision, und niemals hatte sie gedacht, daß es etwas Derartiges geben könnte. Aber sie erkannte sehr klar, daß es derselbe Herr war, der so oft auf die vorher genannte Weise mit ihr gesprochen hatte; denn bis zu der Zeit, wo er ihr diese Gnade erwies, von der ich hier spreche, hatte sie niemals gewußt, wer mit ihr sprach, obgleich sie die Worte verstand.

Ich weiß, daß sie aus Furcht (weil diese Vision nicht wie die bildhaften Gesichte schnell vorübergeht, sondern viele Tage dauert, manchmal sogar länger als ein Jahr) ganz verstört zu ihrem Beichtvater ging. Der fragte sie, wie sie denn wissen könne, daß es unser Herr sei, wenn sie nichts sehe; sie solle ihm sagen, was für ein Antlitz er gehabt habe. Sie sagte ihm, daß sie es nicht wisse; sie habe kein Antlitz gesehen und könne nicht mehr sagen, als sie bereits gesagt habe; sie wisse nur, daß Er es gewesen sei, der mit ihr gesprochen habe, und daß es keine Einbildung gewesen sei. Und obgleich sie dabei noch oftmals große Angst überkam, konnte sie doch nicht daran zweifeln, vor allem als Er ihr sagte: »Fürchte dich nicht, ich bin es.« Eine solche Kraft hatten diese Worte, daß sie es danach nicht mehr bezweifeln konnte, und sie fühlte sich sehr gestärkt und fröhlich durch diese gute Gesellschaft; und sie erkannte klar, wie sehr ihr dies dabei half, ständig im Gedanken an Gott zu leben und sich davor zu hüten, daß sie jemals etwas tat, was ihm mißfallen könnte; denn es schien ihr, als schaue er sie immer an. Und jedesmal, wenn sie mit Seiner Majestät im Gebet oder auch sonst einmal reden wollte, schien er ihr so nahe zu sein, daß er sie gewißlich hören mußte; obwohl sie seine Worte nicht dann verstand, wenn sie es wollte, sondern unerwartet, wenn es für sie notwendig war. Sie fühlte ihn zu ihrer Rechten, aber nicht mit den Sinnen, die uns jemanden gewahren lassen, der neben uns ist; denn man gewahrt es auf eine andere, feinere Weise, die man wohl nicht mit Worten beschreiben kann; aber diese Wahrnehmung ist genauso sicher, ja man erfaßt sie mit noch größerer Gewißheit als irgendeine Beobachtung mit den Sinnen. Diese können wohl getäuscht werden, hier aber gibt es keinen Trug; denn es bringt soviel inneren Gewinn, soviel innere Wirkungen mit sich, wie man sie niemals erleben könnte, wenn es sich um eine Ausgeburt der Melancholie handelte; niemals würde der Satan einem soviel Gutes tun, und die Seele wäre nicht so von Frieden erfüllt, von solch beständigem Verlangen, Gott zu erfreuen, und von solchem Abscheu vor allem, was sie nicht ihm näher bringt. Später erfaßte sie klar, daß es nicht der Satan war, da sich der Herr ihr mehr und mehr zu erkennen gab.

Dennoch weiß ich, daß sie zuweilen sehr ängstlich war und manchmal aufs höchste verwirrt und beschämt, weil sie nicht wußte, wodurch ihr soviel Gutes zuteil geworden war. Sie und ich waren so sehr eins, daß nichts in ihrer Seele vorging, was ich nicht von ihr erfahren hätte, und darum kann ich ein guter Zeuge sein, und ihr könnt mir glauben, daß alles Wahrheit ist, was ich hier sage. Es ist eine Gnade des Herrn, welche die tiefste Verwirrung, Beschämung und Demut hervorruft. Käme es vom Satan, so geschähe genau das Gegenteil; und da es etwas ist, das deutlich erkennbar von Gott gegeben wurde – denn keine menschliche Anstrengung würde hinreichen, solche Gefühle zu erwecken –, kann derjenige, der das erfährt, unmöglich meinen, dieses Gut sei ihm eigen; er betrachtet es vielmehr als eine Gabe aus der Hand Gottes. Und obwohl – wie mir scheint – manche der früher genannten Gnaden noch größer sind, bringt diese doch eine besondere Erkenntnis Gottes mit sich, und aus dieser ständigen Nähe erwächst eine überaus zarte Liebe zu Seiner Majestät, eine noch größere Sehnsucht, sich ganz seinem Dienst zu widmen, und eine große Reinheit des Gewissens, weil die Anwesenheit, die sie neben sich fühlt, sie auf alles achten läßt. Denn obschon wir ja wissen, daß Gott bei allem zugegen ist, was wir tun, ist doch unsere Natur so, daß wir es oft vergessen, daran zu denken. Das ist in diesem Fall unmöglich, weil der Herr, der bei der Seele ist, diesen Gedanken immer wachhält. Auch werden die früher genannten Gnaden noch sehr viel häufiger, da die Seele fast immer von einer unmittelbaren Liebe zu dem erfüllt ist, den sie sieht oder von dem sie weiß, daß er neben ihr weilt.

An dem Gewinn der Seele sieht man also, daß es eine überaus große Gnade ist, die man hochschätzen muß; und die Seele dankt es dem Herrn, daß er ihr dies gab, ohne daß sie es verdienen konnte, und für keinen Schatz, für keine Lust der Erde würde sie es eintauschen. Deshalb fühlt sie sich, wenn es dem Herrn beliebt, sich ihr zu entziehen, tief einsam. Aber alle erdenklichen Bemühungen, die sie aufwenden mag, um jene Gesellschaft wiederzuerlangen, nützen wenig; denn der Herr schenkt sie, wann er will, und man kann sie nicht selbst erwerben. Manchmal erscheint einem in der gleichen Weise auch ein Heiliger, und auch dies bringt reichen Gewinn.

Ihr werdet fragen, wie man, wenn man es nicht sieht, erkennen kann, ob es nun Christus ist oder ein Heiliger oder die glorreiche Mutter des Herrn. Das kann die Seele nicht sagen, und sie kann nicht begreifen, wie sie es erkennt; aber sie kann versichern, daß sie es weiß mit der unerschütterlichsten Gewißheit.

Eher faßlich scheint es, daß man den Herrn, wenn er spricht, erkennt; noch wunderbarer aber ist es, daß man einen Heiligen erkennen kann, der nicht spricht, den der Herr vielmehr als eine Hilfe jener Seele beizugeben scheint. Noch mehr solcher geistlichen Dinge gibt es, die man nicht auszusprechen vermag, die aber erkennen lassen, wie niedrig unsere Natur ist und wie schwer es ihr fällt, die großen Herrlichkeiten Gottes zu erfassen, da wir nicht einmal fähig sind, diese Erscheinungen zu begreifen. Wem Gott solche Gnaden schenkt, der empfange sie mit Bewunderung und preise Seine Majestät; er sage ihm besonderen Dank, denn da es eine Gnade ist, die nicht allen widerfährt, muß man sie hochschätzen und darauf bedacht sein, Gott noch mehr zu dienen, nachdem er auf so vielerlei Weise einem dazu hilft. Daher kommt es, daß die Seele, die so etwas erlebt, sich danach nicht für etwas Besseres hält, sondern meint, daß unter allen, die auf der Erde leben, sie es ist, die Gott am wenigsten dient; denn sie glaubt, daß sie mehr als sonst jemand dazu verpflichtet sei, und jeder Fehler, den sie begeht, durchbohrt ihr das Herz, und das mit vollem Recht.

Diese Wirkungen in der Seele, von denen ich gesprochen habe, kann jede von euch, die der Herr auf diesem Wege führt, beobachten, um zu erkennen, daß es weder Trug noch Einbildung ist; denn, wie gesagt, ich halte es für unmöglich, daß es so lange dauern könnte, wenn es der Satan wäre, und daß es der Seele so offenkundigen Gewinn brächte, sie mit solchen Freuden erfüllte. Dies entspricht nicht seiner Art, und etwas so Böses kann – selbst wenn es wollte – nicht soviel Gutes schaffen. Sonst würden sich ein paar Dunstwolken von Dünkel zeigen, und die Seele würde denken, sie sei besser als die anderen. Daß die Seele ständig Gott so nahe ist und ihre Gedanken unentwegt mit ihm beschäftigt sind, würde den Bösen in solche Raserei versetzen, daß er, selbst wenn er diese Täuschung versuchen wollte, sie nicht oft wiederholen würde; und Gott ist so getreu, daß er ihm nicht erlauben wird, so mit einer Seele umzuspringen, die nichts anderes erstrebt, als Seiner Majestät zu gefallen und ihr Leben einzusetzen für seine Ehre und seinen Ruhm; der Herr wird vielmehr dafür sorgen, daß sie von der Täuschung befreit wird.

Ich bin und bleibe der festen Überzeugung, daß Seine Majestät – falls die Seele in der beschriebenen Weise lebt, welche die göttlichen Gnaden in ihr bewirkt haben – sie mit Gewinn aus der Versuchung hervorgehen läßt, wenn er es gelegentlich zuläßt, daß der Satan sich an sie heranwagt. Beschämt wird der Böse das Feld räumen müssen. Darum, Töchter, erschreckt nicht, wenn eine von euch auf diesem Weg geführt wird; es ist gut, Furcht zu haben. Gehen wir mit noch größerer Vorsicht! Und ihr sollt auch nicht darauf bauen, daß ihr, weil ihr so begünstigt seid, achtloser sein dürft; denn es wäre ein Anzeichen, daß es nicht von Gott kommt, wenn ihr nicht die Wirkungen an euch wahrnehmt, von denen ich gesprochen habe. Es ist gut, wenn ihr es gleich zu Beginn unter dem Siegel des Beichtgeheimnisses mit einem wahren Gelehrten besprecht, denn solche Männer müssen uns erleuchten; oder aber mit einem Menschen, der im geistlichen Leben besonders erfahren ist, falls ihr einen solchen finden könnt; andernfalls lieber mit einem beschlagenen Gelehrten, wenn möglich aber mit beiden. Und wenn sie euch sagen sollten, daß es eine Einbildung ist, so macht euch nichts daraus, denn die Einbildung kann eurer Seele weder im Guten noch im Bösen viel anhaben. Bittet dann Seine Majestät, sie möge nicht zulassen, daß ihr betrogen werdet. Sollten die befragten Männer euch sagen, daß es der Satan ist, wird es schwieriger und quälender. Ein wahrer Gelehrter wird dies freilich nicht behaupten, wenn die genannten Wirkungen vorhanden sind. Sollte er es aber doch sagen, so weiß ich, daß der Herr selber, der mit euch geht, euch trösten und Sicherheit schenken wird, und den Gelehrten wird er erleuchten, damit er euch das Licht weiterreicht.

Besprecht ihr es mit einem Menschen, der zwar dem Gebet sich widmet, den aber der Herr nicht auf diesem Wege geführt hat, so wird er sich entsetzen und wird es verdammen. Darum rate ich euch, daß ihr einen hochgebildeten Mann wählt und – falls ihr ihn findet – einen, der auch über geistliche Erfahrung verfügt. Die Priorin soll dazu die Erlaubnis geben; denn obschon die Seele sicher wandelt, da ihr gutes Leben sichtbar ist, hat die Priorin doch die Pflicht, eine solche Besprechung zu gestatten, damit beide sicherer sind. Nach der Besprechung mit diesen Personen sollte man sich beruhigen und es nicht noch anderen mitteilen; denn manchmal, ohne daß ein Grund zur Furcht vorhanden wäre, flößt der Satan einem solche Ängste ein, welche die Seele zwingen, sich nicht mit einem Mal zu begnügen. Vor allem wenn der Beichtvater wenig Erfahrung hat und einen zaghaften Eindruck macht, wenn er selber die Seele drängt, sich noch anderen mitzuteilen, wird öffentlich bekannt, was mit gutem Grund ganz geheim hätte bleiben sollen, und die Seele wird verfolgt und gepeinigt. Während sie noch meint, es sei geheim, sieht sie, daß es stadtbekannt ist. Daraus erwachsen für sie und – unter den heutigen Umständen – vielleicht auch für den Orden viele peinliche Folgen.

Darum ist es nötig, in dieser Hinsicht sehr vorsichtig zu sein. Den Priorinnen lege ich dies sehr ans Herz. Sie sollten aber nicht meinen, daß eine Schwester, die etwas Derartiges erlebt, besser sei als die anderen. Der Herr führt eine jede, wie er es für nötig hält. Falls man diese Hilfe nützt, ist es eine Vorbereitung, um zu einer willigen Dienerin Gottes zu werden. Doch zuweilen führt Gott die Schwächsten auf diesem Weg; und deshalb gibt es daran nichts zu billigen und nichts zu verdammen. Auf die Tugenden sollte man vielmehr schauen und darauf achten, wer mit der größten Selbstaufopferung, Demut und Reinheit des Gewissens unserem Herrn dient, denn sie wird die Heiligste sein. Freilich kann man das hier auf Erden nur mit geringer Sicherheit erkennen, ehe der wahre Richter einem jeden zuteilt, was er verdient. Da werden wir erschrecken, wenn wir sehen, wie sehr sich sein Urteil von unserer Ansicht unterscheidet. Er sei gelobt in Ewigkeit. Amen.

NEUNTES KAPITEL

Jetzt wollen wir zu den bildhaften Visionen kommen, von denen man sagt, daß bei ihnen der Satan sich leichter einmischen könne als bei den vorigen – und so ist es wohl auch. Stammen sie aber von unserem Herrn, so scheinen sie mir in gewisser Weise noch hilfreicher zu sein als jene, weil sie mehr unserer Natur entsprechen (abgesehen von den Visionen, die der Herr in der letzten Wohnung zu erkennen gibt, denn ihnen kommen keine anderen gleich).

Ist der Herr so gegenwärtig, wie ich es im letzten Kapitel

beschrieben habe, schaut, dann ist es, als hätten wir in einem goldenen Kästchen einen kostbaren Stein von höchstem Wert und gewaltigen Kräften. Wir wissen mit unanfechtbarer Gewißheit, daß er darin ist. Obgleich wir ihn nie gesehen haben, helfen uns die Kräfte des Steines, wenn wir ihn bei uns tragen. Haben wir ihn auch nie erblickt, schätzen wir ihn doch, weil wir aus Erfahrung wissen, daß er uns von verschiedenen Krankheiten geheilt hat, gegen die er das rechte Mittel ist. Aber wir wagen nicht, ihn anzuschauen oder auch nur das Kästchen zu öffnen, und wir können es auch nicht. Denn wie es zu öffnen ist, das weiß nur der, dem das Juwel gehört, und obwohl er uns den Edelstein geliehen hat, damit wir ihn zu unserem Heil gebrauchen, hat er den Schlüssel für sich behalten. Ihm gehört es, und er wird es öffnen, wenn er den Stein uns zeigen will, und er wird es auch wegnehmen, wenn es ihm beliebt – was er tatsächlich tut.

Stellen wir uns nun vor, er wolle das Kästchen unerwartet öffnen, dem zuliebe, dem er es geliehen. Natürlich hat dieser danach eine noch viel größere Freude daran, wenn er sich an den herrlichen Glanz des Steines erinnert, und er wird ihn deshalb auch klarer im Gedächtnis bewahren. Genauso geht es hier, wenn es unserem Herrn gefällt, die Seele noch reicher zu beschenken. Er zeigt ihr deutlich seine heiligste Menschlichkeit, in der Weise, die ihm beliebt, entweder so, wie er auf der Erde wandelte, oder in der Gestalt des Auferstandenen. Und obwohl das so schnell geschieht, daß wir es mit einem Blitz vergleichen könnten, bleibt dieses höchst glorreiche Bild dem Bewußtsein so eingegraben, daß es mir undenkbar erscheint, es könne jemals wieder daraus getilgt werden, ehe die Seele es dort erschaut, wo sie sich für immer daran erfreuen kann.

Ich spreche zwar von einem Bild, aber ihr müßt wissen, daß es dem, der es sieht, nicht wie gemalt erscheint, sondern als wirklich lebendig, und zuweilen redet es mit der Seele, ja es zeigt ihr große Geheimnisse. Dauert dies auch eine gewisse Zeit, so müßt ihr doch wissen, daß man es nicht länger anschauen kann, als man in die Sonne zu blikken vermag. Darum währt dieser Anblick immer nur sehr kurz, und das nicht, weil sein Glanz wie ein Blick in die Sonne das innere Auge – mit dem man das alles sieht – schmerzt. (Wie es ist, wenn man es mit den äußeren Augen gewahrt, darüber kann ich nichts sagen, denn die von mir genannte Person, von der ich insbesondere reden kann, hatte das nicht erlebt, und man kann keine zuverlässige Auskunft über etwas geben, wovon man keine Erfahrung hat.) Der Glanz ist wie eingegossenes Licht von einer Sonne, die mit etwas sehr Feinem überdeckt ist; wie ein Diamant – wenn man den so verarbeiten könnte –, wie holländisches Leinen ist die Gewandung, und beinahe jedesmal, wenn Gott diese Gnade der Seele erweist, wird sie zur Verzückung hingerissen, weil ihre Niedrigkeit einen so erschreckenden Anblick nicht ertragen kann. Ich sage erschreckend, obgleich dieser Anblick das Allerschönste ist und lustvoller, als jemand sich überhaupt erdenken könnte, auch wenn er tausend Jahre lebte und all seine Vorstellungskraft bemühte; denn es übersteigt bei weitem alles, was unsere Phantasie und unser Verstand zu fassen vermöchten. Aber die Gegenwart dieser Erscheinung ist von so erhabener Majestät, daß es die Seele zutiefst erschreckt.

Darum braucht man hier nicht zu fragen, wie die Seele wissen könne, wer es ist, ohne daß es ihr gesagt wurde; denn es ist wohl zu erkennen, daß dies der Herr des Himmels und der Erde ist. Bei den irdischen Königen wäre dies nicht der Fall, denn sie allein würde man nicht weiter beachten, wenn sie nicht von ihrem Gefolge begleitet wären und es einem nicht gesagt würde.

O Herr, wie wenig kennen wir Christen Dich. Was wird geschehen, wenn Du eines Tages kommst, uns zu richten? Wenn Dein Anblick hier, wo Du in solcher Freundschaft kommst, um mit Deiner Braut zu reden, solchen Schrecken erregt – o Töchter, wie wird es sein, wenn er mit strenger

Stimme spricht: »Geht, die ihr verdammt seid von meinem Vater!«

Das sollten wir von dieser Gnade, die Gott der Seele erweist, im Gedächtnis bewahren. Es wird uns nicht wenig helfen; denn selbst der heilige Hieronymus hielt sich dies stets vor Augen, trotz seiner Heiligkeit. Deshalb macht es uns nichts aus, wenn wir hier leiden unter der Strenge der Ordensregel, an die wir uns halten. Denn wenn es lange dauert, so ist es doch nur ein Augenblick, verglichen mit jener Ewigkeit. Ich sage euch wahrhaftig, daß ich, trotz meiner Erbärmlichkeit, niemals die Qualen der Hölle gefürchtet habe. Sie wären nichts, verglichen mit der Vorstellung, daß die Verdammten diese so schönen, sanften und gütigen Augen des Herrn von Zorn erfüllt sehen werden. Ich glaube nicht, daß mein Herz dies ertrüge. Wieviel mehr muß es dann der fürchten, dem er sich so herrlich offenbart hat! Denn das Gefühl ist dabei derart, daß die Seele außer sich gerät und nichts mehr fühlt. Das ist wohl die Ursache, weshalb sie aufgehoben wird; denn der Herr hilft ihrer Schwachheit, damit sie sich vereine mit seiner Größe in dieser so erhabenen Verbindung mit Gott.

Sollte die Seele geruhsam diesen Herrn anschauen können, so glaube ich nicht, daß es eine Vision ist, sondern eine lebhafte Überlegung, die in der Phantasie sich eine Gestalt erschaffen hat. Verglichen mit jenem anderen, wird ein solches Bild immer als etwas Totes erscheinen.

Manche Leute haben eine so kränkliche Phantasie (und ich weiß, daß es wahr ist, denn sie haben mit mir darüber gesprochen, nicht nur drei oder vier, sondern viele), ihr Geist ist so lebhaft, oder was weiß ich – jedenfalls versenken sie sich so in ihre Phantasie, daß sie meinen, alles, was sie denken, klar und deutlich vor sich zu sehen. Hätten sie eine wirkliche Vision erlebt, würden sie die Täuschung so klar erkennen, daß ihnen nicht der geringste Zweifel bliebe; sie selber fügen nämlich das zusammen, was sie in ihrer Phantasie sehen, und es bleibt keinerlei Wirkung zurück, sie bleiben vielmehr kalt, viel kälter, als wenn sie ein gemaltes Andachtsbild betrachtet hätten. Es ist so selbstverständlich, daß man sich nichts daraus zu machen braucht, und darum vergißt man es schneller als einen Traum.

Bei den Visionen, von denen wir reden, ist das nicht so. Wenn die Seele weit davon entfernt ist, auch nur daran zu denken, sie könne etwas sehen, stellt es sich jählings, auf einen Schlag ihr dar und wirft all ihre Fähigkeiten und Sinne über den Haufen durch entsetzliche Angst und wilden Tumult, um sie hernach in jenen seligen Frieden zu versetzen. So wie bei Paulus, als er zu Boden geworfen wurde, jener Sturm und Aufruhr am Himmel wütete, so wird auch hier die innere Welt zerwühlt von heftiger Bewegung. Und mit einem Male, wie gesagt, beruhigt sich alles, und die Seele ist so vertraut mit einigen großen Wahrheiten, daß sie keinen Lehrer mehr braucht, denn die wahre Weisheit selber hat die Unwissenheit von ihr genommen, ohne daß die Seele sich irgendwie darum bemüht hatte. Auch ist die Seele eine Zeitlang sich der göttlichen Herkunft dieser Gnade so gewiß, daß man sie, auch wenn man ihr gegenüber noch so nachdrücklich das Gegenteil behaupten würde, nicht mit einer möglichen Täuschung ängstigen könnte. Später, wenn der Beichtvater ihr Furcht einflößt, läßt Gott es zu, daß sie wankend wird und sich fragt, ob das nicht ihrer Sünden wegen möglich sei. Doch sie glaubt das nicht, sondern sie empfindet es – wie ich schon in einem anderen Zusammenhang gesagt habe – gleichsam als eine Versuchung in Glaubensdingen: Der Satan kann zwar Unruhe stiften, aber er kann die Seele nicht wankend machen in ihrer Standhaftigkeit. Im Gegenteil: Je mehr er sie befehdet, desto stärker wird in ihr die Gewißheit, daß der Satan nicht soviel Gutes in ihr zurücklassen könnte, wie sie nun in sich fühlt; denn er hat keine solche Macht im Inneren der Seele. Er wird die Vision nachahmen können, aber nicht mit dieser Wahrheit, dieser Erhabenheit und diesen Wirkungen.

Da die Beichtväter dies nicht sehen können und derjenige, dem Gott diese Gnade erweist, es vielleicht nicht auszudrücken vermag, sind sie ängstlich, und das mit gutem Grund. Deshalb ist es nötig, vorsichtig zu sein und die Zeit abzuwarten, wo diese Erscheinungen Früchte tragen, das allmähliche Wachsen der Demut zu beobachten, welche sie in der Seele hervorrufen, und deren Beharrlichkeit in der Tugend zu prüfen. Ist es vom Satan gewesen, so wird er sich bald verraten, und man wird ihn bei tausend Lügen ertappen. Wenn der Beichtvater erfahren ist und diese Dinge selbst erlebt hat, wird er nicht lange brauchen, das zu erkennen. Der Bericht des Beichtenden wird ihn bereits sehen lassen, ob es eine göttliche Erscheinung, eine Einbildung oder ein Werk des Satans ist, vor allem wenn Seine Majestät ihm die Gabe verliehen hat, die Geister zu erkennen. Hat er diese Fähigkeit und ist er außerdem gelehrt, so wird er es, auch wenn er über keine eigene Erfahrung verfügt, klar unterscheiden können.

Dringend erforderlich ist es, Schwestern, daß ihr dem Beichtvater gegenüber ganz offenherzig und ehrlich seid. Ich meine nicht beim Bekennen der Sünden – denn das versteht sich von selbst –, sondern wenn ihr von euren Erfahrungen im Gebet erzählt. Ist das nicht der Fall, so kann ich euch nicht versichern, daß ihr auf gutem Wege seid, noch daß es Gott ist, der euch belehrt; denn ihm liegt viel daran, daß man dem, der seine Stelle einnimmt, mit der gleichen Wahrhaftigkeit und Offenheit begegnet wie ihm selber. Und dies soll aus dem Wunsch geschehen, daß er all unsere Gedanken, besonders aber unsere Taten, so gering sie auch sein mögen, erfährt.

Haltet ihr es so, dann werdet ihr weder verwirrt noch unruhig; käme die Erscheinung auch nicht von Gott, so würde sie euch nicht schaden, falls ihr Demut und ein gutes Gewissen habt; denn Seine Majestät kann aus Bösem Gutes gewinnen, so daß ihr auf dem Weg, auf dem der Satan euch ins Verderben führen wollte, noch größeren Gewinn erlangt. Indem ihr meint, daß der Herr euch so große Gnaden erweist, werdet ihr euch nämlich bemühen, ihn noch mehr zu erfreuen und bei jedem Schritt sich an seine Gestalt zu erinnern. Ein Gelehrter sagte, der Satan sei ein großer Maler, und wenn der Böse ihm ein lebendiges Bild des Herrn vor Augen stelle, so bekümmere ihn das nicht, es diene ihm vielmehr dazu, seine Andacht zu beleben und den Satan mit seinen eigenen Waffen zu bekriegen. Ein Maler könne sehr böse sein, aber deshalb sei es einem nicht verwehrt, das Bild zu verehren, das er malt, wenn es unser ganzes Heil darstellt. Dieser Gelehrte hielt es für sehr schlecht, was manche raten, nämlich eine Feige zu machen, wenn man eine solche Vision habe; denn wir müßten unseren König verehren, wo immer wir sein gemaltes Ebenbild erblicken. Und ich sehe, daß er recht hat; denn auch hier auf der Erde würde so etwas als Kränkung empfunden. Wenn jemand, der einen anderen sehr liebt, davon erführe, daß dieser seinem Abbild derartige Schmähungen antut, so würde er sich nicht darüber freuen. Wieviel ehrfürchtiger müssen wir dann erst einem Kruzifix oder irgendeinem anderen Bildnis unseres Herrschers begegnen, wann und wo immer wir es erblicken! Obwohl ich das an anderer Stelle bereits geschrieben habe, war es doch mein Wunsch, dies auch hier anzuführen, da ich erlebt habe, in welche Bedrängnis jemand kam, dem man befohlen hatte, dieses Mittel anzuwenden. Ich weiß nicht, wer dies erfunden hat. Aber einer Seele, der nichts anderes übrigbleibt, als zu gehorchen, muß es zur Qual werden, wenn der Beichtvater ihr dies anrät; denn sie glaubt, es wäre ihr Verderben, wenn sie dem Rat nicht folgt. Mein Rat ist es, falls euch so etwas aufgetragen wird, dem Beichtvater demütig zu sagen, was dagegen spricht, und es nicht zu tun. Mir hat sehr zugesagt, was der Gelehrte, der in diesem Fall mit mir sprach, an guten Argumenten dagegen nannte.

Einen großen Gewinn erlangt die Seele durch diese Gnade des Herrn, wenn sie, sooft sie an ihn, sein Leben und seine Passion denkt, sich an sein überaus sanftes und schönes Antlitz erinnert. Das ist ihr ein großer Trost; denn auch unter Menschen freut es uns ja noch mehr, wenn wir jemanden, der uns viel Gutes tut, von Angesicht kennen, als wenn wir ihn nie gesehen haben. Ich sage euch, daß eine solch schöne Erinnerung einen tiefen Trost und eine starke Hilfe bedeutet.

Noch viele andere Güter bringt sie mit sich; doch da ich schon soviel von den Wirkungen gesprochen habe, die diese Dinge mit sich bringen, und noch anderes zu sagen ist, will ich weder euch noch mich damit ermüden, sondern euch dringend nahelegen, wenn ihr wißt oder hört, daß Gott diese Gnade manchen Seelen erweist, ihn niemals darum anzuflehen noch es euch zu wünschen, daß er euch auf diesem Wege führt. Auch wenn ihr meint, daß er der Richtige für euch sei – und man soll ihn hochachten und ehren –, so gebührt sich dennoch ein solches Verlangen nicht, und zwar aus verschiedenen Gründen. Der erste ist, daß es ein Mangel an Demut wäre, wenn ihr euch etwas wünschtet, was ihr niemals verdient habt, und deshalb glaube ich, daß der nicht sehr demütig sein kann, der es begehrt. Genausowenig wie es einem niederen Bauern in den Sinn kommt, König sein zu wollen – was ihm unmöglich erscheint, weil er dessen nicht würdig ist –, fällt es dem Demütigen ein, so etwas zu ersehnen. Und ich glaube auch, daß es einem niemals auf Wunsch gegeben wird; denn bevor der Herr diese Gnaden erteilt, schenkt er eine tiefe Selbsterkenntnis. Wie könnte eine Seele, in deren Kopf solche Gedanken gedeihen, wirklich begreifen, welch große Gnade es ist, daß sie sich nicht in der Hölle befindet! – Der zweite Grund ist, daß man auf diese Weise gewiß betrogen würde, oder jedenfalls liegt diese Gefahr sehr nahe; denn der Satan braucht nur eine kleine Türe offen zu sehen, und schon spiegelt er uns tausenderlei Dinge vor. – Der dritte Grund ist, daß die Einbildungskraft – also der Betreffende selber –, wenn ein solches Verlangen erwacht, sich einredet, sie sehe das, was sie begehrt, und sie höre es auch – genauso wie denjenigen, die tagsüber voller Verlangen ständig an etwas denken, das Ersehnte zuweilen im Traum erscheint. – Der vierte Grund ist, daß es eine große Dreistigkeit wäre, wenn ich den Weg wählen wollte, ohne zu wissen, welcher der rechte für mich ist, statt es dem Herrn, der mich kennt, zu überlassen, daß er mich auf dem geeigneten Wege führt und so in allem sein Wille geschehe. – Der fünfte Grund: Glaubt ihr, daß diejenigen, denen Gott diese Gnaden erweist, wenig zu erdulden haben? Nein, die größten und vielfältigsten Leiden haben sie zu ertragen. Wißt ihr vielleicht, ob ihr fähig seid, dies zu erleiden? – Der sechste Grund: Es könnte sein, daß ihr durch eben das, womit ihr zu gewinnen meint, verliert – wie es dem Saul widerfuhr, als er König wurde.

Noch andere Gründe könnte ich nennen, Schwestern. Aber glaubt mir: Das Sicherste ist, nichts anderes zu wollen, als was Gott will; denn er kennt uns besser als wir selbst und liebt uns. Legen wir uns in seine Hände, damit sein Wille in uns geschehe; und wir werden nicht irren, wenn wir mit entschlossenem Willen uns immer hieran halten. Ihr dürft auch nicht übersehen, daß man durch das Empfangen vieler solcher Gnaden keine größere Glorie erlangt; es bedeutet vielmehr die Verpflichtung, mehr zu dienen, eben weil man mehr empfängt. Die Möglichkeit aber, uns mehr Verdienste zu erwerben, wird uns vom Herrn nicht genommen; das liegt in unserer Hand, und deshalb gibt es viele heilige Personen, die niemals erfahren haben, was es heißt, jene Gnaden zu empfangen, und wieder andere empfangen sie, ohne daß sie heilig sind. Und denket nicht, daß eine solche Gnade beständig anhält; auf ein einziges Mal, wo der Herr sie erweist, kommen unzählige Leiden; und darum denkt die Seele gar nicht daran, ob sie es wohl noch einmal empfängt, sondern daran, wie sie dem Herrn dafür dienen könnte.

Es ist wahr, daß solche Gnaden sehr dazu beitragen, Tugenden von höherer Vollkommenheit zu erlangen. Wer sie aber durch eigene Mühe erlangt, wird sich damit ein viel größeres Verdienst erwerben. Ich weiß von einer Person, welcher der Herr einige dieser Gnaden erwiesen hatte, ja sogar von zwei Personen – eine davon war ein Mann –, die sich so danach sehnten, Seiner Majestät auf eigene Kosten zu dienen, ohne solch große Geschenke, und die so zu leiden begehrten, daß sie vor dem Herrn deshalb klagten, weil er ihnen diese Gnaden erwies. Hätten sie ihnen ausweichen können, so hätten sie diese Gaben gemieden. Ich rede hier nicht von den Visionen, die wir vorhin besprochen haben – denn jene Personen sehen deren großen Gewinn und hohen Wert –, sondern meine die Wonnen, die der Herr in der Betrachtung schenkt.

Freilich ist auch ein solches Verlangen – nach meiner Ansicht – übernatürlich und nur bei Seelen möglich, die vor Liebe brennen und den Herrn sehen lassen wollen, daß sie ihm nicht um eines Lohnes willen dienen. Und darum, wie gesagt, denken sie nie daran, sie könnten für irgend etwas die Glorie empfangen, um sich so noch mehr zum Dienste anzuspornen; sie wollen vielmehr nur der Liebe genügen, deren Natur es ist, ständig auf tausenderlei Weise zu wirken. Könnten sie es, würden sie nach Möglichkeiten sinnen, die Seele in Ihm sich verzehren zu lassen. Wäre es nötig für die höhere Ehre Gottes, auf immer ausgelöscht zu sein, so wären sie dazu mit inniger Freude bereit. Er, der seine Größe erweisen will, indem Er sich erniedrigt, um sich mit so elenden Geschöpfen zu verbinden, sei gelobt in Ewigkeit. Amen.

ZEHNTES KAPITEL

In vielfältiger Weise teilt sich der Herr durch diese Erscheinungen der Seele mit. Ist sie betrübt, so zeigt er sich ihr anders, als wenn ihr eine schwere Mühsal bevorsteht, und wieder anders gibt er sich ihr zu erkennen, wenn Seine Majestät sich an ihr erfreuen und sie fröhlich machen will. Es ist nicht nötig, jede Einzelheit hier zu besprechen; denn meine Absicht ist nur, euch die Unterschiede zwischen den einzelnen Arten von Visionen, die ihr auf diesem Wege erlebt, verständlich zu machen – soweit ich sie selber verstehe –, damit ihr, meine Schwestern, deren Besonderheit erfaßt und die Wirkungen wißt, die sie hinterlassen. Dadurch wird euch die Täuschung erspart, jede Einbildung für eine Vision zu halten; falls es aber wirklich eine Vision ist, seid ihr darüber im klaren, daß so etwas durchaus möglich ist, und werdet also deshalb nicht beunruhigt oder bekümmert. Denn das würde dem Satan keinen geringen Gewinn einbringen. Er freut sich immer, wenn er eine Seele verstört und bekümmert sieht, weil er weiß, daß dies sie daran hindert, sich ganz der Liebe zu Gott und seinem Lobpreis hinzugeben.

Seine Majestät teilt sich aber noch durch andere Erscheinungen mit, die noch erhabener und nicht so gefährlich sind, weil der Satan sie – meiner Überzeugung nach – nicht vortäuschen kann. Da sie etwas höchst Geheimnisvolles bleiben, sind sie jedoch auch weit schwieriger zu beschreiben als die bildhaften Visionen, die sich eher erklären lassen. Beliebt es dem Herrn, so geschieht es, daß die Seele, während sie im Gebet und voll bei Sinnen ist, jählings von einer Entrückung erfaßt wird, in welcher der Herr ihr große Geheimnisse zu verstehen gibt, die sie anscheinend in Gott selber sieht. Denn dies sind keine Visionen der allerheiligsten Menschlichkeit, und wenn ich auch sage, die Seele sehe, sieht sie doch nichts, weil es keine Vision ist, sondern eine rein intellektuelle Schau, wo sich ihr enthüllt, wie in Gott alle Dinge geschaut werden und wie er sie alle in sich birgt. Das ist von großem Nutzen, weil es – obgleich es in einem Augenblick vorüber ist – der Seele tief eingemeißelt bleibt und mit schrecklicher Bestürzung sie klarer denn je erkennen läßt, wie übel wir tun, wenn wir Gott kränken, da wir in Gott selber – das heißt: während wir uns in seinem Inneren befinden – entsetzliche Frevel begehen. Ich will ein Gleichnis gebrauchen, vielleicht kann ich mich damit so ausdrücken, daß ihr es versteht; denn obwohl dies wirklich so ist und wir schon oft davon gehört haben, bedenken wir es nicht oder wollen es nicht begreifen. Wären wir uns darüber ganz im klaren, so müßte es undenkbar erscheinen, daß wir uns so dreist gebärden.

Stellen wir uns also vor, Gott sei wie eine Wohnung oder wie ein sehr großer und schöner Palast, und dieser Palast umschließe die ganze Welt. Kann da der Sünder, um seine Übeltaten zu begehen, sich vielleicht aus diesem Palast entfernen? Nein, gewiß nicht, sondern drinnen, mitten in diesem Palast, der Gott selber ist, geschehen die Greuel, Schamlosigkeiten und Bosheiten, die wir Sünder begehen. Oh, wie furchtbar ist das! Und es ist wohl wert, daß wir es in allem Ernst bedenken. Wie hilfreich müßte uns, die wir wenig wissen, diese Überlegung sein! Wir haben diese Wahrheit noch nicht in ihrer vollen Bedeutung erfaßt, sonst wäre es unmöglich, daß wir uns eine solch wahnwitzige Dreistigkeit erlaubten! Und bedenken wir auch, Schwestern, welch große Barmherzigkeit und Geduld Gott uns damit erzeigt, daß er uns nicht augenblicklich zerschmettert. Laßt uns von Herzen ihm dafür danken, und schämen wir uns dessen, wie empfindlich wir selber sind, wenn man uns etwas antut oder wider uns redet. Denn es ist die schlimmste Schandtat der Welt, wenn wir sehen, mit welcher Langmut Gott unser Schöpfer so viele Bosheiten seiner Geschöpfe in sich selber duldet, und wir dann irgendein Wort, das einmal in unserer Abwesenheit und vielleicht ohne böse Absicht gesagt worden ist, übelnehmen.

O menschliche Erbärmlichkeit! Wann endlich, Töchter, werden wir diesem großen Gott ein wenig nacheifern? Oh, machen wir uns doch nichts aus dem Gerede. Was macht es uns schon, Schmähungen zu ertragen! Laßt uns mit herzlicher Freude alles erdulden und jene lieben, die uns beleidigen; denn dieser große Gott hat nicht aufgehört, uns zu lieben, obwohl wir ihn oft beleidigt haben. Darum erwartet er mit Fug und Recht, daß ein jeder dem anderen verzeihe, mag ihm noch so übel mitgespielt worden sein. Ich sage euch, Töchter, diese Vision, so schnell sie vorbeigeht, ist eine große Gnade für die Seele, der Gott sie schenkt, falls die Seele sie zu ihrem Heil gebrauchen will und die Erinnerung daran sich recht oft vor Augen hält.

Auch geschieht es, daß Gott ebenso jäh und in einer Weise, die nicht auszusprechen ist, in sich selber eine Wahrheit zeigt, die alles zu verdunkeln scheint, was an Wahrheit in den Geschöpfen ist, und mit höchster Klarheit zu erkennen gibt, daß nur Er Wahrheit ist, daß Er nicht lügen kann. Und man begreift genau, was David in einem Psalm sagt: daß jeder Mensch lügnerisch ist. Niemals würde man das so erkennen, wenn man es auch oft gehört hat. Es ist eine Wahrheit, die unanfechtbar ist. Ich erinnere mich dabei an Pilatus und denke, wieviel seine Frage doch ausdrückte, die er an unseren Herrn in dessen Leidensstunden richtete – »Was ist Wahrheit?« –, und wie wenig wir hier erfassen von dieser höchsten Wahrheit.

Ich wollte euch davon gern mehr zu verstehen geben, doch es läßt sich nicht in Worte fassen. Laßt uns daraus die Erkenntnis ziehen, Schwestern, daß wir, um doch ein wenig mit unserem Gott und Bräutigam übereinzustimmen, gut daran tun, uns ständig mit Eifer darum zu mühen, daß wir in dieser Wahrheit wandeln. Ich meine damit nicht nur, daß wir keine Lüge aussprechen – denn in dieser Hinsicht sehe ich, Gott sei Dank, daß ihr, die ihr hier im Kloster lebt, sehr darauf achtet, um nichts auf der Welt so etwas über eure Lippen kommen zu lassen –, sondern ich will damit sagen, daß wir uns wahrhaftig geben vor Gott und vor den Menschen, soweit wir es irgend vermögen. Und vor allem sollten wir nicht für besser gelten wollen, als wir sind, und an unseren Werken Gott den Anteil zuschreiben, der ihm gebührt, und uns selbst das, was unser ist. Immer sollten wir danach streben, die Wahrheit zu erkennen. Dann werden wir diese Welt geringachten, wo alles Lüge und Falschheit ist und die darum nicht dauern kann.

Ich überlegte mir einmal, aus welchem Grund wohl unser Herr so sehr die Tugend der Demut liebte, und da kam – wie es mir schien, nicht aus der Überlegung, sondern ganz unvermittelt – die Einsicht: weil Gott die höchste Wahrheit, die Demut aber nichts anderes ist, als in der Wahrheit wandeln. Denn es ist gewißlich wahr, daß wir nichts Gutes von uns selber haben, sondern nur Armseligkeit und Nichtigkeit. Und wer dies nicht erkennt, der wandelt in der Lüge. Je mehr einer das begreift, desto mehr entspricht er der höchsten Wahrheit, da er in ihr wandelt. Möge es Gott gefallen, Schwestern, uns die Gnade zu erweisen, daß wir dieser Selbsterkenntnis nicht davonlaufen. Amen.

Solche Offenbarungen schenkt unser Herr der Seele, weil er ihr als seiner wahren Braut, die schon entschlossen ist, in allem seinen Willen zu vollbringen, einen Hinweis geben will, womit sie das tun kann, und weil es sein Wunsch ist, ihr etwas von seiner Herrlichkeit vor Augen zu führen.

Noch von mehr Gnaden dieser Art zu reden ist nicht nötig. Von diesen beiden habe ich deshalb gesprochen, weil ich glaube, wir könnten daraus reichen Nutzen ziehen. Denn bei derlei Erscheinungen ist nichts zu fürchten, sondern nur der Herr dafür zu loben, daß er sie uns schenkt. Der Satan und die eigene Einbildung können hier – meiner Ansicht nach – wenig anrichten, und so bleibt die Seele danach von tiefer Zufriedenheit erfüllt.

ELFTES KAPITEL

Ob all diese Gnaden, die der Bräutigam der Seele erwiesen hat, ausreichen, um den kleinen Falter – den ich nicht vergessen habe – so zu befriedigen, daß er sich da niederläßt, wo er sterben soll? Nein, gewiß nicht; er fühlt sich noch viel elender. Obgleich die Seele nun schon seit vielen Jahren diese Gunstbeweise erhält, seufzt sie doch immer und geht verweint umher; denn jede solche Erfahrung verstärkt ihren Schmerz. Und zwar deshalb, weil sie mehr und mehr die Herrlichkeiten Gottes erkennt und sich zugleich so ferne davon sieht, so geschieden von ihm, an dem sie sich freuen will. So wird ihre Sehnsucht immer heftiger; denn auch die Liebe wächst, je mehr sie entdeckt, wie sehr dieser große Gott und Herr es verdient, geliebt zu werden. Während all der Jahre nimmt dieses Verlangen ganz allmählich zu, bis es zu dieser großen Pein kommt, von der ich nun rede. Von Jahren habe ich gesprochen, der Erfahrung jener Person entsprechend, von der ich schon vorher gesprochen habe. Doch ich weiß wohl, daß man Gott keine Frist setzen kann und daß er es vermag, eine Seele im Nu in jene erhabene Region zu führen, von der jetzt die Rede sein soll. Seine Majestät hat die Macht zu allem, was sie zu tun begehrt, und immer hat er das Verlangen, viel für uns zu tun.

Das Sehnen, die Tränen, die Seufzer und heftigen Auftriebe, von denen ich gesprochen habe, scheinen alle aus unserer Liebe hervorzugehen, unter großem Schmerz. Doch all dies ist nur wie ein schwelender Brand, den man ertragen kann, wenn auch mit Pein, und ist nichts im Vergleich mit dem Späteren. Wenn die Seele so entbrannt ist und sich verzehrt, geschieht es oft, durch einen flüchtigen Gedanken (Wie lange der Tod wohl noch auf sich warten läßt?) oder durch irgendein Wort, das sie daran erinnert, daß von irgendwoher – man begreift nicht, woher es kommt oder wie – ein Stoß sie trifft oder etwas wie ein feuriger Pfeil. Ich sage nicht, daß es ein Pfeil ist; aber was es auch sein mag – man erkennt klar, daß es nicht aus unserer Natur kommen kann. Genausowenig ist es ein Stoß, auch wenn ich »Stoß« sage; doch es verwundet scharf, und zwar nicht dort, wo man gewöhnlich die Schmerzen fühlt, sondern – so scheint es mir – zutiefst im Inneren der Seele. Dahinein schlägt dieser Blitz, der alles, was er Irdisches an unserer Natur findet, geschwind durchzuckt und in Staub verwandelt. Solange dies dauert, ist es nämlich unmöglich, sich an irgend etwas zu erinnern, das unserem eigenen Wesen angehört. Denn in einem

Augenblick bindet es die Fähigkeiten derart, daß sie zu nichts mehr Freiheit haben, außer zu dem, was diesen Schmerz in ihr steigert.

Ich möchte nicht, daß es aussieht, als übertriebe ich; denn in Wirklichkeit sehe ich, daß ich noch zu wenig sage, weil es mit Worten nicht auszudrücken ist. Es ist eine Verzükkung, welche die Sinne und Fähigkeiten hinwegrafft von allem, was nicht – wie gesagt – zum Empfinden dieses Kummers beiträgt. Denn der Verstand ist hellwach, um zu erkennen, wie berechtigt es ist, daß jene Seele fühlt, wie fern sie von Gott ist. Und der Herr hilft dabei noch nach, indem er der Seele zur gleichen Zeit eine solch lebendige Erfahrung seines Wesens vermittelt, daß die Qual sich dermaßen steigert, bis der Betroffene schließlich in laute Schreie ausbricht. Auch wenn es jemand ist, der gewohnt ist, große Schmerzen mit Geduld zu ertragen, kann er in diesem Fall nicht anders, weil man diese Qual – wie gesagt – nicht am Körper empfindet, sondern im Inneren der Seele. Daraus schloß jene Person, wieviel heftiger die seelischen Leiden sind als die körperlichen; und es wurde ihr deutlich, daß von dieser Art die Qualen sind, welche die Seelen im Fegfeuer leiden; denn daß sie keinen Körper mehr haben, schließt nicht aus, daß sie noch viel mehr leiden als alle, die hier auf Erden im leiblichen Dasein leiden.

Ich selbst sah jemanden in einem solchen Zustand und dachte wirklich, er würde sterben. Das wäre auch nicht verwunderlich gewesen; denn in einem solchen Fall ist das Leben tatsächlich in großer Gefahr. Dauert dieser Vorgang auch nicht lang, so wird der Körper dabei doch völlig verrenkt, und der Puls ist so stockend, als wolle die Seele schon zu Gott. Das ist nicht zuviel gesagt. Denn dem Leib geht die natürliche Wärme verloren, und zugleich verzehrt sich die Seele in der Glut. Ganz wenig fehlt noch, und Gott hätte ihre Sehnsucht erfüllt. Dabei empfindet sie jedoch keinerlei körperlichen Schmerz (obwohl – wie gesagt – ihr Leib derart verrenkt wird, daß sie danach zwei oder drei Tage heftige Schmerzen leidet und nicht einmal genug Kraft zum Schreiben besitzt. Ja, es scheint mir, als erlange der Körper danach nie wieder die vorige Kraft). Diese Unempfindlichkeit kommt wohl daher, daß der innere Schmerz, den die Seele fühlt, soviel stärker ist. Sie merkt deshalb überhaupt nichts von dem, was den Körper betrifft. Genauso ist es ja auch im gewöhnlichen Leben: Schmerzt es uns irgendwo sehr heftig, so spüren wir andere Leiden kaum, und mögen es noch so viele sein (das habe ich selbst recht deutlich erlebt). In der Lage aber, von der wir sprechen, fühlt die betreffende Person nicht den geringsten körperlichen Schmerz. Ich glaube, sie würde es nicht einmal merken, wenn man sie in Stücke risse.

Ihr werdet mir sagen, in diesem Schmerz zeige sich eine Unvollkommenheit. Denn warum fügt sich diese Seele nicht dem Willen Gottes, dem sie sich doch ganz übergeben hat? Bisher war ihr das möglich gewesen, und in dieser Haltung lebte sie auch. Jetzt aber ist ihr das unmöglich, weil die Vernunft nun nicht mehr Herr über die Seele ist, die an nichts anderes mehr zu denken vermag als an das, was der Grund ihres Leidens ist. Nämlich daß sie getrennt ist von dem, was ihr das Höchste ist. Wozu sollte sie da noch leben wollen? Sie fühlt eine seltsame Einsamkeit; denn mit keinem Geschöpf der Erde verbindet sie eine Gemeinschaft, die sie befriedigen könnte – und ich glaube, nicht einmal himmlische Wesen könnten ihr das bieten, außer demjenigen, den sie liebt. Alles andere quält sie eher nur noch mehr. Es ist ihr, als hinge sie im Leeren, so daß sie auf nichts Irdischem Fuß fassen kann und auch nicht zum Himmel aufzusteigen vermag. Durst verzehrt sie, doch sie kann nicht zum Wasser gelangen. Ein Durst, der nicht auszuhalten ist, der so brennt, daß ihn kein Wasser mehr zu löschen vermag. Und sie will auch gar nicht, daß er gelöscht wird, es sei denn durch jenes Wasser, von dem unser Herr zu der Samariterin sprach. Aber dies wird ihr nicht gereicht.

Oh, mein Gott, mein Herr, wie bedrängst Du die, die Dich

lieben! Doch alles ist gering im Vergleich mit dem, was Du ihnen später schenkst. Es ist recht, daß etwas, das viel wert ist, auch viel kostet; vor allem wenn das die Läuterung der Seele bedeutet, so daß sie in die siebte Wohnung eintreten kann – eine Läuterung, wie sie auch die Seelen, die in den Himmel kommen sollen, im Fegfeuer erfahren. Daran gemessen, ist dieses Leiden so wenig wie ein Wassertropfen im Meer, trotz all der Qual und Kümmernis, die meiner Ansicht nach gar nicht schlimmer sein können; denn die betreffende Person hatte viele Schmerzen, körperlicher und geistiger Art, erlitten, hielt aber alles für nichtig, verglichen mit dem, was sie da empfand. Trotz alldem fühlt die Seele, daß diese Qual einen so hohen Wert besitzt, den sie – das merkt sie sehr genau – niemals selber hätte erwerben können. Zwar lindert dieses Gefühl den Schmerz in keiner Weise, doch bewirkt es, daß sie ihn von Herzen gern erleidet und ihr ganzes Leben lang ihn gern erleiden würde, wenn sie Gott damit dienen könnte, obwohl das nicht ein einmaliges Sterben, sondern wirklich und wahrhaftig ein fortwährendes Sterben wäre.

Denken wir daran, Schwestern, wie jene, die in der Hölle sind, ohne diese Übereinstimmung, ohne die Freude und Wonne, die Gott der Seele eingibt, ohne die Einsicht in den reichen Gewinn, den dieses Leiden bringt, nur mehr und mehr leiden (ich meine: durch die hinzukommenden Schmerzen). Wenn die Qual der Seele stärker ist als die des Körpers und die Martern, welche die Verdammten zu erleiden haben, unvergleichlich viel schlimmer sind als die Pein, von der wir eben gesprochen haben – wie mag es da diesen unglücklichen Seelen erst ergehen, wenn sie erkennen, daß sie es immer und ewig ertragen müssen? Wird nicht alles, was wir in diesem kurzen Leben tun oder erleiden können, völlig belanglos, verglichen mit dem Ziel, von solch schrecklichen, ewigen Qualen befreit zu werden? Ich sage euch: Es ist unmöglich, jemandem verständlich zu machen, wie schmerzlich das Leiden der Seele ist und wie verschieden von körperlicher Pein, falls der Betreffende es nicht selbst erlebt hat. Doch der Herr selber will es uns begreiflich machen, damit wir um so klarer erkennen, wie sehr wir ihm dafür Dank schulden, daß er uns zu einem Stand geführt hat, in dem wir durch seine Barmherzigkeit die Hoffnung haben, daß er uns befreien und unsere Sünden vergeben wird.

Kehren wir zurück zu dem, was wir vorhin sagten. Wir verließen diese Seele, als sie in großer Qual war. In solcher Schärfe hält diese Pein nicht lange an. Es werden höchstens drei oder vier Stunden sein, glaube ich; denn würde es lange dauern, so könnte die Schwäche unserer Natur – falls nicht ein Wunder geschieht – dies unmöglich ertragen. Es kam auch schon vor, daß es nicht länger als eine Viertelstunde anhielt, aber so, daß jener Mensch völlig zerschlagen war. Damals schwanden jener Person wirklich die Sinne, derart heftig war es, und zwar während eines Gesprächs am Osterdienstag, nachdem die Seele all die Feiertage in solcher Dürre verbracht hatte, daß ihr fast völlig entgangen war, um was es ging. Ein einziges Wort aber – daß das Leben so lange kein Ende nehme – genügte. Daran zu denken, man könne dem widerstehen, ist ganz unmöglich, genauso unmöglich, wie wenn einer, der im Feuer steckt, bewirken wollte, daß die Flamme keine Hitze hat und ihn nicht brennt. Es ist ein Schmerz, den man nicht so verhehlen kann, daß die anderen, die dabei sind, die große Gefahr, in der man sich befindet, nicht bemerken, obwohl sie nicht wahrnehmen, was im Inneren vorgeht. Ihre Gegenwart empfindet die Seele, aber nur so, als wäre sie von Schatten umgeben, und als solche erscheinen ihr alle Dinge der Erde.

Es kann geschehen – das sage ich euch für den Fall, daß ihr einmal in eine solche Lage geratet –, daß die Schwäche unserer Natur sich dabei jählings bemerkbar macht. Ist die Seele, wie ihr gesehen habt, einmal so weit, daß sie stirbt vor Sehnsucht zu sterben, und ist der Druck so stark, daß sie meint, sie verlasse nun fast schon den Leib, so befällt sie zuweilen wirkliche Angst, und sie möchte, daß die Pein sich lindere, um nicht vollends zu sterben. Dabei ist ganz klar zu erkennen, daß diese Angst von der natürlichen Schwäche kommt; denn auf der anderen Seite wird die Sehnsucht der Seele nicht geringer, und es gibt kein Mittel, mit dem dieser Schmerz zu dämpfen wäre, bevor der Herr selber – wie es fast immer geschieht – ihn mit einer großen Verzükkung oder einer Vision tilgt, wobei der wahre Tröster die Seele so tröstet und stärkt, daß sie so lange leben möchte, wie er es will.

Dieses Erleben ist eine Qual, aber es hinterläßt gewaltige Wirkungen in der Seele. Sie fürchtet fortan keine Leiden mehr, die noch kommen mögen; denn verglichen mit dem Schmerz, den sie empfand, erscheint ihr alles andere als nichts. Diese Erfahrung hat ihr so viel genützt, daß sie es gern noch oft erleiden würde. Doch das kann sie nicht aus eigenem Willen herbeiführen, und durch kein Mittel läßt sich das wiederholen, ehe der Herr es will, genausowenig wie es möglich ist, dem zu widerstehen oder es auszulöschen, wenn es einen überkommt. Die Seele verachtet künftig die Welt noch viel mehr als zuvor, weil sie erfahren hat, daß nichts Irdisches in dieser Qual ihr half; und sie hängt sehr viel weniger an den Geschöpfen, da sie nun weiß, daß nur der Schöpfer sie trösten und stillen kann. Und mit größerer Furcht und Sorgfalt achtet sie darauf, ihn nicht zu kränken, weil sie erkannt hat, daß er ebenso zu peinigen wie zu trösten vermag.

Zweierlei gibt es, wie mir scheint, auf diesem geistlichen Weg, was das Leben in Gefahr bringen kann. Das eine ist das Erlebnis, von dem wir eben gesprochen haben und das wahrlich nicht ungefährlich ist. Das andere ist ein Übermaß an Wonne und Seligkeit, das mit solch ungeheurer Macht die Seele bedrängt, daß es wirklich scheint, als erliege die Seele und es bedürfe nicht der kleinsten Kleinigkeit mehr, damit sie endgültig den Leib verläßt. Das wäre in der Tat kein geringes Glück für sie. Hier könnt ihr sehen, Schwestern, ob ich recht hatte, als ich sagte, daß Mut erforderlich ist; und ihr werdet erkennen, daß der Herr – wenn ihr ihn um diese Erfahrungen bittet – euch mit gutem Grund dieselbe Frage stellen wird, die er an die Söhne des Zebedäus richtete: »Könnt ihr den Kelch trinken?«

Alle, das glaube ich, Schwestern, werden wir mit Ja antworten, und ganz zu Recht; denn Seine Majestät schenkt jenen Kraft, von denen er weiß, daß sie ihrer bedürfen. In allem verteidigt er diese Seelen und steht für sie ein bei Verfolgungen und bösem Gerede, wie er es für Magdalena tat, wenn auch nicht mit Worten, so durch Taten. Und schließlich, schließlich, ehe sie vollends sterben, belohnt er sie für alles auf einmal, wie ihr nun sehen werdet. Er sei gepriesen in Ewigkeit, und es rühme ihn alle Kreatur. Amen.

Die siebte Wohnung

ERSTES KAPITEL

Ihr werdet den Eindruck haben, Schwestern, es sei bereits so viel über diesen geistlichen Weg gesagt worden, daß es unmöglich ist, noch mehr darüber zu sagen. Das zu meinen wäre sehr unbesonnen. Denn die Größe Gottes hat keine Grenzen, und ebenso unbegrenzt sind wohl seine Werke. Wer könnte die Taten seines Erbarmens und seiner Herrlichkeit zu Ende erzählen? Das ist nicht möglich, und darum seid nicht bestürzt über das, was hier gesagt worden ist und noch gesagt wird; denn es ist nichts als eine Ziffer für die Fülle, die es von Gott zu berichten gibt. Viel Erbarmen hat er uns erwiesen, indem er diese Dinge jemandem mitgeteilt hat, so daß wir davon erfahren können und darum, je tiefer wir es erfassen, wie er sich den Geschöpfen mitteilt, um so mehr seine Größe rühmen und uns bemühen, unsere Seelen, an denen der Herr soviel Gefallen findet, nicht geringzuachten. Denn jeder von uns hat eine, nur schätzen wir sie nicht so, wie es ein Geschöpf verdiente, das nach dem Bilde Gottes geschaffen ist, und erkennen darum auch nicht die großen Geheimnisse, die darin verborgen sind. Möge Seine Majestät – so es ihm gefällt – die Feder führen und mich wissen lassen, wie ich euch etwas von dem vielen sagen kann, was es zu sagen gilt und was Gott demjenigen zu erkennen gibt, den er in diese Wohnung führt. Von Herzen habe ich Seine Majestät darum angefleht; denn er weiß, daß es meine Absicht ist, die Werke seines Erbarmens nicht länger im verborgenen zu lassen, auf daß sein Name höher geehrt und inniger gepriesen werde.

Ich hoffe, daß er – nicht um meinetwillen, sondern euretwegen, Schwestern – mir diese Gnade erweisen wird, damit ihr versteht, wie wichtig es für euch ist, nicht selbst zu verhindern, daß euer Bräutigam diese geistliche Hochzeit mit euren Seelen feiert; denn sie bringt viele Güter ein, wie ihr sehen werdet.

Oh, großer Gott! Eine so erbärmliche Kreatur, wie ich es bin, muß doch erzittern, wenn sie von etwas spricht, das so hoch über das hinausgeht, was zu begreifen ich verdiene. Und wirklich, ich war in arger Verwirrung, weil ich dachte, ob es nicht besser wäre, mit wenigen Worten diese Wohnung abzutun. Sicherlich denkt man sonst, ich wisse es aus eigener Erfahrung, und dabei fühle ich eine tiefe Scham. Weil ich mich selber kenne und weiß, wie ich bin, ist mir das etwas Schreckliches. Andererseits erschien mir dies als Versuchung und Schwäche. Und mögt ihr noch soviel über mich urteilen – Gott sei gelobt und sein Wesen ein wenig mehr verstanden, mag die ganze Welt auch über mich zetern. Das soll mich nicht bekümmern, zumal ich vielleicht schon tot bin, wenn man dies zu sehen bekommt. Gepriesen sei er, der lebt und leben wird in Ewigkeit. Amen.

Wenn es unserem Herrn gefällt, sich der Qualen zu erbarmen, die diese Seele, welche er schon geistlich zu seiner Braut gemacht hat, erlitt und erleidet, so führt er sie, bevor die geistliche Ehe geschlossen wird, in seine eigene, das heißt in diese siebte Wohnung; denn wie er im Himmel seine Wohnstatt hat, so muß er wohl auch in der Seele eine Stätte haben, wo nur Seine Majestät weilt, also gleichsam einen zweiten Himmel. Es ist nämlich sehr wichtig, Schwestern, daß wir die Seele nicht für etwas Dunkles halten (da wir sie nicht sehen, kommt es einem gemeinhin ja so vor, als gäbe es kein anderes, kein innerliches Licht, sondern nur das, welches wir mit den Augen gewahren) und nicht meinen, in unserer Seele herrsche eine Art Finsternis. Bei einer Seele, die nicht in der Gnade lebt, mag das so sein, das gebe ich zu; aber nicht, weil ihr die Sonne der Gerechtigkeit fehlt, die doch immer in ihr ist und ihr das Sein verleiht, sondern weil sie nicht fähig ist, das Licht aufzunehmen, wie ich – soweit ich mich erinnern kann – in der ersten Wohnung gesagt habe. Einer gewissen Person ist es klargeworden, daß diese unglücklichen Seelen gleichsam in einem dunklen Kerker liegen, blind, stumm und gefesselt an Händen und Füßen, so daß sie nichts Gutes vollbringen können, das zu ihrem Heil dienen würde. Mit Recht tun sie uns leid, und wir sollten bedenken, daß wir uns einmal in der gleichen Lage befanden und der Herr sich auch ihrer erbarmen kann.

Laßt uns ihn unermüdlich darum anflehen, Schwestern, vergessen wir dies nie; denn die beste Gabe der Nächstenliebe ist, für die zu bitten, die in Todsünde leben. Es ist eine sehr viel größere Verpflichtung, als wenn wir einen Christen sehen würden, der an einen Pfahl gefesselt ist, die Hände mit starken Ketten auf den Rücken gebunden, und der so allmählich verhungert, aber nicht, weil nichts da ist, was er essen könnte – denn er hat die köstlichsten Speisen um sich –, sondern weil er sie nicht greifen und zum Munde führen kann. Dabei fühlt er auch noch einen heftigen Widerwillen und sieht, daß es mit ihm zu Ende geht, nicht nur für dieses irdische Leben, sondern für alle Ewigkeit. Wäre es da nicht eine entsetzliche Grausamkeit, einfach zuzuschauen und ihm nicht die Nahrung in den Mund zu geben? Wie aber, wenn euer Gebet bewirken könnte, daß man ihm die Ketten abnimmt? Ihr versteht mich schon. Um der Liebe Gottes willen bitte ich euch, daß ihr bei euren Gebeten auch immer an solche Seelen denkt.

Doch jetzt wollen wir nicht von ihnen sprechen, sondern von denen, die durch das Erbarmen Gottes schon Buße getan haben für ihre Sünden und in der Gnade leben. Eine solche Seele ist nichts Enges, Eingepferchtes, sondern eine innere Welt, die so viele und so schöne Gemächer birgt, wie ihr gesehen habt. Und das ist nur recht und angemessen; denn in der Mitte dieser Seele ist eine Wohnung für Gott. Wenn es also Seiner Majestät beliebt, ihr die Gnade zu erweisen, von der wir sprachen, und er diese göttliche Ehe mit ihr eingehen will, so führt er sie zuerst in seine Wohnung. Und er wünscht, daß dies nicht so vor sich geht wie bei anderen Gelegenheiten, wo er sie entrückte; denn ich glaube zwar, daß er da und in dem sogenannten Gebet der Vereinigung sich mit ihr verbindet, aber die Seele hat dabei doch nicht den Eindruck, als sei sie berufen, in die innerste Mitte einzutreten, wie jetzt in dieser Wohnung, sondern als gelange sie in deren oberen Teil. Aber sei dem, wie es wolle – darauf kommt es nicht an. Der Herr verbindet sich mit ihr, wobei er sie jedoch blind und stumm macht (wie es dem heiligen Paulus bei seiner Bekehrung widerfuhr). Er läßt sie nicht fühlen, wie und von welcher Art die Gnade ist, die sie genießt; denn das große Entzücken, welches da die Seele empfindet, besteht darin, daß sie gewahrt, wie nahe sie bei Gott ist. Wenn er sich aber mit ihr vereint, so begreift sie nichts davon, weil ihr alle Seelenkräfte schwinden.

Hier dagegen ist es anders. Nun will unser guter Gott ihr die Schuppen von den Augen nehmen, auf daß sie sehe und etwas von der Gnade begreife, die er ihr erweist – freilich auf eine ungewohnte Weise. Nachdem sie durch eine Verstandesschau in jene Wohnung geführt worden ist, zeigt sich ihr – gleichsam als Darstellung der Wahrheit – die Heilige Trinität, in allen drei Gestalten, mit einer Entflammung, die zuerst wie eine Wolke höchster Klarheit vor ihren Geist kommt. Und durch eine wundersame Wahrnehmung, die der Seele zuteil wird, begreift sie, daß all die drei Gestalten gewißlich und wahrhaftig ein Wesen sind und eine Macht und ein Wissen und ein einziger Gott. Was wir im Glauben festhalten, erkennt die Seele dort – so können wir sagen – im Schauen, obwohl dies kein Schauen mit den Augen des Körpers oder der Seele ist, da es sich um keine bildhafte Vision handelt. Hier teilen sich ihr all die drei Personen mit, reden zu ihr und erläutern ihr jene Worte des Herrn, die im Evangelium stehen: Er und der Vater und der Heilige Geist würden kommen, um bei der Seele zu wohnen, die ihn liebt und seine Gebote hält.

Oh, großer Gott, was für ein Unterschied ist es doch, ob man diese Worte hört und glaubt oder ob man auf diese Weise begreift, wie wahr sie sind! Und jeden Tag verwundert sich diese Seele mehr; denn es scheint ihr, als wichen die drei Personen nie mehr von ihr. Sie sieht vielmehr eindeutig – in der beschriebenen Weise –, daß sie im Inneren ihrer Seele weilen. In der allerinnersten Mitte, ganz unten, in einer Tiefe, die sie nicht beschreiben kann, weil sie unwissend ist, fühlt sie in sich diese göttliche Gesellschaft.

Ihr werdet nun meinen, die Seele sei also nicht bei sich, sondern so versunken, daß sie auf nichts anderes achten kann. Im Gegenteil: Bei allem, was im Dienste Gottes geschieht, ist sie viel achtsamer als zuvor, ist sie aber frei von Geschäften, so verweilt sie in dieser angenehmen Gesellschaft. Und wenn die Seele Gott gegenüber nichts versäumt, so wird er es – meines Erachtens – nie versäumen, sie seine Gegenwart so deutlich gewahren zu lassen. Und sie vertraut fest darauf, daß Gott, nachdem er ihr diese Gnade erwiesen hat, sie nicht so weit verlassen wird, daß ihr sein Geschenk wieder verlorengeht. Und dieses Glaubens darf man sein. Dennoch achtet sie behutsamer denn je darauf, daß sie ihm durch nichts mißfällt.

Diese göttliche Gegenwart, in der die Seele sich hier fühlt, ist allerdings nicht so unmittelbar, das heißt: nicht immer so klar, wie sie sich beim ersten Male offenbart, oder wie bei anderen Gelegenheiten, wenn Gott die Seele mit dieser Gunst erfreuen will; denn wäre dies so, könnte sie unmöglich auf etwas anderes achten oder auch nur unter den Leuten leben. Zeigt es sich ihr auch nicht in so klarem Licht, findet sich die Seele aber doch immer, wenn sie darauf achtet, in dieser Nähe. Mit anderen Worten: Es geht ihr wie jemandem, der mit anderen in einem sehr hellen Raume ist, wo plötzlich die Fenster geschlossen werden, so daß er im Dunkeln steht. Auch wenn das Licht verschwunden ist und er die anderen nicht erblicken kann, bevor das Licht wieder erscheint, weiß er doch noch immer, daß sie zugegen sind. Man wird nun fragen, ob die Seele selber nach eigenem Belieben bewirken kann, daß das Licht zurückkehrt und sie die Gefährten sieht. Aber das liegt nicht in ihrer Macht, und es geschieht nur, wenn es der Wille unseres Herrn ist, daß das Fenster der Erkenntnis sich auftut. Doch er erweist ihr schon damit eine große Barmherzigkeit, daß er sie nicht verläßt und ständig dafür sorgt, daß sie dies so deutlich wahrnimmt.

Es scheint, als wolle die göttliche Majestät die Seele hier durch diese wunderbare Gesellschaft auf noch Größeres vorbereiten; denn es ist klar, daß ihr dies wesentlich dazu hilft, in allem auf dem Weg zur Vollkommenheit voranzukommen und die Furcht zu verlieren, die sie – wie gesagt – angesichts der anderen Gnaden, die sie erfuhr, überkam. Und so war es auch bei der Person, von der wir sprachen. Sie fand sich in allem gebessert, und es kam ihr vor, als verlasse das Wesentliche ihrer Seele – trotz aller Plagen und Mühen, mit denen sie zu tun hatte – niemals dieses Gemach. Es schien ihr also gewissermaßen, als ob in ihrer Seele eine Teilung vor sich gegangen sei. Und als schwere Mühsal sie bedrückte, kurze Zeit nachdem Gott ihr diese Gnade erwiesen hatte, da beklagte sie sich darüber, wie Martha, als sie über Maria klagte. Auch warf sie manchmal ihrer Seele vor, sie genieße jenen Frieden, ganz nach ihrer Lust, und lasse sie, die soviel Plage und Arbeit habe, im Stich, so daß sie nicht mit dabeisein könne.

Das wird euch unsinnig vorkommen, meine Töchter. Doch so ist es wirklich; denn obgleich man weiß, daß die Seele ein Ganzes ist, ist das, was ich gesagt habe, doch kein Hirngespinst. So verhält es sich nämlich meistens. Darum sagte ich, man sehe innerliche Dinge, die einen mit Gewißheit erkennen lassen, daß es irgendwie einen Unterschied, und zwar einen sehr klaren Unterschied zwischen der Seele und dem Geist gibt, obwohl im übrigen beide ein und dasselbe sind. Man erkennt eine so feine Teilung, daß es zuweilen scheint, als handle das eine nicht so wie das andere, je nach dem Eindruck oder Geschmack, den der Herr ihnen vermitteln will. Auch scheint es mir, daß die Seele etwas anderes ist als die Fähigkeiten, daß sie also nicht ein und dasselbe sind. Es gibt so viele und so feine Dinge in unserem Inneren, daß es eine Vermessenheit wäre, wollte ich versuchen, sie zu erklären. Drüben, im anderen Leben, werden wir es sehen, wenn der Herr so gnädig ist, uns durch sein Erbarmen dahin zu bringen, wo wir diese Geheimnisse verstehen.

ZWEITES KAPITEL

Wir wollen nun von der göttlichen oder geistlichen Vermählung sprechen. Diese große Gnade wird sich freilich nicht vollkommen erfüllen, solange wir leben; denn trennen wir uns je von Gott, so wird uns dieses große Gut verlorengehen. Erweist Gott zum erstenmal diese Gunst, so ist es der Wunsch Seiner Majestät, sich der Seele in einer bildhaften Vision seiner heiligsten Menschlichkeit zu zeigen, damit sie es genau erfaßt und wissend erfährt, daß ihr eine so erhabene Gabe zuteil wird. Andere Personen werden es vielleicht in anderer Form erleben; derjenigen aber, von der wir sprachen, erschien der Herr, als sie eben das Abendmahl genommen hatte, in einer Gestalt von großem Glanz, voll Schönheit und Majestät, wie nach der Auferstehung, und er sprach zu ihr, es sei nun an der Zeit, daß sie seine Dinge als die ihrigen betrachte und er für die ihrigen sorge, und dazu noch andere Worte, die man besser fühlt als ausspricht.

Dies erscheint vielleicht als nichts Neues, da sich der Herr auch sonst schon dieser Seele in solcher Form gezeigt hatte. Aber es war so anders, daß es sie ganz verwirrte und bestürzte; einmal, weil diese Vision mit großer Gewalt eintrat, und zum anderen, weil die Worte, die der Herr zu ihr sagte, sie erschreckten. Auch hatte sie im Inneren der Seele, wo sich ihr dies zeigte, noch keine Vision erlebt, außer der eben erwähnten. Wir müssen nämlich wissen, daß ein riesiger Unterschied zwischen allen vorhergegangenen Visionen und dem besteht, was wir in dieser Wohnung schauen; ein Unterschied, der so groß ist wie der zwischen der geistlichen Verlobung und der geistlichen Ehe oder wie der zwischen einem verlobten Paar und zweien, die sich nicht mehr trennen können.

Ich habe es schon einmal gesagt, daß trotz dieser Vergleiche – die ich gebrauche, weil es keine geeigneteren gibt – man sich darüber im klaren sein muß, daß hier so wenig an Körperliches gedacht wird, als weilte die Seele nicht mehr im Leibe. Hier ist nur noch Geist. Und viel weniger noch hat Körperliches mit der geistlichen Vermählung zu tun; denn diese geheime Vereinigung vollzieht sich in der allerinnersten Mitte der Seele, also an dem Ort, wo Gott selber weilt. Und er bedarf, wie ich glaube, keiner Türe, um dort einzutreten. Ich sage, er brauche keine Türe, weil er bei allem, wovon wir bisher sprachen, durch das Medium der Sinne und Fähigkeiten zu uns kommt; und jene Erscheinung der Menschlichkeit des Herrn geschah wohl ebenso. Was sich aber bei der Vereinigung der geistlichen Vermählung ereignet, ist völlig anderer Art. Da zeigt sich der Herr in diesem Zentrum der Seele nicht in einer bildhaften Vision, sondern in einer Verstandesschau (die freilich feiner ist als die früher erwähnten), wie er den Aposteln erschien, ohne durch die Tür einzutreten, als er zu ihnen sprach: »Friede sei mit euch.« Was der Herr hier der Seele in einem Augenblick mitteilt, ist ein so großes Geheimnis und eine so hohe Gnade, und das Entzücken, das die Seele dabei empfindet, ist so übermächtig, daß ich es mit nichts anderem vergleichen kann als der Seligkeit im Himmel, die der Herr ihr durch diesen Augenblick offenbaren will, und zwar in erhabenerer Weise als bei irgendeiner sonstigen Vision oder anderen geistigen Wonnen. Es läßt sich nichts weiter davon sagen, als daß die Seele, ich meine: der Geist dieser Seele – soweit man dies verstehen kann – eins geworden ist mit Gott. Da auch er Geist ist, hat Seine Majestät die Liebe offenbaren wollen, die er für uns hegt, indem er einigen Menschen zu verstehen gibt, wie weit diese Liebe reicht, auf daß wir seine Größe rühmen. So innig hat er sich mit der Kreatur verbinden wollen, daß er – genau wie die Vermählten, die sich nicht mehr trennen können – nicht mehr von der Seele weichen will.

Die geistliche Verlobung ist anders; denn da gibt es oft eine Trennung. Und auch die Vereinigung ist nicht von dieser Art. Obwohl »Vereinigung« bedeutet, daß zwei Dinge sich zu einem verbinden, können sie sich schließlich doch wieder trennen und jeder für sich bleiben. So erleben wir es oft, daß jene Gnade des Herrn schnell vorübergeht und die Seele sich danach nicht mehr in jener Gemeinschaft befindet; ich meine: nicht mehr so, daß sie es merkt. Bei dieser Gnade des Herrn aber, von der wir jetzt sprechen, gibt es keine Trennung mehr, denn immer bleibt die Seele mit ihrem Gott in jener Mitte. Wir wollen sagen: Die Vereinigung gleicht zwei Wachskerzen, die man so dicht aneinanderhält, daß beider Flamme ein einziges Licht bildet; und sie ist jener Einheit ähnlich, zu der der Docht, das Licht und das Wachs verschmelzen. Danach aber kann man leicht eine Kerze von der anderen trennen, so daß es wieder zwei Kerzen sind, und ebenso läßt sich der Docht vom Wachs lösen. Hier jedoch ist es, wie wenn Wasser vom Himmel in einen Fluß oder eine Quelle fällt, wo alles nichts als Wasser ist, so daß man weder teilen noch sondern kann, was nun das Wasser des Flusses ist und was das Wasser, das vom Himmel gefallen; oder es ist, wie wenn ein kleines Rinnsal ins Meer fließt, von dem es durch kein Mittel mehr zu scheiden ist; oder aber wie in einem Zimmer mit zwei Fenstern, durch die ein starkes Licht einfällt: dringt es auch getrennt ein, so wird doch alles zu einem Licht.

Vielleicht ist es dies, was der heilige Paulus mit den Worten meint: »Wer sich dem Herrn nähert und an ihn sich hängt, der wird eines Geistes mit ihm.« Damit spielt er wohl auf diese erhabene Vermählung an, die voraussetzt, daß Seine Majestät durch eine Vereinigung zur Seele gekommen ist. Auch sagt er: »Mihi vivere Christus est, mori lucrum.« Genau dasselbe kann meiner Meinung nach hier die Seele sprechen; denn das ist der Ort, wo der kleine Falter, von dem wir gesprochen haben, stirbt, und dies in höchster Wonne, weil sein Leben nunmehr Christus ist.

Das versteht man im Lauf der Zeit immer besser durch die Wirkungen dieser Gnade. Durch eine Art geheimen Anhauchs gewahrt man deutlich, daß es Gott ist, der unserer Seele Leben gibt. Und dieser Anhauch ist oft so stark, daß überhaupt nicht daran zu zweifeln ist; denn die Seele fühlt es sehr genau, auch wenn sie es nicht ausdrücken kann. So heftig ist jedoch manchmal dieses Empfinden, daß es zuweilen zärtliche Worte hervorruft, die man anscheinend unweigerlich aussprechen muß: »Oh, Leben meines Lebens und Nahrung, die mich erhält!« oder ähnliches. Aus jenen himmlischen Brüsten, an denen Gott immer die Seele zu nähren scheint, schießen Strahlen von Milch hervor, die alle Bewohner der Burg laben; denn es scheint, als wolle der Herr, daß auch sie etwas genießen von der Fülle, deren die Seele sich erfreut, und daß aus jenem mächtig strömenden Fluß, in den diese kleine Rieselquelle mündete und sich auflöste, ab und zu ein Schwall herausschwappt, um die zu erquikken, die im Leiblichen diesen beiden Neuvermählten zu dienen haben. Und wie es auch einem Achtlosen nicht entgehen kann, wenn man ihn plötzlich ins Wasser wirft, genauso sicher, ja mit noch größerer Gewißheit verspürt man diese Wirkungen, von denen ich gesprochen. Denn wie jeder starke Wasserschwall, der uns treffen mag, irgendwoher kommen muß, genauso unbestreitbar zeigt sich, daß im Inneren jemand ist, der diese Pfeile schleudert, der Leben gibt diesem Leben; und daß da eine Sonne ist, aus der ein großes Licht kommt, das den Fähigkeiten gesandt wird aus dem Inneren der Seele. Diese bewegt sich – wie gesagt – nicht aus jener Mitte, und der Friede geht ihr nicht verloren; denn derselbe, der ihn den Aposteln schenkte, als sie beieinander waren, kann ihn ihr gewähren.

Es ist mir nun der Gedanke gekommen, dieser Gruß des Herrn müsse viel mehr bedeutet haben, als der bloße Wortlaut besagt; ebenso damals, als er zur seligen Magdalena sagte, sie solle in Frieden gehen; denn da die Worte des Herrn Taten sind, wie bei uns die Werke, müssen sie in jenen Seelen, die schon vorbereitet waren, so stark gewirkt haben, daß in ihnen alles, was leiblich ist an der Seele, ausgeschieden wurde und diese hernach reiner Geist war, so daß sie sich in dieser himmlischen Vereinigung mit dem unerschaffenen Geist verbinden konnte. Denn es ist ganz gewiß, daß der Herr, wenn wir uns alles Kreatürlichen entledigen und uns aus Liebe zu Gott davon losmachen, uns mit sich selber erfüllen wird. Und so betete auch unser Herr Jesus Christus für seine Jünger – ich weiß nicht, wo es steht –, sie möchten eins mit dem Vater werden und mit ihm, gleichwie unser Herr Jesus Christus im Vater ist und er in ihm. Ich weiß nicht, welch größere Liebe es geben könnte als diese! Und wir alle werden dahin gelangen; denn Seine Majestät sagte: »Ich bitte nicht nur für sie, sondern auch für all die anderen, die an mich glauben werden.« Und er fährt fort: »Ich bin in ihnen.«

O Gott, wie wahr sind diese Worte, und wie erfaßt dies die Seele, die es in diesem Gebet selber erlebt! Und wir alle würden es erfassen, wenn nicht unsere eigene Schuld uns daran hinderte; denn die Worte Jesu Christi, unseres Königs und Herrn, können nicht falsch sein! Doch da wir versagen, weil wir uns nicht dafür bereit machen und uns nicht abkehren von allem, was dieses Licht hemmen kann, sehen wir uns nicht in diesem Spiegel, den wir betrachten und dem unser Bildnis eingegraben ist.

Doch kehren wir zurück zu dem, was wir vorhin sagten.

Führt der Herr die Seele in diese seine Wohnung, welche die Mitte der Seele selber ist, so scheint es, als seien die Regungen in der Seele, die für gewöhnlich in der Phantasie und den Fähigkeiten zu fühlen sind, plötzlich nicht mehr vorhanden, sobald sie hier eintritt (auch der höchste Himmel, der Feuerhimmel, wo unser Herr ist, bewegt sich ja nicht wie die übrigen). So stören sie die Seele nicht und rauben ihr nicht den Frieden. Es mag den Anschein erwecken, ich wollte damit sagen, die Seele sei ihrer Erlösung sicher und der Gefahr enthoben, erneut zu fallen, wenn sie einmal so weit gelangt ist, daß Gott ihr diese Gnade erweist. Das behaupte ich aber nicht, und immer wenn ich in der Weise rede, daß es scheint, als sei die Seele in Sicherheit, so ist dies mit dem Vorbehalt aufzunehmen: solange Seine Majestät sie so an der Hand hält und sie ihn nicht beleidigt. Zumindest weiß ich gewiß, daß die Seele, von der wir sprachen, obwohl sie sich in diesem Stande sieht, und dies seit Jahren, sich nicht für gesichert hält, sondern noch viel ängstlicher als zuvor sich vor jeder kleinen Kränkung Gottes hütet. Zugleich empfindet sie ein so starkes Verlangen, ihm zu dienen – wovon nachher noch die Rede sein wird –, und fühlt sich fast immer bekümmert und verwirrt durch die Einsicht, wie wenig sie zu tun vermag im Vergleich zu dem vielen, wozu sie verpflichtet ist. Das ist kein geringes Kreuz, sondern eine besonders harte Buße; aber Übungen der Buße sind dieser Seele eine Wonne, und je härter das Werk der Reue, desto größer ist ihre Freude. Eine wirkliche Buße ist es jedoch für sie, wenn der Herr ihr Gesundheit und Kräfte nimmt, so daß sie nicht mehr imstande ist, die Buße tätig zu üben. Ich habe zwar schon an anderer Stelle gesagt, welch große Qual dies bereitet, doch hier ist es noch viel schmerzlicher. Und das alles kommt wohl von dem Grund, in dem sie verwurzelt ist. Der Baum, der dicht an den strömenden Wassern steht, ist frischer und bringt mehr Frucht – wie könnte es da wundernehmen, daß diese Seele solche Begierden fühlt, wo doch ihr wahrer Geist –

wie wir sagten – eins geworden ist mit dem himmlischen Wasser?

Um aber zum vorher Gesagten zurückzukehren: Man darf das nicht so verstehen, als blieben die Fähigkeiten, die Sinne und Leidenschaften ständig in diesem Frieden. Die Seele selber, ja; doch in den anderen Wohnungen gibt es noch immer Zeiten des Streits, der Leiden und Mühsale, wenn auch nicht in dem Maße, daß sie dadurch ihres Friedens beraubt und von ihrer Stätte verdrängt werden könnte. So ist es jedenfalls meistens. Dieses Zentrum unserer Seele – oder dieser Geist – ist etwas, das so schwer sich ausdrücken läßt und auch so schwierig zu erfassen ist durch den Glauben, daß ich fürchte, Schwestern, ihr könntet in die Versuchung geraten, meinen Worten zu mißtrauen, weil ich mich nicht verständlich machen kann; denn sagt man, es gebe Drangsal und Leiden, und behauptet zugleich, die Seele sei im Frieden, so ist dies schwer zu begreifen.

Ich will euch ein Gleichnis nennen oder auch zwei. Gebe Gott, daß sie euch etwas besagen. Tun sie das nicht, so weiß ich dennoch, daß ich die Wahrheit spreche. Der König ist in seinem Palast, und gibt es auch viele Kriege, Bedrängnis und Leiden in seinem Reich – er verharrt trotz alledem an seinem Platz. So ist es auch hier. Mag es in den anderen Wohnungen noch so toben und wimmeln von wildem, giftigem Getier, daß der Lärm herüberschallt, so dringt doch nichts in den innersten Bereich, was die Seele daraus vertreiben könnte. Was sie da hört, schmerzt sie zwar etwas, aber es stürzt sie nicht in Unruhe und raubt ihr nicht den Frieden; denn die Leidenschaften sind schon bezwungen, so daß sie Angst davor haben, dort einzudringen, weil sie sonst nur noch mehr entmachtet würden. Der ganze Körper mag uns schmerzen, aber wenn der Kopf gesund ist, wird er uns nicht deshalb weh tun, weil wir am Körper leiden.

Ich lache über diese Vergleiche, die mich nicht befriedigen; aber ich weiß keine anderen. Denkt, was ihr wollt; es ist Wahrheit, was ich gesagt habe.

Jetzt ist also dieser kleine Falter gestorben, voll überschwenglicher Freude, daß er nun zur Ruhe gefunden hat und Christus in ihm lebt. Schauen wir also, welches Leben er jetzt führt und wie sich dies von seinem früheren Dasein unterscheidet; denn an den Wirkungen werden wir erkennen, ob es wahr ist, was hier gesagt worden ist. Ich weiß von den folgenden:

Die erste Wirkung ist eine Selbstvergessenheit der Seele, die so weit geht, daß es – wie gesagt – wirklich so scheint, als existiere sie überhaupt nicht mehr. Sie ist so völlig verwandelt, daß sie sich selbst nicht mehr kennt noch sich daran erinnert, daß es für sie einen Himmel oder Leben oder Ehre gibt, weil ihr ganzes Wesen damit beschäftigt ist, für Gottes Ehre zu sorgen. Es scheint, als seien die Worte, die Seine Majestät zu ihr sprach – nämlich: sie solle auf seine Dinge achten, und er werde nach den ihrigen schauen –, nun Wirklichkeit geworden. Und so kümmert sie sich um nichts, was auch geschehen mag, sondern lebt in einer wundersamen Vergessenheit, so daß es – wie gesagt – den Anschein hat, als sei sie gar nicht mehr vorhanden. Auch möchte sie überhaupt nicht mehr dasein, in keiner Weise, es sei denn, sie würde erkennen, daß von ihr etwas ausgehen kann, was den Ruhm und die Ehre Gottes ein bißchen erhöht; denn dafür würde sie von Herzen gern ihr Leben hingeben.

Ihr dürft das nicht so verstehen, Töchter, als kümmere sie sich nun nicht mehr um Essen und Schlafen (obwohl diese Notwendigkeiten sie nicht wenig quälen) und vernachlässige nun irgendwelche Pflichten ihres Standes. Wir sprechen von innerlichen Dingen; von äußeren Werken ist wenig zu sagen. Es bekümmert sie vielmehr, sehen zu müssen, daß ihre Kräfte zu nichts mehr ausreichen. Aber niemals und um nichts auf der Welt würde sie von etwas ablassen, das sie zu leisten vermag und von dem sie weiß, daß es im Dienste Gottes geschieht.

Die zweite Wirkung ist ein Verlangen nach großem Leiden, aber nicht in der Weise, daß dies Verlangen sie beunruhigt, wie früher; denn die Sehnsucht, der Wille Gottes möge in ihr geschehen, der diese Seele nun erfüllt, ist so übergroß, daß sie alles, was Seine Majestät tut, als gut betrachtet: will er, daß sie leidet, wohlan; will er es nicht, so zermartert sie sich deshalb nicht wie einst.

Auch bereitet es solchen Seelen eine große Wonne, wenn sie verfolgt werden, und sie fühlen dabei einen viel tieferen Frieden als bei den früheren Gelegenheiten, ohne gegen jene, die ihnen Böses tun oder Böses zufügen wollen, irgendwelche Feindschaft zu hegen. Sie fassen vielmehr eine besondere Liebe zu ihnen, und wenn sie dieselben in einer Bedrängnis sehen, empfinden sie ein tiefes Mitleid und würden alles auf sich nehmen, um sie davon zu befreien. Aus freiem Herzen und tiefem Verlangen empfehlen sie dieselben in Gottes Schutz, und von den Gnaden, die Seine Majestät ihnen gewährt, würden sie mit Freuden etwas missen, wenn sie dafür jenen zuteil würden, damit sie unseren Herrn nicht länger beleidigen.

Am allermeisten verwundert mich aber, daß nun – nachdem ihr ja gesehen habt, unter wieviel Mühen und Qualen diese Seelen sich nach ihrem Tode sehnten, um sich unseres Herrn zu erfreuen –, daß nun ihr Verlangen, ihm zu dienen, ihn zu rühmen und womöglich einer Seele sich hilfreich zu erweisen, so groß ist, daß sie nicht nur keine Sehnsucht nach dem Tod empfinden, sondern noch viele, viele Jahre voll schwerster Mühen leben wollen, um so möglicherweise etwas dazu beizutragen, daß Gott gepriesen werde, sei es auch nur im Allerkleinsten. Und wüßten sie auch gewiß, daß die Seele, sobald sie den Leib verläßt, sich der Gegenwart Gottes erfreut, so wäre ihnen dies gleich. Sie denken nicht an die Herrlichkeit, in der die Heiligen leben, noch ist es ihr Wunsch, diese schon jetzt zu erfahren. Ihre Seligkeit sehen sie darin, daß sie alles daransetzen, um dem Gekreuzigten irgendwie zu helfen, falls dies möglich ist; vor allem wenn sie gewahren, wie oft er beleidigt wird und wie wenige es gibt, die ernsthaft nach seiner Ehre trachten, ohne sich noch um irgend etwas anderes zu kümmern. Freilich überkommt sie zuweilen, wenn sie dies einmal vergessen, wieder zärtlich das Verlangen, sich des Herrn zu erfreuen, und damit der Wunsch, dieser Verbannung zu entrinnen, vor allem wenn sie sehen, wie wenig sie nützen. Aber dann schaut die Seele wieder in sich selber und gewahrt, wie sie ihn ständig bei sich hat; und damit begnügt sie sich. Indem sie leben will, bietet sie Seiner Majestät gleichsam ein Opfer dar, und zwar das kostbarste, das sie ihm zu geben vermag.

Vor dem Tode fürchtet sie sich nicht, sowenig wie sie sich vor einer sanften Entrückung ängstigen würde. Er, der einst jenes erste Verlangen mit solch furchtbarer Qual in der Seele erweckte, flößt ihr nämlich nun dieses neue Sehnen ein. Er sei gelobt und gepriesen in Ewigkeit.

Die Wünsche dieser Seelen gelten also nicht mehr den Gnadengeschenken und Wonnen, weil sie den Herrn selber bei sich haben und es Seine Majestät ist, die nun in ihnen lebt. Wie wir wissen, war sein eigenes Leben nichts als ständige Marter, und das unsere macht er nun dem seinen gleich, zumindest was unser Sehnen und Wollen betrifft; denn im übrigen leitet er uns, wie man schwache Gefährten führt. Sieht er jedoch, daß die Seelen es brauchen, so läßt er sie teilhaben an seiner Stärke.

Sie sind gänzlich gelöst von allem, und immer ist es ihr Wunsch, allein zu sein oder sich einem Tun zu widmen, das einer anderen Seele hilft. Weder Dürrezeiten noch innere Mühsal suchen sie heim. Ständig gedenken sie unseres Herrn und hängen an ihm in Zärtlichkeit, so daß sie niemals aufhören möchten, ihn zu loben. Wird eine Seele schläfrig, so weckt der Herr selber sie in der Weise, die wir beschrieben haben. Das läßt in aller Klarheit erkennen, daß jener Antrieb – ich weiß nicht, wie ich es sonst nennen soll – vom Inneren der Seele ausgeht, wie dies auch von den starken Antrieben gesagt worden ist. Hier geschieht es mit großer Sanftheit, doch kommt es nicht aus dem Denken oder der Erinnerung. Es ist etwas, das nicht zu begreifen ist; denn die Seele hat nichts von sich aus dazu getan. Dieses Erlebnis widerfährt einem so häufig, ja es ist so etwas Gewöhnliches, daß es genau zu beobachten war. Ein großes Feuer lodert nicht nach unten, sondern nach oben, so stark man es auch entfachen mag, und genauso ist es hier: Man erkennt, daß diese innerliche Bewegung aus der Mitte der Seele kommt und die Fähigkeiten weckt.

Wahrlich, gäbe es auf diesem Weg des Gebets nichts anderes zu gewinnen, als daß man gewahrt, mit welch besonderer Fürsorge Gott darum bemüht ist, sich uns mitzuteilen, und wie er wieder und wieder uns bittet – denn nichts anderes scheint es zu sein –, bei ihm zu bleiben, so schienen mir alle Mühen wohl angewandt, die man auf sich genommen hat, um dies zu genießen, daß man so sanft und so durchdringend von seiner Liebe angerührt wird. Das werdet ihr, meine Schwestern, erfahren haben; denn ich denke, daß der Herr uns mit dieser Fürsorge umgibt, sobald wir zum Gebet der Vereinigung gelangen, falls wir nicht selber achtlos werden gegenüber seinen Geboten. Erlebt ihr nun das, so denkt daran, daß es von dieser inneren Wohnung ausgeht, wo Gott in unserer Seele weilt, und lobt ihn von Herzen. Denn es ist gewiß: von ihm stammt diese Aufforderung, dieses Brieflein, das mit soviel Liebe geschrieben ist, und zwar so, daß nur ihr seine Schrift lesen könnt und versteht, worum er euch bittet. Und ihr dürft es unter keinen Umständen versäumen, Seiner Majestät zu antworten, auch wenn ihr gerade äußerlich beschäftigt seid oder mit anderen redet; denn es wird des öfteren vorkommen, daß unser Herr euch diese geheime Gnade erweisen will, während ihr in der Öffentlichkeit weilt. Doch da man innerlich antworten muß, fällt es nicht schwer. Man tut einen Liebesdienst oder sagt die Worte des heiligen Paulus: »Was willst du, Herr, das ich tun soll?« Auf vielerlei Weise wird er euch dann lehren, womit ihr ihm einen Gefallen erweisen könnt. Es ist die rechte

Zeit; denn es scheint, daß er uns da erhört. Und fast immer wird diese feine Berührung die Seele so bereitmachen, daß sie den Auftrag des Herrn mit entschlossenem Willen erfüllen kann.

Was den Aufenthalt in dieser Wohnung von dem Leben in den anderen unterscheidet, ist also, wie gesagt: daß es hier fast nie eine Dürre oder innere Wirren gibt, wie sie in allen anderen zuweilen auftraten, sondern die Seele so gut wie immer in Ruhe lebt; daß sie nicht fürchtet, der Satan könnte diese erhabene Gnade vorgaukeln, sondern ständig die Gewißheit besitzt, daß es Gott ist; denn – wie gesagt – die Sinne und Fähigkeiten haben hiermit nichts zu tun. Seine Majestät hat sich der Seele offenbart und hat sie mitgenommen, da hinein, wo meines Erachtens der Satan nicht einzudringen wagt und der Herr ihm den Zugang verwehrt. Und alle Gnaden, die er hier der Seele erweist, empfängt sie – wie gesagt – ohne jegliches eigene Dazutun, abgesehen davon, daß sie sich schon vorher Gott ganz übergeben hat.

Alles, was der Herr hier zum Wohl der Seele tut und was er ihr zeigt, geschieht in solcher Ruhe, so völlig lautlos, daß es mich dünkt, es sei wie beim Bau von Salomons Tempel, wo kein Geräusch zu hören war. Ebenso ist es in diesem Tempel Gottes, in dieser seiner eigenen Wohnung, wo er und die Seele sich aneinander in tiefster Stille erfreuen. Da ist kein Grund zur Geschäftigkeit, und der Verstand hat hier nichts zu suchen. Der Herr, der ihn schuf, will ihn hier ruhen lassen, und nur durch einen kleinen Spalt soll er sehen, was da geschieht. Manchmal wird ihm diese Sicht zwar versperrt, so daß er nichts mehr gewahren kann, aber doch nur für ganz kurze Zeit; denn meines Erachtens verlieren sich die Fähigkeiten hier nicht. Sie sind jedoch untätig und gleichsam vor Staunen erstarrt.

Mich selbst verwundert es, daß alle Entrückungen aufhören, sobald die Seele hierher gelangt, von gelegentlichen Ausnahmen abgesehen, wobei es sich aber um keine Entrückungen gleich jenen früheren und um keinen Geistesflug handelt. Auch kommen sie sehr selten vor, und dann fast nie in Gegenwart von anderen, im Gegensatz zu früher, wo dies recht häufig geschah. Besondere Gelegenheiten zur Andacht, die ihr begegnen, bewegen sie nun nicht mehr wie früher. Sah sie da ein frommes Bild oder hörte sie eine Predigt, eine Musik – kaum hatte sie etwas vernommen, wie sehnsüchtig flatterte da der arme Falter auf, alles scheuchte ihn empor und trieb ihn zum Flug. Jetzt aber, sei es weil die Seele ihren Ruheort gefunden oder weil sie in dieser Wohnung so viel gesehen hat, daß sie vor nichts mehr erschrickt, oder weil sie sich nicht mehr so einsam fühlt wie früher, jetzt, wo sie sich einer solchen Gesellschaft erfreut – ach, Schwestern, ich weiß nicht, was die Ursache sein mag, weshalb jene große Schwäche, die ihr eine arge Plage war, zur selben Zeit von ihr genommen wurde, als der Herr ihr diese Wohnung und was darinnen ist zu zeigen begann, und weshalb dies nicht schon früher geschah. Vielleicht hat der Herr sie gestärkt, sie weiter gemacht und sie gerüstet; es mag aber auch denkbar sein, daß er öffentlich zu erkennen geben wollte, was er an diesen Seelen insgeheim getan hat, zu irgendwelchen Zwecken, die Seine Majestät kennt; denn seine Ratschlüsse sind höher als alles, was wir uns vorzustellen vermögen.

Diese Wirkungen – sowie alle anderen, die wir als gute Folgen der beschriebenen Gebetsstufen genannt haben – schenkt Gott der Seele, wenn er sie an sich zieht zu dem Kuß, den die Braut erbat; denn hier wird ihr – soweit ich es verstehe – diese Bitte erfüllt. Hier wird der verwundeten Hindin Wasser im Überfluß gewährt; hier ergötzt sie sich in der Laubhütte Gottes. Hier findet die Taube, die Noah aussandte, um zu sehen, ob das Unwetter vorüber sei, den Ölbaum: ein Zeichen, daß sie festes Land gefunden hatte inmitten der Fluten und Stürme dieser Welt. O Jesus, wüßte ich doch all die vielen Dinge in der Heiligen Schrift, die wohl sonst noch zur Erklärung dieses Friedens der Seele zu finden sind! Mein Gott, da du siehst, wie wichtig er für uns ist, so mache, daß die Christen ihn suchen wollen, und nimm ihn – um deiner Barmherzigkeit willen – nicht wieder von denen, die du damit beschenkt hast; denn schließlich werden sie immer in Furcht leben, bis du ihnen den wahren Frieden gibst und sie dahin führst, wo er kein Ende nehmen kann. Ich spreche vom »wahren Frieden«, nicht weil ich meine, daß der Friede hier nicht wahr wäre, sondern weil er sich wieder in den vorausgegangenen Krieg verwandeln könnte, wenn wir uns von Gott trennten.

Aber was werden diese Seelen empfinden bei der Erkenntnis, daß ihnen ein so großes Gut verlorengehen könnte? Es wird sie dazu bewegen, noch vorsichtiger zu wandeln und dafür zu sorgen, daß sie Kraft aus ihrer Schwäche ziehen, um nicht aus eigener Schuld eine Gelegenheit zu versäumen, wo sie Gott noch mehr Gefallen erweisen könnten. Je mehr sie von Seiner Majestät begünstigt werden, desto zaghafter und furchtsamer blicken sie auf sich selbst. Und da sie angesichts der Herrlichkeiten Gottes nur noch mehr ihre eigene Erbärmlichkeit erkannt haben und ihre Sünden daneben noch schwerer empfinden, wagen sie auf ihrem Weg oft kaum den Blick zu erheben, gleich dem Zöllner. Zuweilen aber überkommt sie der Wunsch, ihr Leben möge ein Ende nehmen, damit sie sich in Sicherheit sehen. Danach freilich, aus Liebe zu ihm, erwacht in ihnen – wie gesagt – wieder der Wille zu leben, um ihm zu dienen, und sie vertrauen alles, was sie selbst betrifft, seiner Barmherzigkeit an. Manchmal drängen die vielen Gnaden sie dazu, sich noch mehr zu demütigen, sich in ein Nichts zu verwandeln, da sie fürchten, es könnte ihnen ergehen wie einem Schiff, das zu schwer beladen ist und darum untergeht.

Ich sage euch, Schwestern, daß diesen Seelen das Kreuz nicht fehlt; nur beunruhigt sie dies nicht, noch raubt es ihnen den Frieden, sondern es geht vorüber, wie eine Woge, wie einzelne Stürme, denen heitere Stille und günstige Winde folgen. Denn die Gegenwart des Herrn, die sie in sich tragen, läßt sie all dies bald vergessen. Er sei ewig gepriesen und gerühmt von allen Kreaturen. Amen.

VIERTES KAPITEL

Ihr dürft nicht meinen, Schwestern, die Wirkungen, von denen ich gesprochen habe, hielten bei diesen Seelen ununterbrochen an (darum sage ich, wann immer ich daran denke, daß es für gewöhnlich so sei). Manchmal nämlich überläßt sie unser Herr ihrer Natur. Und da scheint es nicht anders, als rotteten sich alle giftigen Wesen aus dem Vorgelände und den verschiedenen Wohnungen dieser Burg zusammen, um sich an ihnen zu rächen für die Zeit, da sie ihnen nichts anhaben können.

Freilich dauert das nicht lange – einen Tag höchstens oder wenig mehr –, und in dieser großen Wirrnis, die meist von irgendeinem besonderen Anlaß herrührt, gewahrt man, was die Seele durch die gute Gesellschaft gewinnt, in der sie sich befindet; denn der Herr gibt ihr eine große Beharrlichkeit, so daß sie in keiner Weise von seinem Dienst und ihren guten Vorsätzen abweicht. Es scheint vielmehr, als werde sie darin gefördert und bestärkt, und eine erste, winzig kleine Regung kann sie nicht abbringen von dieser Entschlossenheit. Solche Beunruhigungen kommen, wie gesagt, nur selten vor. Und dabei will der Herr, daß die Seele ihr eigenes Wesen nicht vergißt und darum stets demütig bleibt; und zum anderen möchte er, daß sie dadurch noch mehr begreife, was sie Seiner Majestät verdankt, welch große Gnade sie von ihm empfängt, und daß sie ihn dafür preise.

Es sollte euch auch nicht in den Sinn kommen, diese Seelen hätten, weil es ihr inniger Wunsch ist und sie den festen Vorsatz haben, um nichts auf der Welt eine Unvollkommenheit zu begehen, nun nicht mehr viele Mängel in ihrem Verhalten oder seien auch nur von Sünden frei. Absichtlich begehen sie solche freilich nicht, denn der Herr bewahrt sie wohl davor durch eine ganz besondere Hilfe. Ich meine läßliche Sünden; von den Todsünden – die sie als solche erkennen – sind sie frei, doch nicht davor gefeit. Sie werden wohl manche an sich haben, die sie nicht erfassen, und das wird sie nicht wenig quälen. Auch peinigt es sie, zu sehen, wie viele Seelen verlorengehen; und obwohl sie in gewisser Weise eine große Hoffnung haben, daß sie nicht zu diesen gehören werden, können sie doch, wenn sie sich an manche erinnern, von denen die Schrift sagt, sie seien offenkundig vom Herrn begünstigt worden (wie etwa ein Salomon, der ein solch inniges Verhältnis zu Seiner Majestät hatte), sich der Furcht nicht erwehren, wie ich schon sagte. Und je mehr eine von euch sich ihrer selber sicher fühlt, desto mehr fürchte sie sich; denn »selig der Mann, der den Herrn fürchtet«, sagt David. Seine Majestät beschütze uns allezeit. Ihn anzuflehen, daß wir ihn nicht beleidigen, ist die größte Sicherheit, die wir besitzen können. Er sei gelobt in Ewigkeit, Amen.

Es wird gut sein, Schwestern, euch zu erklären, wozu der Herr so viele Gnaden in dieser Welt erweist. Obgleich ihr es an deren Wirkungen wohl schon gemerkt habt, falls ihr darauf geachtet habt, will ich es euch hier erneut sagen, damit keine von euch glaube, es geschehe nur zum Ergötzen dieser Seelen. Das wäre ein großer Irrtum; denn Seine Majestät kann uns keine größere Gunst erweisen, als wenn er uns ein Leben schenkt, das danach strebt, dem Leben seines geliebten Sohnes zu gleichen. Und darum bin ich fest überzeugt, daß diese Gnaden dazu bestimmt sind, unsere Schwachheit zu stärken – wie ich hier schon ein paarmal gesagt habe –, so daß wir ihm nacheifern können in vielfachem Leiden.

Immer haben wir gesehen, daß die, welche Christus unserem Herrn am nächsten waren, auch die größten Mühsale zu erdulden hatten. Schauen wir doch, was seine glorreiche Mutter und die ehrwürdigen Apostel zu erleiden hatten. Wie konnte der heilige Paulus solch entsetzliche Qualen überhaupt ertragen? An ihm ist zu erkennen, welche Wirkungen die wahren Visionen und die echte Beschauung erwekken, wenn sie von unserem Herrn stammen und nicht Einbildung oder Gaukelwerk des Satans sind. Hat Paulus sich etwa in die Verborgenheit zurückgezogen, um jene Wonne zu genießen und auf nichts anderes mehr zu achten? Ihr wißt ja, daß er keinen Tag der Ruhe hatte, soweit wir unterrichtet sind. Und genausowenig hatte er wohl Ruhe bei Nacht, denn da verdiente er sich, was er zur Nahrung brauchte. An der Geschichte des heiligen Petrus gefällt mir sehr, wie ihm, als er eben im Begriff war, aus dem Gefängnis zu entfliehen, unser Herr erschien, der zu ihm sagte, er gehe nach Rom, um nochmals gekreuzigt zu werden. Niemals beten wir an dem Festtag, der daran erinnert, ohne daß es mir ein besonderer Trost ist. Was bewirkte diese Gnade des Herrn beim heiligen Petrus? Was tat er? Er ging alsbald in den Tod. Und er betrachtete es als keine geringe Barmherzigkeit, daß der Herr ihm jemanden entgegenschickte, der ihn dem Ende überantwortete.

O meine Schwestern, wie wenig wird die Seele, von der Gott in solch besonderer Weise Besitz ergriffen hat, noch an ihre eigene Ruhe denken; wie gering wird sie alle Ehre achten, und wie fern wird es ihr liegen, etwas gelten zu wollen! Denn ist sie viel mit ihm zusammen, wie es sein soll, so denkt sie wohl wenig an sich selbst. Ihr ganzes Sinnen richtet sich darauf, wie sie ihn noch mehr erfreuen und worin oder wodurch sie die Liebe, die sie für ihn hegt, erweisen könnte. Hierfür ist das Gebet da, meine Töchter, das ist die Bestimmung dieser geistlichen Ehe, nämlich daß ihr immerfort Werke entsprießen, Werke.

Dies ist das wahre Kennzeichen dafür, daß etwas eine Gnade ist, die von Gott kommt. Denn es nützt mir wenig, wenn ich einsam, in tiefer Zurückgezogenheit mit unserem Herrn Feste feiere und dabei den Vorsatz fasse, das Versprechen ablege, Wunderwerke in seinem Dienst zu vollbringen, hernach aber, wo sich die Gelegenheit bietet, genau das Gegenteil tue. Es ist falsch, wenn ich gesagt habe, daß es wenig nütze; denn alles, was man mit Gott erlebt, ist von großem Nutzen. Sind wir auch zu schwach, diese Entschlüsse später zu verwirklichen, so wird Seine Majestät uns doch manchmal dazu bringen, das Vorgenommene zu erfüllen; vielleicht selbst dann, wenn es uns gar nicht darum zu tun ist, wie es ja oft geschieht. Sieht er, daß eine Seele sehr feige ist, legt er ihr, ganz gegen ihren Willen, eine erdrükkend schwere Last auf und läßt sie mit Gewinn aus der Mühsal hervorgehen. Da dies die Seele erfaßt, verliert sie einiges von ihrer Furcht und hat um so mehr Mut, sich ihm darzubieten. Ich wollte vorhin sagen, daß die Zurückgezogenheit allein wenig ist, verglichen mit dem sehr viel größeren Gewinn, den man erlangt, wenn die Werke mit den Worten und Gebärden der Liebe übereinstimmen. Und wer nicht alles auf einmal tun kann, der möge langsam eins nach dem andern vollbringen. Er suche den eigenen Willen zu beugen, wenn er will, daß das Gebet ihm nützt. Hier in unseren vier Wänden wird es euch nicht an mancherlei Gelegenheiten dazu fehlen.

Schaut, das ist sehr viel wichtiger, als ich selbst mit den dringlichsten Worten euch klarmachen kann. Richtet die Augen auf den Gekreuzigten, und alles wird euch leicht werden. Wenn der Herr uns seine Liebe erwiesen hat in solch ungeheuren Werken und Qualen – wie wollt ihr ihn da allein mit Worten zufriedenstellen? Wißt ihr, was es heißt, wahrhaft geistlich zu leben? Zu Sklaven Gottes werden, die er – gezeichnet mit seinem Brandmal, weil sie ihm ihre Freiheit schon hingegeben haben – verkaufen kann als Sklaven der ganzen Welt, wie es mit ihm selbst geschah. Damit wird uns kein Schimpf angetan, sondern eine Gnade erwiesen, die nicht gering ist. Wer sich dazu nicht entschließt, der braucht nicht zu befürchten, er werde sehr viel weiter kommen; denn dieses ganze Bauwerk geistlichen Lebens hat die Demut zum Fundament, und wenn diese nicht wirklich und tatsächlich vorhanden ist, so wird es der Herr – schon um euretwillen – nicht sehr weit in die Höhe bauen wollen, damit nicht alles einstürzt. Um gute Fundamente zu bekommen, Schwestern, müßt ihr also danach streben, die geringste von allen zu sein und die Sklavin aller, und müßt schauen, wie und durch was ihr den anderen Freude machen und ihnen dienen könnt. Was ihr da tut, macht ihr mehr für euch als für sie; denn da legt ihr so feste Steine, daß die Burg euch nicht einstürzt.

Ich sage es nochmals: allein mit Gebet und Beschauung könnt ihr euer Fundament nicht legen. Wenn ihr nicht nach Tugenden trachtet und euch nicht tätig darin übt, werdet ihr immer Zwerge bleiben. Ja, Gott gebe, daß dann das Wachsen nimmer stockt; denn ihr wißt doch: Wer nicht wächst, schrumpft ein. Ich halte es für unmöglich, daß die Liebe sich damit begnügt, ständig auf der Stelle zu treten.

Es mag euch so vorkommen, als spräche ich hier mit denen, die erst beginnen; später könne man ja schon ausruhen. Ich habe euch bereits gesagt, daß die Ruhe, welche die Seelen in ihrem Inneren erfahren, ihnen dazu geschenkt wird, daß sie im äußeren Leben um so weniger Ruhe benötigen und um so leichter darauf verzichten. Was meint ihr, wozu jene Inspirationen – oder besser Aspirationen –, von denen ich gesprochen habe, jene Zusicherungen aus der innersten Mitte, von der Seele zu den Bewohnern im oberen Teil der Burg und zu allen anderen in den verschiedenen Gemächern weitergeleitet werden? Damit sie sich schlafen legen? Nein, nein, nein! Denn die Seele befehdet sie von dort aus noch heftiger, damit sie nicht müßig seien, die Fähigkeiten und Sinne und alles, was dem Leibe angehört; sie bekämpft sie härter als zu jener Zeit, wo sie sich noch leidend in deren Gesellschaft bewegte. Denn damals begriff sie noch nicht den großen Gewinn, den die Leiden bedeuten, und verstand nicht, daß diese vielleicht die Mittel waren, durch die Gott sie ans Ziel bringen wollte. Auch verleiht die Gemeinschaft, in der sich nun die Seele befindet, ihr sehr viel stärkere Kräfte denn je zuvor. Wenn David sagt, daß wir mit den Heiligen heilig sein werden, so ist nicht daran zu zweifeln, daß die Seele, wenn sie eins geworden ist mit dem Starken, durch diese erhabene Vereinigung von Geist mit Geist es erfahren wird, wie Stärke auf sie übergeht. Und so gewahren wir, woher die Heiligen die Kraft zum Leiden und Sterben empfingen.

Es ist ganz gewiß, daß sogar von dieser Stärkung, welche die Seele dort überkommt, allen Bewohnern der Burg etwas zuströmt, selbst dem Leib, den man oftmals nicht mehr zu spüren glaubt. Der Mut, der die Seele kräftigt, sobald sie vom Wein dieses Kellers trinkt, in den ihr Bräutigam sie geführt hat und aus dem er sie nicht mehr entweichen läßt, fließt über in den matten Leib, wie im irdischen Leben die Speise, die in den Magen gelangt, den Kopf und das ganze Wesen stärkt. Die Seele, die hierher gelangt ist, hat also ein recht schweres Los, solange sie lebt; denn soviel sie auch tut, die innere Kraft ist noch weit größer und um so heftiger der Kampf, den sie zu bestehen hat, da ihr alles dürftig und nichtig erscheint. Hieraus erwuchsen wohl die großen Bußtaten, die viele Heilige vollbrachten (besonders die glorreiche Magdalena, die vorher immer in Wohlstand und Annehmlichkeit gelebt hatte); und daher kommt auch jener Hunger, der unseren Vater Elias verzehrte, der Hunger nach der Ehre seines Gottes, und jener Eifer, der den heiligen Dominikus und den heiligen Franziskus antrieb, Seelen zu sammeln für den Lobpreis des Herrn. Ihr dürft mir glauben: Indem sie so sich selber vergaßen, hatten sie gewiß nicht wenig auszustehen.

Es ist mein Wunsch, Schwestern, daß wir danach streben, so weit zu gelangen, und dies nicht, um zu genießen. Nein, wir wollen es herbeisehnen und uns dem Gebet hingeben, um diese Kräfte für den Dienst zu empfangen. Wir sollten uns nicht wünschen, einen noch unbegangenen Weg zu gehen, denn da werden wir uns am ehesten verirren. Und es wäre wohl ein recht neuer Weg, wenn wir meinten, wir könnten diese Gnaden auf einem anderen Pfad erlangen und nicht auf dem, den der Herr ging und alle seine Heiligen. Möge uns dies nie in den Sinn kommen. Glaubt mir, Martha und Maria müssen beisammen sein, um den Herrn beherbergen zu können und ihn immer bei sich zu behalten; sonst wird er schlecht bewirtet sein und ohne Speise bleiben. Wie hätte Maria, die immer zu seinen Füßen saß, ihm etwas zu essen gegeben, wenn die Schwester ihr nicht beigesprungen wäre? Seine Speise aber ist, daß wir auf jede Weise Seelen sammeln, damit sie errettet werden und ihn loben in Ewigkeit.

Ihr werdet mir zweierlei entgegenhalten. Erstens: daß der Herr sagte, Maria habe das bessere Teil erwählt. Aber sie hatte ja auch bereits das Amt der Martha erfüllt, da sie ihn schon erquickt hatte, als sie ihm die Füße wusch und sie mit ihren Haaren trocknete. Und meint ihr, es sei für eine Dame, wie sie es war, eine geringe Selbstkasteiung gewesen, durch die Gassen zu gehen, vielleicht allein, weil sie in ihrem Ungestüm gar nicht darauf achtete, und dann dort einzutreten, wo sie noch nie hineingegangen war, und später die Lästerreden des Pharisäers und vieles andere böse Gerede über sich ergehen zu lassen? Denn merkt man in der Stadt, daß eine Frau von ihrer Art sich dermaßen verändert, und dies – wie wir wissen – unter solch üblen Menschen, so wird alsbald an das Leben erinnert, das sie früher führte. Dafür genügte bei Maria allein schon die Tatsache, daß sie mit dem Herrn befreundet war, den man dort so haßte. Und solch eine wollte also jetzt zur Heiligen werden? Denn natürlich änderte sie daraufhin ihre Kleidung und ihre ganze Lebensweise. Und wenn heutzutage Personen, die nicht so bekannt sind, durch einen solchen Schritt derart ins Gerede kommen – wie war es wohl damals? Ich sage euch, Schwestern: Maria gelangte durch viel Leiden und Selbstkasteiung zu jenem besseren Teil. Und hätte sie auch nichts weiter zu erdulden gehabt – schon allein dies, daß sie sehen mußte, wie ihr Meister so geschmäht wurde, war für sie ein unerträglicher Schmerz. Später, beim Tode des Herrn, mußte sie solch ein Unmaß an Qualen erdulden, daß ihr meiner Meinung nach der Märtyrertod nur deshalb nicht zuteil wurde, weil sie das Martyrium schon erlitt, als sie den Herrn sterben sah. Und auch die Jahre, die sie noch leben mußte, fern von ihm, und die gewiß voll entsetzlicher Pein waren, zeigen uns, daß sie nicht immer in angenehmer Beschaulichkeit zu Füßen des Herrn saß.

Ein zweiter Einwand wird sein, daß ihr nicht wißt, wo oder wie ihr Seelen gewinnen könntet, um sie zu Gott zu führen. Ihr würdet es mit Freuden tun; da ihr aber nicht lehren oder predigen könnt, wie die Apostel es taten, sähet ihr dazu keine Möglichkeit. Darauf habe ich schon mehrfach in meinen Schriften geantwortet, vielleicht auch schon hier in der »Inneren Burg«. Da ich aber glaube, daß euch dies durch den Kopf gehen wird, wenn der Herr ein vielfältiges Verlangen in euch erweckt, möchte ich nicht versäumen, es euch nochmals zu sagen. Schon früher habe ich erklärt, daß der Satan manchmal den Wunsch nach gewaltigen Taten in uns erregt, damit wir nicht nach dem Nächstliegenden greifen. So versäumen wir es, Gott mit dem Möglichen zu dienen, und begnügen uns am Ende damit, daß wir das Unmögliche ersehnen. Vom Gebet einmal abgesehen, mit dem ihr viel helfen könnt, solltet ihr nicht gleich der ganzen Welt beistehen wollen, sondern denen, die mit euch zusammenleben. Und euer Werk wird so noch größer sein, weil ihr diesen noch mehr verpflichtet seid. Meint ihr, es sei ein kleiner Gewinn, wenn ihr so demütig seid, euch selber abtötet, einem jeden dient, ein solch tiefes Erbarmen mit allen fühlt und Gott so von Herzen liebt, daß dieses Feuer auch alle anderen entflammt und ihr durch die Macht eures Strebens auch die übrigen Tugenden in ihnen weckt? Nein, dies wäre ein reicher Lohn und ein Dienst, der dem Herrn große Freude macht. Und wenn ihr das verwirklicht, was ihr tun könnt, wird Seine Majestät erkennen, daß ihr gern noch viel mehr tätet, und wird euch darum einen Lohn geben, als hättet ihr ihm viele Seelen gewonnen.

Ihr werdet sagen, das sei kein »Bekehren«, weil hier ja alle fromm seien. Was kümmert euch das? Je besser die Seelen werden, desto erfreulicher wird ihr Lobpreis dem Herrn klingen, und desto mehr wird ihr Gebet dem Nächsten nützen.

Zum Schluß, meine Schwestern, noch den Rat: Bauen wir keine Türme ohne Fundament; denn der Herr sieht nicht so sehr auf die Größe der Werke wie auf die Liebe, mit der sie getan werden. Tun wir, was wir können, so wird Seine Majestät es uns schenken, daß wir jeden Tag mehr vermögen. Laßt uns nicht gleich müde werden, sondern die kurze Zeit, die dieses Leben noch währt – und vielleicht ist sie kürzer, als der einzelne denkt –, dem Herrn das Opfer darbringen, das wir ihm bieten können. Seine Majestät wird es zu dem hinzutun, was er selber am Kreuz dem Vater dargebracht hat um unseretwillen, damit unsere Gabe den Wert erlangt, den unser Wollen verdient, seien die Werke auch klein.

Möge es Seiner Majestät gefallen, meine Schwestern und Töchter, daß wir alle uns dort sehen, wo wir ihn ewig loben. Und mir möge Gott die Gnade schenken, daß ich ein wenig von dem verwirkliche, was ich euch anrate, ob der Verdienste seines Sohnes, der lebt und regiert in alle Ewigkeit, Amen. Denn ich bekenne, daß mich dies zutiefst verwirrt und beschämt. Und darum bitte ich euch, um unseres gemeinsamen Herrn willen, in euren Gebeten dieses arme, elende Wesen nicht zu vergessen.

JHS

Obwohl ich zunächst mit dem Widerstreben, von dem ich eingangs sprach, an diese Niederschrift ging, macht sie mir jetzt, nachdem sie beendet ist, doch große Freude, und ich betrachte die Mühe, die ich darangerückt habe, als wohl angewandt, wenn ich auch gestehen muß, daß sie recht gering war. Bedenke ich, in welch strenger Abgeschlossenheit ihr lebt, meine Schwestern, wie wenig Unterhaltung ihr habt und daß in einigen eurer Klöster nicht so viel Häuser vorhanden sind, wie nötig wären, so scheint es mir, als müßte es für euch ein Trost sein, euch in dieser inneren Burg zu ergötzen; denn ohne Genehmigung der Oberen könnt ihr zu jeder Stunde hineingehen und darin umherwandeln.

Freilich könnt ihr nicht in alle Wohnungen durch eigene Kraft gelangen – auch wenn ihr von deren Macht und Gewalt überzeugt seid –, wenn nicht der Burgherr selber euch hineinführt. Darum rate ich euch, nie irgendwie gewaltsam vorzugehen, wenn ihr auf ein Hemmnis stoßt, da ihr ihn sonst derart erzürnen würdet, daß er euch für immer den Eintritt verwehrte. Er ist ein großer Freund der Demut. Haltet ihr euch selber nicht für würdig, auch nur in die dritte Wohnung zu kommen, so werdet ihr um so eher seine Einwilligung zum Betreten der fünften Wohnung erlangen. Und dort könnt ihr, wenn ihr auch dieses Gemach oftmals aufsucht, ihm so dienen, daß er euch sogar in die Wohnung bringt, die für ihn selber da ist und die ihr nicht wieder verlassen sollt, es sei denn, die Priorin rufe euch. Daß ihr deren Willen erfüllt, ist diesem großen Herrn genauso wichtig wie der Gehorsam gegen sein Gebot; und möget ihr auch durch deren Geheiß noch so lange draußen bleiben, so wird er doch immer, wenn ihr zurückkehrt, euch die Türe offenhalten. Habt ihr einmal die Wonnen dieser Burg erfahren, werdet ihr in allen Dingen Ruhe finden – seien sie auch voller Qual und Mühe –, aus der Hoffnung, daß ihr dorthin zurückkehren könnt. Diese Hoffnung kann euch niemand rauben.

War hier auch nur von sieben Wohnungen die Rede, so umschließt doch jede einzelne von ihnen – oben, unten und zu allen Seiten – deren viele, mit hübschen Gärten und Brunnen und labyrinthischen Wandelgängen, lauter Dingen, die euch so entzücken, daß ihr am liebsten vergehen wollt im Lobpreis des großen Gottes, der es geschaffen hat nach seinem Bild und Gleichnis. Findet ihr etwas gut an der Art, wie euch hier von ihm berichtet wird, so glaubt gewißlich, daß Seine Majestät es gesagt hat, um euch Freude zu bereiten, und was ihr schlecht findet, das habe ich gesagt.

Da es meine große Sehnsucht ist, euch im Dienst dieses meines Gottes und Herrn irgendwie behilflich zu sein, bitte ich euch, daß ihr in meinem Namen jedesmal, wenn ihr hierin lest, Seine Majestät von Herzen rühmt und ihn um das Wachstum seiner Kirche und Erleuchtung für die Lutheraner bittet; und für mich, auf daß er mir meine Sünden vergebe und mich aus dem Fegfeuer ziehe; denn dort werde ich vielleicht sein – durch die Barmherzigkeit Gottes –, wenn man euch dies zu lesen gibt (vorausgesetzt, daß es nach der Prüfung durch Gelehrte als geeignet für die Weitergabe erscheint). Sollte etwas daran irrig sein, so nur deshalb, weil ich es nicht besser verstehe; und ich unterwerfe mich in allem dem Urteil der heiligen katholischen Kirche; denn in dieser Ordnung lebe ich, und ich bekenne und gelobe, darin zu leben und zu sterben. Gott unser Herr sei gerühmt und gepriesen in Ewigkeit. Amen, Amen.

Diese Niederschrift wurde beendet im Kloster des heiligen Josef zu Ávila am Vorabend des Andreastages anno 1577 zur Ehre Gottes, der lebt und regiert von Ewigkeit zu Ewigkeit. Amen.

Anmerkungen

Die vorliegende Übersetzung beruht auf den neuesten kritischen Textausgaben von Fray Efren de la Madre de Dios, O.C.D. (in der »Biblioteca de Autores Cristianos«, Madrid, 1954), und von Tomás Navarro Tomás (in der Reihe »Clásicos Castellanos« des Verlags Espasa-Calpe, Madrid, 1951).

Seite 1 *Die innere Burg.* – Spanisch: »Castillo interior.« Teresa selber hat ihrem Werk diesen Titel gegeben. Auf dem ersten Blatt des Autographs, das noch heute im Kloster der Barfüßigen Karmeliterinnen zu Sevilla aufbewahrt wird, steht: »Este tratado, llamado Castillo interior, escrivió Teresa de Jesús …« – »Diese Abhandlung, Die innere Burg genannt, schrieb Teresa de Jesús« (so lautet der selbstgewählte Ordensname der Autorin). Dennoch hat sich in Spanien schon sehr früh der Titel »Las Moradas« – »Die Wohnungen« – durchgesetzt.

Seite 24 *… für den Fall, daß es verlorengegangen sein sollte.* – Teresa verweist hier auf ihr »Libro de la vida«, das von der Inquisition beschlagnahmt worden war, und zwar auf Betreiben der Prinzessin Eboli, die seit der Gründung des Klosters von Patraña im Jahre 1569 der Ordensreformatorin feindlich gegenüberstand.

Seite 35 *Ich weiß von einer Person …* – Diese Person ist Teresa selber. Jerónimo Gracián, der als Beichtvater sie zur Niederschrift der »Inneren Burg« bewogen hatte, empfahl ihr – damit das neue Buch nicht dasselbe Schicksal erleide wie ihre »Vida« –, dieselbe Lehre nicht in Form einer Geschichte ihres eigenen Lebens, sondern nach Art einer Unterweisung darzustellen, ohne sich selber zu erwähnen, oder höchstens in der dritten Person, falls dies zur Unterstützung der Lehre nötig sei.

Seite 38 *... stellt die Burg euch vor wie eine Zwergpalme ...* – Die Zwergpalme, spanisch: palmito, ist eine wildwachsende Pflanze, die in Andalusien und in der Umgebung von Valencia häufig zu finden ist. Sie wird nur etwa 40–50 cm hoch. Der unterirdisch wachsende oder nur sehr kurze Stamm ist völlig überdeckt von fächerförmigen Blättern, die ein wenig an eine Palme erinnern. Allein das zarte herzförmige Keimblatt wird gegessen. Teresa lernte die Pflanze wohl kennen, als sie sich in Sevilla aufhielt.

Seite 41f. *Da ich schon bei anderer Gelegenheit viel davon gesprochen habe ...* – In ihrem »Libro de la vida«, Kapitel XIII, und im »Camino de perfección«, Kapitel X.

Seite 49 *... denn anderswo habe ich dies recht ausführlich dargelegt.* – »Libro de la vida«, Kapitel XI–XII, und »Camino de perfección«, Kapitel XX–XXIX.

Seite 53 *... sich bäuchlings zum Trinken hinwarfen ...* – Richter 7,5.

Seite 57 *... (so heißt es, glaube ich; doch ich weiß es nicht genau).* – Teresas Unsicherheit wird verständlich, wenn man bedenkt, daß sie keine wissenschaftlich gebildete Theologin war und das Latein nie richtig erlernt hatte. Die in Spanien vorhandenen Bibelübersetzungen waren – ebenso wie fast die gesamte spanisch geschriebene geistliche Literatur – durch die verschärften Vorschriften der Inquisition den Laien entzogen worden.

Seite 63 … »*Beatus vir, qui timet Dominum.*« – »Selig der Mann, der den Herrn fürchtet.« Psalm 112,1.

Seite 64 … *die großen Dürrezeiten* … – Dürre, spanisch: sequedad, Unfähigkeit zur wahren Andacht. Teresa gebraucht diesen Ausdruck sehr oft. Im XXX. und XXXVII. Kapitel ihres »Libro de la vida« spricht sie von den Ängsten, die sie durch die Dürre zu erleiden hatte.

Seite 79 … *bei einem anderen Buch* … – »Libro de la vida«, Kapitel XIII–XV.

Seite 81 … »*Cum dilatasti cor meum.*« – »Ich lief auf dem Weg deiner Gebote, als du mein Herz erweitertest.« Psalm 119,32.

Seite 83 *Ich fragte einen Gelehrten* … – Gemeint ist Juan de la Cruz (Johannes vom Kreuz), der später heiliggesprochene große Lyriker und Theologe der spanischen Mystik (1542–1591). Er trug den Reformwillen Teresas in die Männerklöster des Karmeliterordens.

Seite 95 … *ein gewisses Buch des heiligen Bruders Pedro de Alcántara* … – Pedro de Alcántara, 1499–1562. Bedeutender Mystiker, der in strengster franziskanischer Askese lebte. 1669 heiliggesprochen durch Clemens IX. Seine literarische Hinterlassenschaft: »Tratado de la oración y meditación« von 1533.

Seite 162 … *ob es mir so gelingen wird wie an anderer Stelle* … – »Libro de la vida«, Kapitel XX.

Seite 179 … *was der heilige Martin sprach.* – »Herr, wenn Dein Volk mich noch braucht, verweigere ich nicht den Dienst; Dein Wille geschehe.«

Seite 185 *… eine Frage, über die ich anderswo ausführlich geschrieben habe …* – »Libro de la vida«, Kapitel XXII.

Seite 200 *… einen kostbaren Stein von höchstem Wert und gewaltigen Kräften …* – Teresa glaubte nicht an die Kraft der Mittel für den Liebeszauber (»Libro de la vida«, Kapitel V), doch sie zweifelte anscheinend nicht an der Heilwirkung gewisser Amulette, die man gegen Krankheiten verwandte.

Seite 205 *… eine Feige zu machen …* – Durch eine obszöne Geste – indem man den Daumen zwischen Zeige- und Mittelfinger hindurchstreckt – Hohn und Verachtung zum Ausdruck bringen. Wie die Amulette mit der entsprechenden Darstellung galt die Gebärde selber als Bannmittel. Im »Libro de la vida«, Kapitel XXIX, berichtet Teresa, daß es ihr von einem Beichtvater empfohlen wurde.

Seite 234 *…der höchste Himmel, der Feuerhimmel …* – Gemeint ist das Empyreum der antiken Astronomie, der eigentliche Sitz der Gottheit und Ort des schöpferischen Ursprungs. Der griechische Terminus bedeutet »das Entflammte«, weil dieser Himmel nach der Vorstellung der Alten alle anderen an Helligkeit und Reinheit übertrifft, wie das Feuer die anderen Elemente.

Seite 254 *… im Kloster des heiligen Josef zu Ávila …* – Das Convento de San José in Avila wurde 1562 von Teresa gegründet. Es war ihre erste Klostergründung. Sie berichtet darüber ausführlich im »Libro de la vida«, Kapitel XXXII.

Kapitelregister

(Das Kapitelregister steht nicht im Originalmanuskript. Es stammt wohl von einem Kopisten und wurde als Orientierungshilfe für den Leser schon in die Erstausgabe von 1588 aufgenommen.)

Viertes Kapitel: Es spricht davon, wie Gott die Seele im Gebet aufhebt mit einer Verzückung, Ekstase oder Entrückung – was nach meiner Meinung ein und dasselbe ist – und welch großen Mutes es bedarf, um solch große Gnaden von Seiner Majestät zu empfangen.

Fünftes Kapitel: Fortsetzung des Begonnenen. Es wird dargestellt, wie Gott die Seele durch einen Geistesflug in anderer Weise erhebt, als es bisher geschildert worden ist. Die Autorin nennt verschiedene Gründe, warum dabei Mut erforderlich ist. Sie erklärt manches an dieser Gnade, die der Herr auf wunderbare Weise schenkt. Dieses Kapitel ist von großem Nutzen.

Sechstes Kapitel: Darin die Rede ist von einer Wirkung jener Gebetsweise, über die im vorigen Kapitel gesprochen worden ist. An ihr läßt sich erkennen, daß es Wahrheit und keine Täuschung ist. Die Autorin spricht noch von einer anderen Gnade, welche der Herr der Seele erweist, um sie zu seinem Lobe anzuregen.

Siebtes Kapitel: Die Autorin spricht davon, wie sehr die Seelen, denen Gott die genannten Gnaden erweist, von der Erinnerung an ihre Sünden gepeinigt werden. Sie sagt, welch großer Irrtum es wäre, nicht wieder und wieder die Menschlichkeit unseres Herrn und Erlösers Jesus Christus uns zu vergegenwärtigen, seine Passion, sein Leben, seine glorreiche Mutter und die Heiligen. Dieses Kapitel ist sehr nützlich.

Achtes Kapitel: Darin wird dargestellt, wie Gott durch eine intellektuelle Vision sich der Seele mitteilt. Die Autorin gibt dazu einige Hinweise. Sie nennt die Wirkungen, die sich zeigen, wenn es eine Vision ist. Sie empfiehlt, diese Gnaden geheimzuhalten.

Neuntes Kapitel: Wie der Herr durch eine bildhafte Vision sich der Seele mitteilt. Die Autorin rät dringend, man möge sich vor dem Wunsch hüten, auf diesem Wege geführt zu werden. Sie nennt dafür einige Gründe. Dieses Kapitel ist sehr nützlich.

Zehntes Kapitel: Die Autorin spricht von weiteren Gnaden, die der Herr der Seele erweist; von der anderen Weise, in der dies geschieht, und vom großen Nutzen, den die Gnaden hinterlassen.

Elftes Kapitel: Die Autorin spricht von einem Verlangen, das Gott der Seele eingibt, von einer Sehnsucht, sich seiner zu erfreuen, die

Nachwort

Ingrid Stampa

Teresa von Ávila – hat diese Ordensfrau aus der Zeit der spanischen Inquisition uns heute noch etwas zu sagen? Wer verbirgt sich hinter diesem Namen? Eine große Mystikerin und Heilige? Oder eine Hysterikerin, wie manche sagen?

Am 18. Juni 1577, als Teresa gerade gut zwei Wochen an der Niederschrift der *Inneren Burg* gearbeitet hatte[1], starb der erfahrene und kluge Päpstliche Nuntius in Spanien, Nicolás Ormaneto, der ihre Neugründungen der Unbeschuhten Karmelitinnen wohlwollend begleitet hatte. Sein Nachfolger war aufgrund von falschen Informationen aus Spanien von vornherein gegen sie eingenommen; er bezeichnete sie als ein »unruhiges, herumvagabundierendes, ungehorsames und verstocktes Weib, das unter dem Anschein der Frömmigkeit schlechte Lehren erfunden hat, gegen die Anordnung des Konzils von Trient und der Oberen die Klausur verlässt und im Widerspruch zu dem, was der heilige Paulus geschrieben hat, der den Frauen das Lehren untersagte, als Lehrmeisterin Unterweisungen gibt«[2].

Ganz anders hatte sich 1575 der Dominikaner P. Domingo Báñez in seinem vom zentralen Inquisitionsgericht ange-

---

1 Sie selbst schreibt im Vorwort: »Und so beginne ich denn heute, am Tag der Allerheiligsten Dreifaltigkeit des Jahres 1577…«, das heißt am 2. Juni.

2 Filippo Sega (1537–1595), ab August 1577 Apostolischer Nuntius in Madrid. Zitiert in: *Diccionario de Santa Teresa*, 1149.

forderten Gutachten über die *Vida*, die Autobiographie Teresas, geäußert: »In dem ganzen Werk habe ich nichts entdeckt, was meinem Urteil nach eine schlechte Lehre wäre. Im Gegenteil, es enthält ... viel Weisung für Menschen, die inneres Beten halten. Denn ihre große Erfahrung, ihr Unterscheidungsvermögen und ihre Demut ... lassen es ihr gelingen, so über Gebetserfahrungen zu sprechen, wie es manchmal mangels Erfahrung nicht einmal den sehr Gebildeten gelingt.« Zudem spricht er rühmend von Teresas »Wahrhaftigkeit, ihrem Gehorsam, ihrer Bußfertigkeit, ihrer Geduld und Liebe zu denen, die sie verfolgen«[3].

Auch in unserer Zeit gehen die Meinungen über diese ungewöhnliche Frau auseinander: Im Zuge einer verbreiteten Gottvergessenheit ist manch einer geneigt, mystische Gotteserfahrungen als Sublimationen oder auch als Hysterie zu deuten[4]. Papst Paul VI. setzte dagegen ein deutliches Zeichen, als er 1970 Teresa als erste Frau zur Kirchenlehrerin erhob. Mit der für seinen persönlichen Stil typischen Emphase sagte er damals: »Teresa: wir haben sie vor Augen als eine außergewöhnliche Frau, als Nonne, die – ganz in den Schleier der Demut, der Buße und der Einfachheit gehüllt – das Licht und die Glut ihrer menschlichen Vitalität und ihrer geistigen Lebendigkeit um sich verbreitet;

---

3 Übersetzung von U. Dobhan OCD und Elisabeth Peeters OCD in: Teresa von Ávila, *Das Buch meines Lebens*, Freiburg 2001, S. 624 f. und 628.

4 Karl Rahner formulierte die Situation schon 1966 mit treffenden Worten: »Wir leben in einer Welt, in der der Mensch sein Innenleben auch zum Feld rational-technischer Wissenschaft gemacht hat, sich selbst analysiert und unter den Elementen dieser Analyse auch nicht ohne weiteres so etwas wie ›Gott‹ entdeckt, wo er vielmehr dauernd unter dem Verdacht lebt, seine religiöse Erfahrung könnte entlarvt werden als altmodische Fehlinterpretation psychischer Antriebe, Nöte und Mechanismen, die ganz anders erklärt und bewältigt werden können und müssen als durch eine mythisch-undefinierbare Größe, die man ›Gott‹ nennt.« (*Frömmigkeit früher und heute*, in: *Sämtliche Werke* 23, Freiburg 2006, S. 37 f.)

und dann sehen wir sie als Reformerin und als Gründerin eines bedeutenden historischen Ordens, als äußerst geniale und fruchtbare Schriftstellerin, als Lehrmeisterin des geistlichen Lebens, als unvergleichliche Kontemplative von unermüdlicher Aktivität... Wie groß, wie einmalig, wie anziehend ist diese Gestalt!«[5]

Ja, Teresa von Ávila hat auch uns – und vielleicht sogar gerade uns – heute etwas zu sagen. Nach zwei Weltkriegen haben viele Menschen nicht nur ihre äußere Heimat verloren, sondern – was viel schlimmer ist – sie sind innerlich entwurzelt, und das nicht erst aufgrund der erschütternden geschichtlichen Ereignisse des vergangenen Jahrhunderts, sondern als Folge eines langen Prozesses der »radikalen Emanzipation des Menschen von Gott«[6]. Diese Entwicklung hatte im Laufe der Zeit fast unmerklich eine Art Vakuum geschaffen, das dann den Raum für die Ideologien und Ersatzreligionen[7] bot, welche in die Katastrophe führten. Manche Irrwege sind überwunden, nicht so das Vakuum – es ist sogar gefährlicher geworden, weil wir es uns angesichts der grandiosen Erfolge in Wissenschaft und Technik gar nicht mehr eingestehen wollen und meinen, auf jegliche *religio*[8], auf jede Rückbindung an die eigentliche Quelle unseres Seins verzichten zu können.[9] Eine solche Eman-

5 PAUL VI., Ansprache anlässlich der Erhebung von Teresa zur Kirchenlehrerin (27. September 1970), in: *Insegnamenti di Paolo VI*, VIII 1970, S. 949 f.

6 JOSEPH RATZINGER, *Europa in der Krise der Kulturen*, in: *Ohne Wurzeln*, Augsburg 2005, S. 77.

7 Vgl. MICHAEL HESEMANN, *Hitlers Religion*, München 2004.

8 AUGUSTINUS leitet den Begriff »*religio* – Religion« etymologisch vom lateinischen »*religare* – verbinden« ab und erklärt, dass die Seele sich dank der Religion durch die Versöhnung wieder mit dem einen Gott verbindet, von dem sie sich durch die Sünde sozusagen losgerissen hat (vgl. *De quantitate animae*, S. 36, 80).

9 Bei Teresa entspringt dagegen ihr Einsatz für die Mitmenschen ihrer Gottesliebe. »Sie will nicht allgemeinen Wohlstand schaffen in der Welt, sondern die Gottverlorenheit, die Heillosigkeit dieses Lebens

zipation birgt die Gefahr in sich, dass die Moral ins Subjektive verwiesen und das Können des Menschen zum Maßstab seines Tuns wird. Wenn dieses Können aber nicht sein Maß in einem Dürfen findet, dann wird es zur Macht der Zerstörung – weltweiter Terrorismus einerseits und die Möglichkeiten der genetischen Selbstmanipulation des Menschen andererseits lassen das Ausmaß der Bedrohung erahnen. Die Würde und die Unantastbarkeit des Menschen beruhen letztlich auf seiner ihm von seinem Schöpfer geschenkten Gottebenbildlichkeit. Wir brauchen diese Rückbindung, unsere Verwurzelung, wir brauchen *religio*, wenn wir überleben wollen.[10]

Freilich liegt eine der Ursachen für die sich ausbreitende Ablehnung des Gottesbezugs auch in dem negativen Zeugnis von Christen, die ihren Glauben nicht in die Praxis umsetzen. Sie haben »das Bild Gottes verdunkelt und dem Unglauben die Tür geöffnet. Wir brauchen Menschen, die ihren Blick auf Gott gerichtet halten und von daher die wahre Menschlichkeit erlernen. Wir brauchen Menschen, deren Verstand vom Licht Gottes erleuchtet und deren Herz von Gott geöffnet ist, so dass ihr Verstand zum Verstand der anderen sprechen, ihr Herz das Herz der anderen auftun kann. Nur über Menschen, die von Gott berührt sind, kann Gott wieder zu den Menschen kommen.«[11]

Ein solcher Mensch war Teresa von Ávila. Sie hat durch ihr Leben und ihre Schriften über Jahrhunderte hinweg bis in unsere Zeit hinein immer wieder wahrheitsuchende Menschen den Weg zu einer echten und tiefen Gottesbegegnung

---

zurückführen, rückbinden an seinen in Ewigkeit rettenden Ursprung.« (E. Lorenz, *Teresa von Ávila. »Ich bin ein Weib – und obendrein kein gutes«*, Freiburg 1982, S. 12)

10 Zu diesem Thema vgl. Joseph Ratzinger, *Europa in der Krise der Kulturen*, zit.

11 *Ebd.*, S. 82 f.

geführt.[12] Das konnte und kann sie, weil sie in einer geschichtlich wie persönlich schwierigen Situation selbst eine große Suchende war und weil sie den Weg ihres Suchens und Findens dank ihrer außerordentlichen introspektiven wie auch pädagogischen Begabung nachvollziehbar darzustellen vermochte. Wer ihren Spuren folgt, kann ebenfalls ein solcher Mensch werden. Doch um sie besser verstehen zu können, werfen wir zunächst einen kurzen Blick auf die Zeit, in der sie lebte.

Als Teresa 1515 in Ávila in Kastilien geboren wurde, war Spanien gerade erst aus einer Art Selbstfindungsprozess hervorgegangen: Mit der Eroberung Granadas 1492 schüttelte das Land eine 700-jährige Maurenherrschaft ab und stellte zugleich die Juden vor die Wahl, entweder zu konvertieren oder auszuwandern. 1502 wurden alle Muslime des Landes verwiesen, so dass die (zumindest äußerliche) religiöse Einheit hergestellt war. Zu ihrer Wahrung diente der zunehmende Einsatz der bereits um 1480 eingerichteten Inquisition, die überdies die innerkirchliche Reform überwachte. Mit der Eroberung Navarras 1512 war dann auch die nationale Einheit erreicht. Die Entdeckung Amerikas 1492 hatte Spanien neue Horizonte eröffnet; im Laufe weniger Jahre wurde das Königreich zur Weltmacht. So fiel das Leben Teresas in eine Zeit des Umbruchs, in der verschiedenste politisch-gesellschaftliche wie auch religiös-spirituelle Strömungen aufeinanderstießen: Man denke nur an das Edikt der Inquisition gegen die *Alumbrados* von Toledo (1525) und an die Gründung der »Gesellschaft Jesu« (1534),

---

12 Ein besonders eindrucksvolles Beispiel aus unserer Zeit ist die jüdische Philosophin und spätere Karmelitin Edith Stein, die nach Jahren der Wahrheitssuche durch die Lektüre der *Vida* Teresas (im Sommer 1921) den entscheidenden Anstoß zu ihrer Konversion und letztlich zum Eintritt in den Karmel erhielt (vgl. ihren Brief vom 17.10.33 an Fritz Kaufmann). Ihre tiefe Gottesbeziehung gab ihr die Kraft, aus Liebe zu Christus und zu ihrem jüdischen Volk 1942 in Auschwitz ganz bewusst und gelassen in den Märtyrertod zu gehen.

man denke aber auch an den Thesenanschlag Martin Luthers (1517), an die Reformation Calvins in Genf (1541), an das Konzil von Trient (1545–1563) und an den Augsburger Religionsfrieden (1555), man denke an den *Sacco di Roma* (1527)[13], an die Hugenottenkriege (1562–1598) und an den Seesieg Don Juans de Austria über die Türken bei Lepanto (1571)...

Was bedeutet nun diese geschichtliche Situation konkret für das Leben Teresas? Ein wesentliches Element, mit dem sie notgedrungen sehr klug umgehen musste, war sicher ihre jüdische Abstammung, die sie in ihrer *Vida* verschweigt.[14] Da viele Juden, um nicht auswandern zu müssen, eine Scheinkonversion vorgenommen hatten, standen die *Conversos* unter ständiger Beobachtung der spanischen Inquisition und waren immer wieder Verfolgungen ausgesetzt. Doch auch unter einem ganz anderen Gesichtspunkt musste Teresa sich hüten, ins Visier der Inquisition zu geraten: Durch ihre außergewöhnlichen mystischen Erlebnisse, die sich teilweise auffallend und für sie selbst unkontrollierbar auch in der Öffentlichkeit manifestierten[15], lief sie Gefahr, in den Verdacht des Illuminismus zu geraten und – entsprechend dem Edikt von Toledo – als Pseudomystikerin verurteilt zu werden.[16]

Zu diesem Umstand gesellte sich ein drittes, nicht weniger bedeutendes Element: die damalige gesellschaftliche

---

13 Die Plünderung Roms durch die Landsknechte Kaiser Karls V., die ein hoher kaiserlicher Beamter als eine Art Gottesgericht darstellte.

14 Vgl. E. LORENZ, *Was Teresa verschwieg*, in: *Weg in die Weite – Die drei Leben der Teresa von Ávila*, Freiburg 2003, S. 95 ff.

15 Vgl. *Innere Burg*, S. 182, 6M 6,1.

16 In den Jahrzehnten, bevor Teresa ihre *Vida* schrieb, waren unter den *Alumbrados* (Erleuchteten) und den *Espirituales* (Spirituellen) wiederholt Frauen als falsche Visionärinnen verurteilt worden, darunter die Äbtissin der Klarissen von Córdoba, Magdalena de la Cruz, deren Verurteilung durch die Inquisition im Jahre 1546 hohe Wellen schlug (vgl. *Einführung* von U. Dobhan OCD und Elisabeth Peeters OCD zu: TERESA VON ÁVILA, *Das Buch meines Lebens*, zit., S. 65).

Stellung der Frau[17], die sich aus dem oben zitierten Urteil des Nuntius Sega bereits erahnen lässt. Mit diesem Problem hat Teresa zeitlebens innerlich ringen müssen, und es ist erstaunlich, dass eine so intelligente, vielseitig begabte und selbstbewusste Persönlichkeit trotz aller ihr auferlegten Einschränkungen nicht in Verbitterung geraten ist, sondern sich aufgrund ihrer Betrachtungen der Evangelienberichte[18], ihrer Beobachtungen und ihrer persönlichen Erfahrung der engen Freundschaft mit Jesus Christus ihre eigenen Gedanken zu diesem Problem gemacht und sogar gewagt hat, diese zu Papier zu bringen: »Du, Herr meiner Seele«, schreibt sie in der ersten Fassung ihres *Camino de perfección* (*Weg der Vollkommenheit)*, »dir hat vor den Frauen nicht gegraut,[19] als du durch diese Welt zogst, im Gegenteil, du hast sie immer mit großem Mitgefühl bevorzugt und hast bei ihnen genauso viel Liebe und mehr Glauben gefunden als bei den

---

17 Sogar der von Teresa hoch geschätzte Francisco de Osuna schreibt in seinem Werk *Norte de Estados*: »Für die Frau reicht es, eine Predigt zu hören, und ihr, wenn sie mehr will, ein Buch vorzulesen, wenn sie spinnt, und sich der Hand ihres Mannes zu unterstellen.« (In: TERESA VON ÁVILA, *Das Buch meines Lebens*, zit., S. 609, Anm. 26) Im Jahre 1574 musste Teresa ihre *Meditaciones sobre los Cantares* (*Meditationen über das Hohelied*) auf Geheiß ihres Beichtvaters verbrennen, weil es sich seiner Meinung nach nicht geziemte, »dass eine Frau über die Heilige Schrift schreibt«. Teresa, der man dasselbe für ihre *Vida* zuvor schon einmal angedroht hatte, gehorchte sofort. Sie tat es in heiterer Gelassenheit, denn sie verfügte über vollständige Abschriften! (Vgl. E. Lorenz, *Weg in die Weite*, zit., S. 128; vgl. auch U. Dobhan/Elisabeth Peeters, *Einführung* zu: TERESA VON ÁVILA, *Gedanken zum Hohenlied …*, Freiburg 2004, S. 51.)

18 Teresa kannte die biblischen Texte nur vom Hören, d. h. aus Predigten und aus Gesprächen mit gelehrten Männern, da die Heilige Schrift nicht ins Spanische übersetzt werden durfte, ihr aber die Sprachkenntnisse fehlten, um die lateinische *Vulgata* zu lesen.

19 U. Dobhan OCD schreibt dazu: »In diesem Wort [*aborrecer*] schwingen all die Vorurteile und Ängste der Männer gegenüber der Frau als der ›Verführerin‹ schlechthin mit. Die Forschungsergebnisse heutiger Exegeten zum Verhalten Jesu zu den Frauen, der davon frei war, zeigen, wie recht Teresa hatte.« (TERESA VON ÁVILA, *Weg der Vollkommenheit*, Freiburg 2003, S. 90, Anm. 3)

Männern, denn es war da deine heiligste Mutter, durch deren Verdienste ... wir das verdienen, was wir wegen unserer Schuld nicht verdient haben. Reicht es denn nicht, Herr, dass die Welt uns einpfercht und für unfähig hält, in der Öffentlichkeit auch nur irgend etwas für dich zu tun, was etwas wert wäre, oder es nur zu wagen, ein paar Wahrheiten auszusprechen, über die wir im Verborgenen weinen, als dass du eine so gerechte Bitte[20] von uns nicht erhörtest? Das glaube ich nicht, Herr, bei deiner Güte und Gerechtigkeit, denn du bist ein gerechter Richter, und nicht wie die Richter dieser Welt, für die, da sie Söhne Adams und schließlich lauter Männer sind, es keine Tugend einer Frau gibt, die sie nicht für verdächtig halten ... Einmal muss doch der Tag kommen, an dem man alle erkennt! Ich spreche nicht für mich ... aber ich halte es in diesen Zeiten für Unrecht, mutige und starke Seelen zu übergehen, nur weil es sich um Frauen handelt.«[21]

Trotz solcher Rahmenbedingungen gelang es Teresa, ihre Gebetserfahrungen niederzuschreiben und so auch ihrer Nachwelt zu vermitteln. Was bewegte sie zu dieser Unternehmung, die sie nicht nur viel Mühe kostete[22], sondern sie ganz konkret der Gefahr aussetzte, in den Kerkern der Inqui-

---

20 Teresa hatte zuvor ihre Mitschwestern aufgefordert, für den geistlichen Fortschritt der Prediger und Theologen zu beten.

21 *Weg der Vollkommenheit* 4,1. Dieser Text, von dem in der zweiten Fassung des Werkes nur mehr der erste Satz mit der Aussage über Jesu Wohlwollen gegenüber den Frauen erscheint, wurde von den Korrektoren der Inquisition teilweise so heftig durchgestrichen, dass es erst vor ca. 20 Jahren gelungen ist, ihn vollständig zu rekonstruieren. Er zeigt neben anderen kritischen Bemerkungen in den Werken Teresas, dass sie eine der wenigen Persönlichkeiten war, die damals den Mut und die innere Freiheit besaßen, die Inquisition mit so deutlichen Worten zu kritisieren.

22 Als Folge einer schweren Erkrankung in jungen Jahren litt Teresa ihr Leben lang unter Kopfschmerzen (vgl. dazu E. Lorenz, *Weg in die Weite*, zit., S. 108 ff.). Bei der Abfassung der *Inneren Burg* empfindet sie das als ein besonders lästiges Hindernis (vgl. S. 23 f, Prolog 1; S. 82, 4M 1,10; S. 128, 5M 4,1).

sition[23] zu landen? Diese Frage ist nicht leicht zu beantworten, weil offenbar ganz unterschiedliche Motivationen zusammenspielten, die Teresa – zumindest teilweise – auch aus taktischen Gründen anführt. Wenn sie also in ihren Werken auffallend häufig betont, dass sie sich nur im Gehorsam gegenüber dem ausdrücklichen Auftrag ihrer Oberen dem Schreiben widmet, so ist einerseits leicht verständlich, dass ein solches Unterfangen für sie angesichts ihrer vielfältigen Aufgaben als Reformerin und Ordensgründerin eine ungeheure zusätzliche Belastung bedeutete. Andererseits muss man sich jedoch vor Augen halten, dass es damals für eine Frau unmöglich gewesen wäre, ohne einen offiziellen Auftrag etwas zu veröffentlichen, besonders, wenn es sich um ein so umstrittenes Thema wie das des inneren Gebets handelte.[24] Die Verleugnung eigener Interessen bei gleichzeitiger Berufung auf die (als Autoritäten anerkannten) Auftraggeber sollte also die Zensoren beschwichtigen.

Noch deutlicher wird die Ambivalenz dieser Beteuerungen, wenn man liest, was Teresa gut vier Monate vor Beginn

---

23 1574/75 wurde ihre *Vida* durch zwei verschiedene, voneinander unabhängige Anzeigen bei der Inquisition in Madrid aktenkundig. Die positiven Urteile des Dominikaners Domingo Báñez (1577; siehe oben im Text) und des Generalinquisitors Gaspar de Quiroga (1580) ließen sie jedoch siegreich aus der Gefahr hervorgehen. Eine weitere Anzeige 1576 beim Tribunal in Sevilla wurde nach Madrid weitergeleitet mit der Bemerkung: »Allem Anschein nach handelt es sich um eine neue, abergläubische Lehre von Betrügereien, ähnlich den *Alumbrados* in der *Extremadura*« (zitiert in der *Einführung* zu: TERESA VON ÁVILA, *Wohnungen der Inneren Burg*, Freiburg 2005, S. 19). Auch wenn diese und eine noch folgende Anzeige zu keiner Verurteilung führten, hielten sie Teresa doch jahrelang in Spannung und Ungewissheit.

24 Wie deutlich Teresa sich ihrer Situation bewusst ist und entsprechend klug »manövriert«, mag ein Textbeispiel zeigen: »Vielleicht verstehen manche von euch nicht, was eine Vision ist, und vor allem nicht, was Verstandesgesichte sind. Ich werde es zu gegebener Zeit erklären; denn es ist mir aufgetragen von dem, der das Recht dazu hat; und obgleich es vermessen erscheinen mag, gereicht es doch vielleicht einigen Seelen zum Nutzen.« (*Innere Burg*, S. 163, 6M 4,5)

der Niederschrift der *Inneren Burg* an ihren Bruder Lorenzo schrieb: »Ich wandte mich an den Bischof mit der Bitte um mein Buch[25], denn vielleicht kommt es mir in den Sinn, es zu vollenden, indem ich die Gnaden hinzufüge, die der Herr mir nachher noch gewährt hat. Daraus könnte man einen weiteren und sogar ziemlich dicken Band machen, falls der Herr mir schenkt, dass ich mich ausdrücken kann…«[26] Sie hatte also durchaus selber den Wunsch, die früheren Ausführungen über ihren Weg mit Gott durch eine Beschreibung ihrer späteren Erfahrungen zu ergänzen.[27] Dabei war ihr wichtigstes Anliegen, ihren Schwestern eine Anleitung für ihr Gebetsleben zu geben und sie vor Irrwegen zu bewahren.[28] Es ist aber auch nicht zu übersehen, dass sie sich ihrer schriftstellerischen Begabung sehr wohl bewusst war und sich über gelungene Formulierungen unverhohlen freute, also trotz gegenteiliger Behauptungen letztlich gerne schrieb.[29] Der

---

25 Es handelt sich um die *Vida*, die zu der Zeit bei der Inquisition war.

26 Brief 171: Toledo, 17. Januar 1577.

27 »In anderen Schriften, die ich verfasst habe, hat der Herr zwar einiges verständlich gemacht, doch ich erkenne, dass ich damals verschiedenes – vor allem von den schwierigsten Dingen – nicht so gut verstanden habe wie später«, schreibt Teresa in der *Inneren Burg* (S. 38, 1M 2,7).

28 »Dabei verstehe ich wohl, wie wichtig es für euch ist, dass ich euch, so gut ich kann, einige innere Erfahrungen erkläre. Wir hören immer, wie gut das Gebet sei; und unsere Regel schreibt uns vor, ihm bestimmte Stunden zu widmen. Doch man erklärt uns nichts, was wir uns nicht selbst erklären können. Und von dem, was der Herr in einer Seele bewirkt – dem Übernatürlichen, das in ihr geschieht –, wird uns wenig gesagt.« (*Ebd.*) Vgl. auch S. 24 f, Prolog 4. Dass Teresa mit ihren Unterweisungen durchaus auch einen weiteren Personenkreis im Blick hatte, wird deutlich, wenn sie zum Beispiel über den Umgang mit »Besitzstreben, Prestigesucht und Geschäften« spricht (*Innere Burg*, S. 42, 1M 2,14; vgl. auch S. 94, 4M 3,3). Sie wusste, dass ihre Schriften bereits außerhalb der Klöster bekannt und geschätzt waren, doch aus taktischen Gründen betonte sie, dass sie sich nur an ihre Schwestern richtet.

29 Vgl. Beginn des Epilogs der *Inneren Burg* oder auch die befriedigte Feststellung: »Das ist, glaube ich, der beste Vergleich, mit dem es mir gelungen ist, es auszudrücken.« (S. 148, 6M 2,4)

ursprüngliche Anstoß zum Schreiben ging zunächst jedoch von ihrer persönlichen Suche nach dem rechten geistlichen Weg aus: Sie wollte sich vergewissern, ob ihre ungewöhnlichen inneren Erfahrungen wirklich von Gott kamen oder aber eine Vorspiegelung »des Bösen« waren. Die ersten schriftlichen Vorläufer zu ihrer *Vida* sind also sozusagen geistliche Rechenschaftsberichte, die sie demütig den Fachkundigen zur Prüfung vorlegte – mit sehr unterschiedlichen Ergebnissen.[30]

Die Schriften Teresas offenbaren die außerordentliche Persönlichkeit ihrer Autorin. Immer wieder ist man erstaunt über ihr ausgeprägtes Selbstbewusstsein in unmittelbarer Verbindung mit echter, tiefer Demut,[31] über ihr selbstständiges Urteil[32] bei gleichzeitig uneingeschränkter Bereitschaft zum Gehorsam.[33] Dieses Zusammenspiel scheinbarer Gegensätze zeugt von ihrer großen inneren Freiheit, die letztlich ein Freisein von sich selbst ist.[34] Faszinierend ist

30 Die ersten beiden Gutachter kamen zu der Überzeugung, »dass es nach allem, was sie beide dafürhielten, vom Bösen stamme« (*Vida*, 23,14).

31 Ihre Definition der Demut als ein »Wandeln in der Wahrheit« (*Innere Burg*, S. 212, 6M 10,7), das dann durchaus nicht im Gegensatz zu einem gesunden Selbstbewusstsein stehen muss, könnte uns einen neuen Zugang zu dieser wichtigen und uns heute vielfach fremd gewordenen Tugend vermitteln.

32 So wendet sie sich zum Beispiel entschieden gegen die Auffassung berühmter geistlicher Autoritäten ihrer Zeit, die Meditation der Menschheit Jesu Christi sei nur am Anfang des geistlichen Weges sinnvoll und müsse später zugunsten rein geistiger Dinge aufgegeben werden (vgl. *Innere Burg*, S. 186, 6M 7,5: »Man wird mich nicht zum Bekenntnis bringen, dies sei ein guter Weg«; S. 191, 6M 7,12: »Keiner wird mich davon überzeugen können – möge er im geistlichen Leben noch so erfahren sein –, dass man auf gutem Wege ist, wenn man diese Güter nicht achtet«; S. 192, 6M 7,14: »Diese Auslegung kann ich nicht hinnehmen.«).

33 Vgl. *Innere Burg*, S. 23 f, Prolog 1 u. 3; S. 253, Epilog 2 u. 4.

34 Dieses Freiwerden von sich selbst sieht Teresa als unabdingbare Voraussetzung für den geistlichen Fortschritt. Ein Streben nach Gebetsgnaden und außersinnlichen Erfahrungen um ihrer selbst willen deckt sie als unbewussten geistlichen Egoismus auf (*Innere Burg*, S. 116, 5M 2,11) und warnt vor »Selbstverfangenheit (*Vida* 22,17): »Der Herr sei gepriesen, dass er mich von mir selbst befreit hat!« (*Ebd.* 23,1)

Teresas Fähigkeit, psychologische wie auch psychosomatische Vorgänge scharf zu beobachten und souverän darzustellen. Sie weiß Verdrängungsmechanismen und Sublimationen im klösterlichen Alltag nicht nur zu entlarven, sondern auch in verblüffender Nüchternheit ganz konkrete Abhilfen und »Therapien« zu verordnen.[35]

Damit ist bereits eine weitere Eigenschaft Teresas angesprochen: ihre auffallende pädagogische Begabung. Sie versteht es meisterhaft, Menschen auf ihrem geistlichen Weg zu ermutigen, obwohl sie die Hindernisse und Leiden, die dabei zu überwinden sind, in keiner Weise beschönigt.[36] Ihr pädagogisches Mittel ist – in krassem Gegensatz zum Rigorismus der spanischen Reformbewegung – die Sanftheit. Ihre Weisungen »führen nie in Enge oder Ängstlichkeit, sondern immer in die Weite, nie zu einer Minderung des Lebens, sondern immer zu mehr Leben hin«[37].

Genau das ist es, was auch heute viele Menschen – bewusst oder unbewusst – suchen. Der Mensch ist auf ein

---

35 »Manche befinden sich nämlich wegen häufiger Bußübungen, Gebete und Nachtwachen ... in einem Zustand der Schwäche. Haben sie nun ein inneres Geschenk erhalten, so können sie ihrer Natur nicht länger widerstehen ... lassen die Besinnung fahren und versinken in ein ohnmächtiges, dumpfes Staunen. Und je mehr sie ihr Bewusstsein aufgeben, desto mehr geraten sie außer sich, weil ihr Körper immer kraftloser wird, und das erscheint ihnen in ihrem Hirn als Verzückung. Ich nenne es Verdummung ... Man sollte diese Menschen veranlassen, sich nicht stundenlang dem Gebet zu widmen, sondern nur ganz kurz, und sollte dafür sorgen, dass sie genügend schlafen und essen, bis sie wieder ordentlich zu Kräften kommen. Ist die betreffende Person aber von so schwacher Natur, dass auch dies nicht hilft, so glaubt mir, dass Gott sie zu nichts anderem als zu einem tätigen Leben bestimmt hat.« (*Innere Burg*, S. 100, 4M, 3,11–13; vgl. auch S. 191, 6M 7,13)

36 Diese behandelt sie besonders in der »sechsten Wohnung«. Teresa schöpft hier aus dem Schatz ihrer persönlichen Erfahrungen. Sie erklärt den Sinn der Prüfungen, weiß immer wieder Mut zuzusprechen, lässt Hoffnung aufleuchten und erteilt praktische Ratschläge.

37 U. Dobhan/E. Peeters, *Einleitung* zu: Teresa von Ávila, *Weg der Vollkommenheit*, zit., S. 57.

»Leben in Fülle«[38] hin angelegt; Teresa hat dieses Ziel erreicht und möchte anderen den Weg dahin zeigen. Wenn in unserer Wohlstandsgesellschaft, die ihre eigene Sicht eines »Lebens in Fülle« propagiert, indem sie zu immer hemmungsloserem Konsum materieller Güter anreizt, die Depression zu einer wahren »Volkskrankheit«[39] geworden ist, dann wird deutlich, wie dringend wir uns nach anderen Wegen umschauen müssen. Angesichts der differenzierten medizinischen Forschungen und medikamentösen Therapien warnt der ärztliche Direktor der Psychiatrischen Universitätsklinik Zürich, Prof. Dr. Daniel Hell, davor, die »innere Seite des depressiven Geschehens« zu übersehen, und betont die heilende Wirkung einer »Grundierung in einem ›inneren Raum‹, der ein Gegengewicht gegen die zentrifugalen Kräfte der modernen Lebenssituation schafft«[40].

Diesen »inneren Raum« bezeichnet Teresa als die »innere Burg«. Dabei muss aber betont werden, dass dies nicht etwa ein Ort der Weltflucht ist, sondern eine unerschöpfliche Energiequelle für einen gezielten Einsatz in der Welt. Am deutlichsten kommt das in ihrem *Libro de las Fundaciones*, dem *Buch der Klostergründungen* zum Ausdruck. Allein die Tatsache, dass Teresa in den Jahren 1562–1582 achtzehn Neugründungen vornahm in einem Gebiet, das sich von Burgos im Norden Spaniens bis Sevilla und Granada im Süden, von Salamanca und Alba im Westen bis Vil-

---

38 Vgl. *Joh* 10,10.

39 Vgl. ZDF-Reportagen vom 5. April 2005 und vom 10. Oktober 2007. Vgl. dazu auch D. Hell, *Depression und Gesellschaft*: »Hans Jonas hat darauf hingewiesen, dass der heutige Mensch nicht so sehr Angst vor dem Tode hat, als vor dem Umstand, nicht richtig leben zu können. Insofern passt die depressive Not (mit ihrem Gefühl der Gefühllosigkeit) zur Problematik unserer Zeit. Der depressive Mensch fühlt sich meist leer, ohnmächtig um einen Punkt kreisend, wie seelenlos, ohne Zugang zu einem persönlichen Wert.« (Informationen der Psychiatrischen Universitätsklinik Zürich. Über Depression: www.depression.uzh.ch)

40 *Ebd.*

lanueva de la Jara im Osten erstreckt, lässt ihren unermüdlichen Einsatz erahnen.[41] Darüber hinaus aber erfährt man in diesem Buch noch deutlicher als in den anderen Schriften Teresas, dass Aktion und Kontemplation nicht nur einander nicht widersprechen, sondern untrennbar zusammengehören: Gebet und Kontemplation sind nicht an besondere Orte und bestimmte Zeiten gebunden, sondern mitten im Alltag möglich und notwendig.[42] Wer sich unter Teresas Anleitung im inneren Beten übt, erfährt, dass er seine »innere Burg« überall bei sich trägt, und lernt, auch die Situationen eines anstrengenden Berufslebens in ein Zwiegespräch mit Gott zu verwandeln.

Damit ist ein ganz wesentliches Merkmal der teresianischen Spiritualität angesprochen. Teresa war ein Genie der Freundschaft; davon zeugt nicht zuletzt ihr äußerst umfangreicher Briefwechsel mit Menschen aus allen gesellschaftlichen Schichten.[43] Diese natürliche Veranlagung hilft ihr, auch zu Gott eine tiefe und spontane Freundschaft zu entwickeln. Und so ist für sie inneres Beten »nichts anderes als ein Verweilen bei einem Freund, mit dem wir oft allein zusammenkommen, einfach um bei ihm zu sein, weil wir

---

41 Teresa stützt sich dabei nicht nur auf ihr unerschütterliches Gottvertrauen, sondern beweist daneben ihre kluge Diplomatie, ein beachtliches Organisationstalent und eine erstaunliche Geschäftstüchtigkeit.

42 »Wenn euch der Gehorsam Beschäftigung mit äußeren Dingen aufträgt, dann versteht, dass der Herr zwischen den Kochtöpfen weilt, falls es in der Küche ist, und euch innerlich und äußerlich hilft.« (*Klostergründungen* 5,8)

43 Aus Teresas täglichem Arbeitsplan wurde errechnet, dass sie etwa 15.000 Briefe geschrieben hat. Ihr enger Vertrauter, P. Gracián, berichtet: »So viele Briefe musste sie schreiben, dass es zwölf oder ein Uhr nachts wurde, bis sie sie versiegeln und versandbereit machen konnte.« (*Diálogos sobre la muerte de la Madre Teresa de Jesús*, Burgos 1913, S. 165) Wegen der »schwierigen Zeiten« durch Inquisition und ordensinnere Streitigkeiten haben leider viele der Empfänger diese Briefe vernichtet, so dass uns heute nur 440 erhalten sind (vgl. dazu E. Lorenz, *Weg in die Weite*, zit., S. 133–138).

sicher wissen, dass er uns liebt«[44]. Dieser Satz lässt deutlich erkennen, inwiefern sich das Beten Teresas grundlegend von heute vielfach auch in christlichen Kreisen propagierten fernöstlichen Meditationspraktiken unterscheidet: Es ist zweckfrei und unverdient; es kann wortlos sein, verliert sich dabei aber nie in einer anonymen Leere, sondern es geht aus einer personalen Beziehung zu einem Du hervor und mündet in sie ein. Darum ist das Grundmotiv die Liebe und nicht etwa das Verlangen, außerordentliche mystische Erfahrungen zu machen. Teresa warnt sogar wiederholt davor, solche zu suchen oder gar Gott darum zu bitten.[45] Für sie steht die Erfüllung des Willens Gottes immer über dem Empfang mystischer Gnaden, denn all ihr Streben ist von Liebe zu Gott und nicht von Eigenliebe geleitet.

In diesem Zusammenhang scheint es wichtig, kurz über die naturgegebene Verfasstheit des Menschen als relationales Wesen nachzudenken. Wenn es im Buch Genesis heißt: »Gott schuf also den Menschen als sein Abbild; als Abbild Gottes schuf er ihn. Als Mann und Frau schuf er sie« (1,27), so bedeutet das zweierlei. Da die göttlichen Personen in der Trinität als »subsistente Relationen« aufzufassen sind, also nicht nur in Beziehung zueinander *stehen*, sondern selbst Beziehung *sind*, ist der Mensch als Gottes Abbild auf Beziehung hin geschaffen. Auf Beziehung in Liebe. Und das drückt sich ganz konkret darin aus, dass er »als Mann und Frau«

---

44 *Vida* 8,5 (Übersetzung von U. Dobhan und E. Peeters).

45 Vgl. *Innere Burg*, S. 206, 6M 9,14–15, wo Teresa auch die Gründe angibt, warum man nicht um übernatürliche Gnaden bitten soll. Dabei offenbart sie wieder einmal ihre Begabung, psychologische Vorgänge nüchtern zu beobachten und in Worte zu fassen: Weil »die Einbildungskraft – also die betreffende Person selber –, wenn ein solches Verlangen erwacht, sich einredet, sie sehe das, was sie begehrt, und sie höre es auch – genauso wie denjenigen, die tagsüber voller Verlangen ständig an etwas denken, das Ersehnte zuweilen im Traum erscheint«.

geschaffen ist.[46] Es geht dabei aber um mehr als um das bloß geschlechtliche Aufeinander-Bezogensein. Erst in der Begegnung mit einem Du kann der Mensch sich selbst entdecken.[47] Untersuchungen haben ergeben, dass ein Kleinkind, das ohne menschliches Gegenüber aufwächst, sprachlich und psychologisch nicht über die Entwicklungsstufe hinauskommt, in der es von sich in der dritten Person Singular spricht, also nicht lernt, »Ich« zu sagen. Wenn wir aber schon zum Entdecken unseres eigenen Selbst eines Gegenübers, eines »Du« bedürfen, um wie viel mehr brauchen wir dann eine personale Beziehung, wenn wir dieses unser Selbst entwickeln, ausfalten, »verwirklichen« wollen!

»Selbstverwirklichung« ist in unserer Kultur zum Synonym für ein erfülltes Leben geworden. Und viele Menschen, die spüren, dass Karriere und materieller Wohlstand sie nicht zu diesem Ziel führen, sondern häufig nur Mittel sind, um eine innere Leere[48] zu überdecken, suchen dann auf dem Weg über die Meditation Sinn und Erfüllung zu finden. Doch auch und gerade hier gilt, dass wahre Selbstfindung eines »Du« bedarf; eine letzte Selbstverwirklichung kann der Mensch nur in Gott finden. Meditationsformen, die darauf ausgerichtet sind, das Ich in ein anonymes Absolutes eingehen und sich dort verlieren zu lassen, werden der Würde der menschlichen Person nicht gerecht. Wer überdies im Namen der Mystik und der »negativen Theologie«

---

46 Vgl. dazu R. Cantalamessa, *Schauen auf den dreifaltigen Gott*, Köln 2004, S. 108 ff.

47 R. Cantalamessa schreibt dazu: »Der Mensch kann sich seines eigenen Selbst nicht bewusst werden, solange er nicht dem Blick eines anderen begegnet, der ihn ansieht, einem Blick, der ihn in sein Innerstes eintreten und zugleich aus sich herausgehen lässt – ein Blicken, das auch den anderen in die Lage versetzt, sich seiner selbst bewusst zu werden und ebenfalls aus seinem eigenen Ich herauszutreten, um sich in seinem ganzen Geheimnis vertrauensvoll zu öffnen. Der Blick, das Auge, ist noch wichtiger als das Geschlecht, um in Gemeinschaft zu treten.« (*Ebd.*, S. 110)

48 Vgl. Anmerkung 39.

meint, das personale Gottesbild »übersteigen« zu müssen und »Leerheit, Gottheit, Nada, Non-Dualität« unterscheidungslos als »das eigentliche Ziel jeder wirklichen mystischen Erfahrung des Westens und des Ostens« darstellt[49], hat Teresa von Ávilas *Innere Burg* nicht gelesen oder aber diese große Vertreterin der spanischen Mystik nicht verstanden. So mag der Beitrag einer bekannten Spezialistin auf diesem Gebiet hier Klärung verschaffen:

»Es ist nicht so, dass man mit ... der Mystischen Theologie in eine absolute Leere gerät. Dieses vom Wahrnehmen, Denken und Sichvorstellen Geleertsein ist die Voraussetzung, damit aus einer überbewussten oder unbewussten, kurz: außerbewussten Realität etwas eindringen kann, vielleicht sogar muss.«[50] Teresa stößt dabei zunächst auf eine Schwierigkeit. »Die für ihr Wesen und Leben so entscheidende Christusbeziehung droht verloren zu gehen, genauer: die Menschheit Christi scheint der Notwendigkeit des Abschaltens von Gedanken und bewussten Bildern entgegenzustehen ... Der Konflikt wurde für Teresa so groß,

---

49 Vgl. W. JÄGER, *Sehnsucht nach Leere,* in: Publik-Forum 36, Nr. 18 – 2007. Sehr aufschlussreich ist in diesem Zusammenhang das Lebenszeugnis des Künstlers MASTERBEE, eines mystisch hochbegabten Mannes, der auf seiner Suche nach der Wahrheit die großen fernöstlichen Meditationsschulen frequentiert und ihre Methoden und Techniken bis zur höchsten Meisterschaft praktiziert hat, der dann aber durch eine (völlig unerwartete) persönliche Erfahrung des auferstandenen Christus zur christlichen Meditation fand. Er schreibt: »Eines Tages geschah das Wunder, die wahre Initiation zu empfangen, oder besser, die direkte Übertragung vom Meister zum Schüler. Die buddhistischen Mantras können zu einer tiefen Erleuchtung führen; die Energien, die sie erzeugen, sind nicht unbedingt transzendenten Ursprungs, wie ihn das Christentum versteht. Die Intention richtet sich nicht an einen persönlichen Gott ... Im Buddhismus befinden wir uns in der Sphäre der natürlichen und kosmischen Energien, also in der Immanenz. Das Gebet hingegen übersteigt den Bereich der Immanenz in seiner Intention, die sich an das Transzendente schlechthin wendet, an Gott.« (*Mendicante di Luce. Dal Tibet al Gange e oltre,* Edizioni San Paolo, Mailand 2006, S. 222)

50 E. LORENZ, *Weg in die Weite,* zit., S. 21.

dass sie das innere Gebet ganz aufgab. Das dauerte über ein Jahr, und sie entschuldigte es mit ›Demut‹[51]. Bis schließlich äußere Ereignisse sie wieder auf den Weg brachten … Man kann aus ihren Darlegungen ersehen, wie sie den Konflikt zwischen ›Nichtdenken, Nichtvorstellen‹ und der für sie unverzichtbaren Menschheit Christi löste. Nachdem sie sich – sei es durch einen kurzen Text, sei es durch ein Naturbild – vom subjektiven Denken und Wollen möglichst gelöst hat, nimmt sie in die sich langsam einstellende Versenkung das Bewusstsein der unfassbaren Gegenwart Jesu Christi mit hinein. So löst sie den Konflikt zwischen den beiden Gebetsarten.«[52]

Die von Teresa beschriebenen Stufen der Kontemplation reichen »vom ersten Versuch der Sammlung bis zum schweigenden Eingehen in Gottes Liebe«, ein »auf Eigeninitiative verzichtendes Geöffnetsein, in dem Gott wirken kann«[53]. Sie hat diesen ihren Weg zu und mit Gott in einem jahrzehntelangen einsamen inneren Ringen suchen müssen. Die damit nicht selten verbundenen seelischen Qualen möchte sie ihren Schwestern ersparen, indem sie ihnen ihre Erfahrungen mitteilt. Trotz der unbeirrbaren Sicherheit, die in ihren Ratschlägen immer wieder durchscheint, so dass sie sogar gängigen Meinungen der Theologie ihrer Zeit zu widersprechen wagt[54], setzt sie ihren Weg niemals absolut. Aus Rücksicht auf die Würde des einzelnen Menschen, der ja Ebenbild Gottes ist, lehnt Teresa jede Gleichmacherei strikt ab. »Auf vielen Wegen führt Gott die Seelen«[55], betont sie und mahnt: »Sehr wichtig für jede Seele, die sich – viel oder

51 Teresa selbst schreibt dazu: »Das war der schrecklichste Irrtum, zu dem mich der Böse unter dem Anschein von Demut verleiten konnte, dass ich begann, mich vor dem inneren Beten zu fürchten, weil ich mir so verloren vorkam.« (V 7,1)

52 E. LORENZ, *Weg in die Weite*, zit., S. 22–25.

53 *Ebd.*, S. 26.

54 Vgl. Anmerkung 32.

55 *Innere Burg*, S. 190, 6M 7,12

wenig – dem Gebet widmet, ist es, dass man sie nicht in einen Winkel pfercht und einengt[56].« Damit eine solche Freiheit aber nicht auf Irrwege führt,[57] ist in der christlichen Meditation eine unverzichtbare Vorbedingung für das Gelingen dieses Weges ein Zusammenwirken von tiefer, echter Demut und großer Gottes- und Nächstenliebe; Teresa wird nicht müde, immer wieder darauf hinzuweisen. Wenn diese innere Haltung gegeben ist und ständig neu eingeübt wird, kann es heute hilfreich sein, sich auch psychophysischer, körperbezogener Methoden zu bedienen, um im Stress des Alltags ein »Loslassen-Können« zu begünstigen.[58] In den Schriften Teresas selbst überrascht die für ihre Zeit durchaus unübliche Ganzheitlichkeit ihres mystischen Erlebens.

Die oben bereits zitierte Teresa-Kennerin betont: »Mystische Erfahrung bleibt ein Glaubensvollzug, aus dem das Subjektive nicht auszuklammern ist … Sie bedarf einer geübten Voreinstellung … Aus diesen Voreinstellungen kann dann das Einströmen des Umfassenden erlebt werden. Ein Hindu etwa erfährt so das reine Sein, das ihm höchster Wert ist, ein Buddhist das Selbst, oder das keineswegs unqualifizierte Nichts, die monotheistischen Religionen würden von Gott sprechen, der christozentrischen Teresa ist es zugleich oder abwechselnd Jesus Christus und der sich zuneigende Gott, in jedem Falle aber ein personales Du, das wesentlichste und eigentliche Du! Und die Qualität der Aufnahme ist die im ›Willen‹ erfahrene Liebe.«[59]

Es ist faszinierend, wie nüchtern und klar – und damit glaubwürdig und überzeugend – Teresa in ihrer Beschrei-

---

56 *Innere Burg*, S. 38, 1M 2,8.

57 Wie viele junge Menschen sind auf der Suche nach übernatürlichen Erfahrungen über verschiedenste Meditationsbewegungen schließlich in der Drogenszene gelandet!

58 Vgl. dazu KONGREGATION FÜR DIE GLAUBENSLEHRE, *Schreiben an die Bischöfe der Katholischen Kirche über einige Aspekte der christlichen Meditation*, Vatikanstadt 1989, Kapitel VI, S. 22–24.

59 E. LORENZ, *Weg in die Weite*, zit., S. 30.

bung der »geistlichen Vermählung« ihre innige Beziehung zu ihrem göttlichen Bräutigam darlegt. Es handelt sich um eine geistige Verschmelzung, »wie in einem Zimmer mit zwei Fenstern, durch die ein starkes Licht einfällt: dringt es auch getrennt ein, so wird doch alles zu einem Licht«[60]. Und Teresa fügt hinzu: »Vielleicht ist es dies, was der heilige Paulus mit den Worten meint: ›Wer sich dem Herrn nähert und an ihn sich hängt, der wird ein Geist mit ihm‹ (*1Kor* 6,17).«[61] Hier »gibt es keine Trennung mehr«[62], und trotzdem wird das Personsein des Menschen nicht in Gott aufgesogen und damit aufgelöst, sondern beide befinden sich gleichsam im »Tempel Gottes, in dieser seiner eigenen Wohnung, wo er und die Seele sich aneinander in tiefster Stille erfreuen«[63]. Nun hat die Seele »ihren Ruheort gefunden«[64], so dass sie »vor nichts mehr erschrickt«[65].

Mit dieser »Unerschrockenheit« meistert Teresa nicht nur unzählige äußere Schwierigkeiten – Anfeindungen, Verleumdungen, Intrigen –, sondern auch ihre ständig gefährdete Gesundheit.[66] Möge die Lektüre der *Inneren Burg* vie-

---

60 *Innere Burg*, S. 231, 7M 2,4.

61 *Innere Burg*, S. 232, 7M 2,5.

62 *Innere Burg*, S. 231, 7M 2,4. Auf S. 232, in 7M 2,5 vergleicht Teresa diesen Zustand außerdem mit dem von Paulus in *Phil* 1,21 beschriebenen.

63 *Innere Burg*, S. 240, 7M 3,11.

64 *Innere Burg*, S. 241, 7M 3,12; vgl. AUGUSTINUS, *Confessiones* I,1: »Du hast uns auf Dich hin geschaffen, und ruhelos ist unser Herz, bis es Ruhe findet in Dir.«

65 *Innere Burg*, S. 241, 7M 3,12.

66 Im August 1539 – also im Alter von knapp 24 Jahren – erkrankte Teresa äußerst schwer. Sie fiel in ein so tiefes Koma, dass man sie für tot hielt. Es war bereits ein Grab ausgehoben, als sie nach vier Tagen wieder zu sich kam. Danach hatte sie acht Monate lang unter Lähmungen und schrecklichsten Nervenschmerzen zu leiden. Die Folgen dieser Krankheit haben sie ihr Leben lang begleitet: chronische Kopfschmerzen, Herzschmerzen, Erbrechen, plötzliche Fieberschübe, unvorhersehbare Bewegungsbehinderungen und Zittern wie bei der Parkinson-Krankheit, so dass Teresa im Alter öfter ihre Briefe diktieren musste, weil die rechte Hand ihr nicht gehorchte (vgl. E.

len Menschen helfen, ihren »inneren Raum« zu entdecken und dort ihren Ruheort und die Begegnung mit dem personalen, wesentlichsten, eigentlichen Du – mit Gott – zu finden, damit sie aus dieser Quelle immer neu Kraft schöpfen können für ein erfülltes Leben inmitten der Welt!

Lorenz, *Weg in die Weite,* zit., S. 108 ff.). Ein spanischer Mediziner, Lähmungen und schrecklichsten Nervenschmerzen zu leiden. Die Folgen dieser Krankheit haben sie ihr Leben lang begleitet: chronische Kopfschmerzen, Herzschmerzen, Erbrechen, plötzliche Fieber-schübe, unvorhersehbare Bewegungsbehinderungen und Zittern wie bei der Parkinson-Krankheit, so dass Teresa im Alter öfter ihre Briefe diktieren musste, weil die rechte Hand ihr nicht gehorchte (vgl. E. Lorenz, *Weg in die Weite,* zit., S. 108ff). Ein spanischer Medi-ziner, Prof. Dr. A. Senra Varela, hat 1982 anhand der zahlreichen und sehr genauen Beschreibungen, die Teresa selbst in ihren verschiedenen Werken von ihren körperlichen Symptomen macht, eine detaillierte Analyse ihres Krankheitsverlaufs durchgeführt und eine klare Diagnose gestellt. Seine Erkenntnisse veröffentlichte er unter dem Titel *La enfermedad de Teresa de Jesús* in: Revista de Espiritualidad 41, 1982, S. 601–612 (Quellenangabe in: E. Lorenz, *Weg in die Weite,* zit., S. 147). Körperlich völlig ausgezehrt, doch hellwach bis zu ihrem letzten Atemzug, erliegt Teresa schließlich am Abend des 4. Oktober 1582 einer schweren Krebserkrankung.